教育部人文社会科学重点研究基地
山东大学犹太教与跨宗教研究中心
资助项目

两希文明哲学经典译丛

论律法

〔古罗马〕斐洛◎著

ON THE LAWS

石敏敏◎译

中国社会科学出版社

图书在版编目（CIP）数据

论律法／（古罗马）斐洛著；石敏敏译.—北京：中国
社会科学出版社，2007.8
（两希文明哲学经典译丛）
ISBN 978－7－5004－6217－0

Ⅰ.论…　Ⅱ.①斐…　②石…　Ⅲ.犹太教－法哲学－
研究　Ⅳ.B985　D90

中国版本图书馆 CIP 数据核字（2007）第 076704 号

特约编辑　李登贵
策划编辑　陈　彪
责任校对　尹　力
封面设计　回归线视觉传达
版式设计　王炳图

出版发行　**中国社会科学出版社**

社　　址　北京鼓楼西大街甲 158 号　　　邮　编　100720
电　　话　010—84029450（邮购）
网　　址　http：//www.csspw.cn
经　　销　新华书店
印　　刷　北京金瀑印刷厂　　　　　　　装　订　广增装订厂
版　　次　2007 年 8 月第 1 版　　　　　印　次　2007 年 8 月第 1 次印刷
开　　本　880×1230　1/32
印　　张　8.75　　　　　　　　　　　插　页　2
字　　数　218 千字
定　　价　20.00 元

两希文明哲学经典译丛

总　序

　　西方文明有一个别致的称呼，叫做"两希文明"。顾名思义是说，西方文明有两个根源，由两种具有相当张力的不同"亚文化"联合组成，一个是希腊—罗马文化，另一个是希伯来—基督教文化。国人在地球缩小、各大文明相遇的今天，日益生出了认识西方文明本质的浓厚兴趣。这种兴趣不再停在表层，不再满意于泛泛而论，而是渴望深入其根子，亲临其泉源，回溯其原典。

　　我们译介的哲学经典处于更为狭义意义上的"两希文明时代"——即这两大文明在历史上首次并列存在、相遇、互相叩问、相互交融的时代。这是一个跨度相当大的历史时代，大约涵括公元前3世纪到公元5世纪的八百年左右的时间。对于"两希"的每一方，这都是一个极为具有特色的时期，它们都第一次大规模地走出自己的原生地，影响别的文化。首先，这个时期史称"希腊化"时期；在亚历山大大帝东征的余威之下，希腊文化超出了自己的城邦地域，大规模地东渐教化。世界各地的好学青年纷纷负笈雅典，朝拜这一世界文化之都。另一方面，在这番辉煌之下，却又掩盖着别样的痛楚；古典的社会架构和思想的范式都在经历着剧变；城邦共和体系面临瓦解，曾经安于公民德性生活范式的人感到脚下不稳，感到精神无所归依。于是，"非主流"型的、非政治的、"纯粹的"哲学家纷纷兴起，企图为个

体的心灵宁静寻找新的依据。希腊哲学的各条主要路线都在此时
总结和集大成：普罗提诺汇总了柏拉图和亚里士多德路线，伊壁
鸠鲁/卢克来修汇总了自然哲学路线，怀疑论汇总了整个希腊哲
学中否定性的一面。同时，这些学派还开出了与古典哲学范式相
当不同的、但是同样具有重要特色的新的哲学。有人称之为
"伦理学取向"和"宗教取向"的哲学，我们称之为"哲学治
疗"的哲学。这些标签都提示了：这是一个在剧变之下，人特
别关心人自己的幸福、宁静、命运、个性、自由等等的时代。一
个时代应该有一个时代的哲学。那个时代的哲学会不会让处于类
似时代中的今人感到更多的共鸣呢？

　　另一方面，东方的另一个"希"——希伯来文化——也在
悄然兴起，逐渐向西方推进。犹太人在亚历山大里亚等城市定居
经商，带去独特的文化。后来从犹太文化中分离出来的基督教文
化更是日益向希腊—罗马文化的地域慢慢西移，以至于学者们争
论这个时代究竟是希腊文化的东渐、还是东方宗教文化的西渐？
希伯来—基督教文化与希腊文化是特质极为不同的两种文化，当
它们最终遭遇之后，会出现极为有趣的相互试探、相互排斥、相
互吸引，以致逐渐部分相融的种种景观。可想而知，这样的时期
在历史上比较罕见。一旦出现，则场面壮观激烈，火花四溅，学
人精神为之一振，纷纷激扬文字、评点对方、捍卫自己，从而两
种文化传统突然出现鲜明的自我意识。从这样的时期的文本入手
探究西方文明的特征，是否是一条难得的路径？

　　还有，从西方经典哲学的译介看，对于希腊—罗马和希伯
来—基督教经典的译介，国内已经有不少学者做了可观的工作；
但是，对于"两希文明交汇时期"经典的翻译，尚缺乏系统工
程。这一时期在希腊哲学的三大阶段——前苏格拉底哲学、古典
哲学、晚期哲学——中属于第三大阶段。第一阶段与第二阶段分
别都已经有了较为系统的译介，但是第三阶段的译介还很不系

统。浙江大学外国哲学研究所的两希哲学的研究与译介传统是严群先生和陈村富先生所开创的，长期以来一直追求沉潜严谨、专精深入的学风。我们这次的译丛就是集中选取希腊哲学第三阶段的所有著名哲学流派的著作：伊壁鸠鲁派、怀疑派、斯多亚派、新柏拉图主义、新共和主义（西塞罗、普鲁塔克）等，希望向学界提供一个尽量完整的图景。同时，由于这个时期哲学的共同关心聚焦在"幸福"和"心灵宁静"的追求上，我们的翻译也将侧重介绍伦理性—治疗性的哲学思想；我们相信哲人们对人生苦难和治疗的各种深刻反思会引起超出学术界的更为广泛的思考和关注。另一方面，这一时期在希伯来—基督教传统中属于"早期教父"阶段。犹太人与基督徒是怎么看待神与人、幸福与命运的？他们又是怎么看待希腊人的？耶路撒冷和雅典有什么干系？两种文明孰高孰低？两种哲学难道只有冲突，没有内在对话和融合的可能？后来的种种演变是否当时就已经露现了一些端倪？这些都是相当有意思的学术问题和相当急迫的现实问题（对于当时的社会和人）。为此，我们选取了奥古斯丁、斐洛和尼撒的格列高利等人的著作，这些大哲的特点是"跨时代人才"，他们不仅"学贯两希"，而且"身处两希"，体验到的张力真切而强烈；他们的思考必然有后来者所无法重复的特色和原创性，值得关注。

这些，就是我们译介"两希文明"哲学经典的宗旨。

另外，还需要说明一点：本丛书中各书的注释，凡特别注明"中译者注"的，为该书中译者所加，其余乃是对原文注释的翻译。我们希望以后能推出更多的翻译，以弥补这一时期思想经典译介之不足。

包利民　章雪富

目　录

中译本导言

章雪富

斐洛是公元前后希腊化犹太教的主要思想家，在西方哲学史上有重要的地位。他除了起着沟通希腊和希伯来思想外，更提供了诠释希腊思想的希伯来视野，构成此后西方理解希腊思想的主要方式。斐洛由希伯来文化所塑造的诠释学成为言说希腊的持续的地平线，与本着希腊诠释希腊的"正统"希腊观（例如中期柏拉图主义和普罗提诺）相抗衡，甚至在相当长时间内胜过后一诠释方式塑造了西方思想的神圣之维。

斐洛的诠释学视野与他的生存处境很是相关。在经历了巴比伦之囚和哈斯蒙尼王朝之后，犹太民族主体已经不再聚居于巴勒斯坦，而是广泛散居在地中海各地。我们完全可以把这看成是犹太人的第二次出埃及，它所产生的文明及思想意义与摩西率领犹太人第一次出埃及所缔造的犹太文明相媲美，然而其思想旨趣则大相径庭。如果说第一次出埃及是用律法塑造这个民族的群体性，律法主要体现出"内聚"的功能，使犹太民族的价值形态与众不同分别为圣的话，那么犹太人的第二次"出埃及"即离开巴勒斯坦的聚居地分散至整个地中海地区，则是要在一个对其自身陌生的世界使自身为万民所理解和接纳，要使那让他们自身与众不同的犹太律法显得"可以理解"、获得信任进而转换希腊思想成为地中海文明的根基，这是律法的"外展"形态。斐洛的著述所代表的正是这样的一个思想事件，他的写作使希伯来经典具有一种特殊的意义，这就是普世主义的精神。

斐洛面向希腊人为希伯来人（犹太人）辩护而作。整个辩护围绕摩西五经展开，寓意解经法以摩西五经为文本。在摩西五经中，律法是首要的、重要的文本，主要涵盖了《出埃及记》、《申命记》、《民数记》和《利未记》。借助于对律法的伦理阐释，斐洛获得了关于这四经的新理解，塑造了地中海时期散居地犹太人的新的思想脉络，本卷翻译所体现的正是斐洛的这种具普世主义精神的希伯来化了的希腊的新形态。

《论律法》包括了"论十诫"和四卷"论特殊的律法"。"论十诫"是总纲，"论特殊的律法"则是分述，这里的"律法"也可以翻译为"规条"。斐洛有意识地把这五卷书看成有机整体，以此为脉络整合《出埃及记》、《申命记》、《民数记》和《利未记》的内在关联。斐洛把"论十诫"分为两组："第一个五组"讲的是对于神的敬畏，"第二个五组"讲人对于父母的关系以及由此展示的人自身之间的关系。斐洛把"论十诫"及"论特殊的律法"的四卷书概括为两个主题：神人关系和人与人之间的关系。斐洛指出前者是后者的基础，后者是前者的体现。这个思想为历代基督教思想家继承，奥古斯丁和巴特对此都有更精深的阐释。总而言之，斐洛关于律法的诠释其实只有一个主题，就是敬畏神。

由此可以看出斐洛著作中清晰的犹太人身份。以往，受德国哲学史家策勒的影响，国内学者常把斐洛视为折中主义者。在现代学者看来，这个观点的主要方面是错误的。斐洛根本就把自己作为犹太人，他非常重视犹太人身份的三条律法：敬畏神、守割礼和安息日。近来国内学者又受某些西方学者的影响，认为应该从两希文化的张力看待斐洛，然而这种一般的讲法必须有更准确的说明才有意义。即使斐洛思想存在张力，也不应该指希腊哲学导致对其犹太信仰的解构。斐洛没有过度地使用希腊，或者说没有滥用希腊。在确立了犹太身份的底线后，他也确实使用希腊理性主义来诠释律法内蕴的含义，例如认为割礼是指去除欲望的部分而守理性的精神，犹太人的食品禁忌是因为这些爬行动物和用肚腹行走的动物象征着欲望的追求。斐洛的种种解释只是要指出，希腊的理性主义精神早就蕴含在希伯来的律法之中，而不是相反。

斐洛的解释有时候也会越出传统犹太人的观点，然而这仍不涉及其身份的归属也不造成"两希"思想的冲突，它只是表明散居地的犹太人在希腊化的处境下如何平衡邻人的"目光"。例如犹太人有许多节日，按照传统的规定必须都要严格遵守，然而于散居地的犹太人而言，这几乎很难成为可能。在这种情况下，斐洛对于犹太人的许多节日作了寓意解释，主要向希腊人说明这些节日的"正当性"。例如逾越节，斐洛认为它主要指一种德性实践，将情欲从德性中消除出去。斐洛当然很清楚要守逾越节，也很清楚逾越节的仪式和意义。斐洛在这个地方所作的寓意解释，主要是向希腊人、罗马人和埃及人及其他民族解释其仪式和节日的精神价值，指出它的道德普适性和表述的特殊性，也有为生活在多元文化处境中的犹太人活出犹太信仰指明途径的意蕴所在。这就是斐洛思想的生存论。

如果能够从诸如此类的角度阅读斐洛，就可以看到斐洛的思想是犹太传统的活泼反思，它将希伯来传统引到一种"现代性生存"的诠释里面使其合乎犹太人的生存所需又将生存的思想法则深刻地表述为信仰的历练，这岂不就是我们今天生存中所寄托的盼望，是斐洛须臾都不曾忘却的对于神的依赖和信靠？斐洛用诸如这般的诠释使我们进入传统并活在传统里面，聆听那亘古以来就存在的言说，看见一直存在于人类历史之中并穿透历史所彰显的荣耀。

　　本书的翻译依据 Loeb 丛书第七卷和第八卷的希英对照本，仍由浙江工商大学的石敏敏博士翻译完成，得到了温思卡教授的指点，在此表示感谢。斐洛的著述目录本无细目，均由石敏敏博士所加添。

论 十 诫

1. 我们在前几篇论文里叙述了摩西断定为智慧者的那些人的生平，圣经把他们立为我们民族的奠基者，其自身就是不成文的律法。现在正是时候，我要开始详尽地描述成文的律法。如果它们背后有什么比喻意义，我也不会错过。因为知识热爱学习，力求达到完全的领会，它的志向是追求隐秘的含义，而不是显白的含义。

关于他为何要在旷野深处而不是在城里颁布律法的问题，我们首先可以回答，大多数城邑都充满数不胜数的邪恶，既有人对神的不敬行为，也有人对人做的坏事。因为一切事物都被贬损，真实的被虚假的压倒，正确的受似是而非的压制。所谓似是而非，就是本质上错误的，却给人正确、合理的印象，这种合理性完全是欺蒙人的。因此，城里还产生了最阴险的仇敌，骄傲①，一些用金冠、紫袍、大量仆从和马车装备来为虚夸观念②增添尊荣的人，对之大为敬慕和崇拜。这些所谓的幸福、快乐的人高高地坐在这些车辆上，有时由骡和马拉，有时由人拉。拉车的人是肩上承载沉重的担子，而在过分骄傲之重压下受苦的，不是身体，乃是灵魂。

---

① 或者"虚夸"。
② 或者"观点"。

2. 骄傲还是其他许多恶的制造者，比如自夸、轻蔑、不公，而这些又产生争战，包括国内的和国外的，导致人间无处能享有和平，不论是家里或者室外，海中或是陆上。然而何必详述人与人之间的冒犯？骄傲还使神圣事物开始彼此轻视，尽管他们被认为得到了最高的荣耀。然而，倘若不同时拥有真理，还能有什么样的荣耀可言呢？真理的可敬既在于名，也在于用，正如虚伪本性上是可耻的一样。神圣事物的这种轻视在那些视觉较为敏锐的人看来是显而易见的。人们利用雕塑和绘画技艺塑造出大量形状，把它们放在祠堂、庙宇，建起圣坛，对石头像、木头像以及诸如此类的形象给予属天的、神圣的荣耀，全然不顾它们全是毫无生气的死物。圣经把这样的人恰当地比作妓女所生的孩子；正如他们因不知道自己的生身父亲是谁，就以为凡是他们母亲的情人都是他们的父亲；同样，全城里那些不知道真理就是那真正存在的神的人，就把大量其他被错误的冠以这一名称的事物视为神。于是，有人崇敬这个神，有人崇敬那个神，关于哪个最好的问题，众说纷纭，观点各异，这种分歧越来越大，导致在其他所有问题上也彼此争论不休。这是他选择远离城邑的地方立法的最主要原因。

他心里还有第二个目的。将要领受神圣律法的人，必须首先洁净自己的灵魂，把根深蒂固的污点清洗掉，那是由于与城里各色人等的接触而染上的。为此，他只能离群索居；也不是独居一时半会儿就能做到，惟有经过长期这样的生活，等到原先留在他身上的过失渐渐地变淡，消退，不见了，才能做到这一点。好的医生也是这样保护他们的病人的，他们认为在祛除病人的病因之前，不适合给他们多吃多喝。病因未除之前，增加营养毫无益处，反而有害，犹如火上浇油。

3. 因而，很自然地，他先领他们脱离大为有害的与城里的联系，进入旷野，洁净他们灵魂中的罪，然后开始在他们的心灵面前放置营养品——这营养品不就是神的律法和话语吗？此外不可能是别的。

他的第三个原因如下：正如准备远行的人不会在已经弃岸登船之后才开始准备帆、舵和舵柄，总是当他们还停留在岸上时就为自己装备充足的航行所需的用具；同样，摩西认为他们不应当拿走自己的分，定居在城里，然后按律法的要求规范自己的公民生活，这样是不够的，而应当首先为自己制定那样的生活所需要的规范，并在一切能保证共同体安全行驶的事上得到践习，然后定居下来，最先遵循预备好为他们所用的公正原则，在与圣灵的和谐与团契中，分给各人应得的分。

4. 有人还提出第四个原因，也并非与真理不合，同样非常接近真理。因为在他们心里确立这样一个信念，律法不是某个人发明的，而非常清楚地是神的神谕，这非常必要，所以，他领着这个民族远离城邑，进入旷野深处，那是个不仅没有种植的果子，甚至连饮用水也没有的地方，好让他们在生活必需品匮乏、以为要死于饥渴之时，突然发现自动产出的大量食物——天上降下称为吗哪的食物，空中落下鹌鹑，给他们打牙祭；苦水变甜，适宜饮用，磐石开裂，流出清泉①——就再也不会怀疑律法是否真的是神的话语，因为他们在匮乏中得到如此意想不到的供应，就已经看到真理的最清晰的证据。那赐给充足的生活资料的，也提供美好生活所需的必要条件；仅仅为了活下去，只需要食物和水就够了，这些东西他们想要就有了；为了过美好的生活，他们需要律法和规条，这将使他们的灵魂得到提升。

---

① 这些事见《出埃及记》十五章和十六章的记载。

5. 我提出这些原因作为对所讨论问题的回答。不过，它们
只是大概的猜测，真正的原因惟有神自己知道。在这个话题上作
了这番合宜的讨论之后，接下来我要按顺序描述律法本身，同时
在正文开始之前，必须作一说明，有些律法神认为应由他亲自发
布，不使用任何中介，有些则通过他的先知摩西颁布，摩西是他
从所有人中挑选出来担当真理启示者的最佳人选。

我们发现，他亲自发布的，完全由他亲口说出的，既有律法
训诫，又有概括特殊的律法的总纲，而那些他通过先知说出的，
全属于前一类。

6. 我将尽我所能对两者都作全面讨论，先讨论那些更具有
概要性质的总法。

这里，它们的数目首先引起我们的敬佩。这些总法不多不
少，刚好就是那个最完全的数：十。这个数包含了所有不同类型
的数①，有偶数如 2，奇数如 3，既偶又奇的数如 6，以及各种比
例，包括与自己的倍数比，和与自己的分数比，一个数乘以自己
的因数就是前者，一个数除以自己的因数，就是后者②。所以，
它也包含着所有的等比或级数，也就是包括算术中按等差递增或
递减的一种数列，比如 1，2，3；算术中第二个数与第一个数之
比等于第三个数与第二个数之比的等比数列，如 1，2，4，这种
数列中，比可以是双倍、三倍或任何倍数，同样可以是分数，比
如 3/2，4/3，以及诸如此类；还有一种数列就是，中间项分别
与两端项相比，其比是同一个分数，比如 3，4，6③。十还包含

————————

①　这似乎就是说，数的全部属性和奥秘必然属于十进制，因为"十如同一个
转折点，数的无穷序列就围着它转动、折回"。《论创世》47。

②　即假分数和真分数。

③　更详尽的解释见《论创世》47，那里所举的例子是谐函数级数 6，8，12，
因为 8 比 6 多 6 的 1/3，12 比 8 多 12 的 1/3。序数常常被用作基数，这里也一样。

三角形、四边形和其他多边形的属性，包含和弦的属性，四分音、五分音、八分音、十六分音，其比率分别是 1 又 1/3；即 4：3，1 又 1/2，即 3:2；双倍，即 2:1；四倍，即 8:2。所以，在我看来，那些最初给事物命名的人确实是智慧者，他们把十称为 decad 是非常有道理的，它是 dechad，或者接受者，因为它接受并容纳每一种数、数列、级数，还有音程及和弦。

7. 但除了以上所说，十真正应当受到尊敬的原因可能还在于，它包含在空间上有广延和没有广延的自然（Nature）。没有广延的自然无疑就是点；有广延的就是线、面和体。限制在两点之内的空间是线；二元空间，那是面，因为线扩张成了宽度；三维空间就是体，因为长和宽之外再加上高，自然到这里作了停顿，没有再造出多于三维的空间。所有这些都以数为原型，1 是非广延的点的原型，2 是线的，三是面的，四是体的原型，这 1、2、3、4 加起来就是十，它使那些有眼能看的人瞥见其他的美物。我们可以说，无穷数列的单位是十，因为它的构成项就是四个数：1，2，3，4，同样的数项从整十中生出百，也就是 10、20、30、40 相加成为一百。同样，一千由几个百构成，一万由几个千构成，而这些单位，即十、百、千、万是四个起点，每一点都生出一个十。除了以上这些之外，这个十在数中还显现出另外的特点：只能被单位除尽的素数以三、五、七为模式；四方形，即四，立方体，也就是八，分别是两个和三个相同数字相乘构成的，完数六等于它的各因素 3、2、1 之和。

8. 然而十的优点是无穷无尽的。就是对专门研究数学的人来说，这个问题本身也够他折腾了。这样说来，凭我们能说得清十的优点吗？这岂不是在对一个至高至大的问题班门弄斧吗？但是我们尽管不得不放弃对它其他优点的陈述，有一点却仍然值得一提，不至于贻笑大方。那些研究哲学原理的人说，范畴①——
这是他们的说法——本质上只有十个：实体、性质、数量、关
系、主动、被动、状态、位置以及一切存在物必不可少的时间和
空间。没有哪一事物不分有这些范畴。我有实体，因为我从构成
世界的元素，即土、水、气、火中借了完全充足的东西，使我成
为我的所是。我有性质，因为我是一个人；有数量，是一个有一
定大小的人。当有人在我右边或左边时，我就成为相对的，我若
擦或刮什么，就是主动的，若被擦或被刮，就是被动的。当我穿
着衣服或佩带武器时，我就处于某种具体状态；我若静静地坐
着，或者躺着，就处于某个具体位置，此外，我必然既在空间
里，也在时间里，因为没有这两者，以上情形没有一个有可能
存在。

9. 这些观点已有充分的讨论，现在可以到此为止了。我们
必须接着讨论以下内容。这十大圣言或神谕，其实也就是律法或
律例，是在男男女女全体百姓都聚在一起的时候，由大全之父发
布的。那么他是以声音的形式亲口说出来的吗？当然不是，但愿
这样的念头永远没有在我们脑海闪现，因为神不是人，不需要
口、舌、气管。我得说，神这一次行了一件真正神圣的奇迹，他
下令在空气中产生一种比任何乐器更奇异的无形体的声音，非常
完美和谐，既不是没有灵魂，也不是像生物一样由身体和灵魂构
成，乃是非常清晰、独特的理性灵魂，它赋予空气形状，使它产
生张力，把它变成燃烧的火焰，就像用气吹喇叭，发出响亮的号

---

① 斐洛遵循亚里士多德《论题篇》和《范畴篇》里所列的十大范畴，几乎没
作什么改动。但是他使这些范畴脱离了亚里士多德的谓项的逻辑含义，进入一个完
全不同的领域。他论断他有"实体"（ousia）的理由，认为时空是一切存在必不可
少的观点，都是完全与亚里士多德的思想格格不入的。

声，这声音大得最远处与最近处一样听得清晰明白。就人的声音来说，如果传到很远的地方，就会变弱，越远越弱，人站得太远就接收不到声波，听起来就模糊一片，因为发声器官也是要衰退的①。但是这种新颖而奇异的声音是借着神的大能运行并燃烧，神吹了口气给它，把它传到四面八方，在每个人并所有人的灵魂里造出另一种比耳朵卓越得多的听力，使这种声音的末梢听起来比它的开端更为嘹亮、清晰。耳朵只是一种反应缓慢的感官，受到空气碰撞的激动，才会产生反应，而神所拥有的心智的聆听率先出击，主动前去，以最快的速度接触所说的话语。

10. 关于神圣声音就说到这里。不过，我们完全可以问，为何神认为应当在这几万号人全都集中在一个地点时，才宣告他的十条神谕，不是像对多个人说，而是如同对一个人说，不可奸淫，不可杀人，不可偷盗，如此等等。必须给出的一个回答是，他希望教给圣经读者上最卓越的一课，即每个个体，只要他守法，顺从神，在价值上就等同于整个民族，甚至人口最多的民族，或者毋宁说，所有民族，我们若可以再进一步，那就是，几乎等同于整个世界。因而，在另一处，当他称颂某个义人时，说我是你的神②，其实他也是整个世界的神。由此我们明白，凡被派驻在同一阵线，令他们的指挥官感到同样满意的士兵，都享有同等的嘉奖和荣誉。

第二个原因是，说话者若只是一般性地训导众人，就没有必要非得对哪个个人讲不可；但是他的命令和禁令如果看起来好像是对每个个体分别宣布的，那么他在这样的讲话中所给出的实践性指示同时也被认为适用于整个社群。告诫若是作为个人的信息

---

① 可能是说"正如乐器（及其奏出的音乐声）是要衰退的一样"。
② 《创世记》十七章1节，七十子希腊本；英译本："我是全能的神。"

接收的，听者就更乐意遵从，但若是与其他人集体接收的，就会对此充耳不闻，因为他拿大众作为不顺从的借口。

第三个原因是，他希望没有哪个君王或暴君因傲慢、目中无人而鄙视卑微的平民，而要在神圣律法学校学习，收敛他目空一切的气势，依靠律法论点的合理性或者毋宁说确定的真理性，抛弃他的自负。那非受造的、不朽的、永恒的，无所需要，是万物的创造者，施恩惠者，万王之王，诸神之神，尚且不能容忍轻看卑微者，而是屈尊以神圣的谕言和法律款待他，似乎他是惟一的客人，似乎宴席是专门为他预备的，叫灵魂得知神圣的知识，进入最大的奥秘，欢欣雀跃，我，一个必死的凡人，有什么资格容忍自己仰着骄傲的颈项，自高自大，对我的同胞颐指气使？他们的命运虽然不同，但拥有同等的身份权，因为他们可以自称为人类同一位母亲大自然的孩子。所以，我纵然被赋予主宰大地和海洋的权力，也要使自己变得和蔼可亲，让最穷乏的人，最卑微的人，最孤独无助的人，失去父亲的孤儿，失去丈夫的寡妇，未有生育或者子女夭折的孤寡老人，都能容易接近。我既是人，就不会认为可以采取盛大舞台的那种高傲和庄严，而要以自然为家，不越其雷池一步。我将使自己的心灵习惯于人的情感，不仅因为顺与不顺的命运可能会完全逆转，只是我们不知道何时，也因为即使好运一直可靠确定，可以高枕无忧，人也不应当忘记自己的所是。在我看来，这就是他立志要把这一系列神谕以单数形式说出来，发布给他们，就如同说给单独一个人听的原因所在。

11.① 所以，合乎自然地，地点应当是充满神奇之物的地方，雷声震耳欲聋，闪电异常响亮，无形的号角吹出的响声传到最远处，像柱子一样的云降落下来，一端立在地上，其他部分高高地

---

① 这一节与下一节见《出埃及记》十九章14—19节。

升向上空，天上降下的火把周围的一切都掩盖在浓厚的烟雾之中。神的大能一旦临到，整个世界就没有哪个部分还能无动于衷，所有部分都一齐运作，为他所用。百姓就站在附近。他们早已远离女色，保持洁净，禁止一切享乐，只保留生存所必须的条件。而在过去三天，他们还用水清洗自己，洁净自己，又洗净了衣服。于是，他们穿着最洁白的衣服，踮着脚尖，竖起耳朵，听从摩西的告诫，为一次圣会做好预备，摩西知道这会将要举行，他是从受召的神圣告诫里得知的。然后，从天上降下的火中间发出一种声音，令他们大为惊异，因为火焰成了清晰的话语，说的是听者熟悉的语言，它所形成的命令是如此清晰而显明，他们似乎是眼睛看见的，而不是耳朵听见的。我所说的得到律法书的证实，上面有话写着："众百姓看见声音"①。这句话包含很多含义。没错，人的声音是耳朵听的，但神的声音却实在是眼睛看见的。为什么呢？因为神所说的，不是话语，而是作为，那是靠眼睛，而不是耳朵来判断的。所说的声音从火中出来，这话也令人敬佩，与神性相配。因为神的圣言是经过提炼和化验的，就像金子在火里炼过。从比喻意义上看，它还传达了某种这样的含义：由于火的本性是既可发光又可燃烧，那些决心顺服圣言的人将永远生活在宁静的光明之中，律法本身就像星辰一样照亮他们的灵魂，而凡是悖逆的人，就要仍然受到其内在淫欲的燃烧，直到烧成灰烬，因为淫欲就像一团火焰，把它们居住在其里面的那些人的整个生命毁灭。

12. 这些就是需要初步讨论的问题。现在我们必须转向神谕本身，考察它们所涉及的种种不同问题。我们发现，神把十条诫命分成两组，每组五条，刻在两块版上，先行得到的是第一组五

---

① 七十子希腊本，《出埃及记》二十章 18 节。

条，第二次再给予第二组五条。两者都非常卓越，有益于生活；
两者都开凿出宽广的大道，通向单纯的目标，始终渴求佳美的灵
魂沿着这样的道路前行，可以一帆风顺。上面一组五条讨论以下
问题：治理世界的君王原则；人手所造的石头、木头偶像和一般
形象；妄称神的名的罪；敬守圣安息日，与它的圣洁相合；孝敬
父母的职责。两组诫命分开来是各自独立的，合起来又是一个整
体。因而上一组五条始于神，万物之父和造物主，终于复制他的
本性，生育个体的父母。下一组五条则包含所有禁止性的行为，
即奸淫、杀人、偷盗、作假见证以及贪婪或欲望。

　　我们必须十分仔细地考察每一条公告，不可有半点马虎。一
切存在之物的超然源泉是神，就如敬虔是美德的泉源，所以非常
有必要首先讨论这两条。

　　大部分人对一个事实陷入巨大的错觉之中，其实每个人心里
都应当惟一地、或者至少应首先毫无疑义地确立这一事实。有些
人把四大元素土、水、气、火视为神，有些人把太阳、月亮、行
星①、恒星立为神，有的把天本身视为神，还有的把整个世界看
作神。但是那至高至大的生育者，伟大的世界—城邦的统治者，
不可战胜之军的大首领，指引万物安全前行的领航员，他们却没
有看见，而把令人误解的头衔冠在以上提到的那些崇拜对象头
上。不同的人给予它们不同的名称，有些称地为考勒（Kore），
或得墨忒耳（Demeter），或普鲁图（Pluto），把海称为波塞冬
（Poseidon），造出水里的诸神顺服于他，给他配上大量侍从，有
男有女。他们把气称为赫拉（Hera）②，把火称为赫法伊斯图

---

　　① 希腊语"其他行星"，因为太阳和月亮被认为是行星。
　　② 这最先由柏拉图提出《克拉底鲁篇》（Cratylus）404C，后为斯多亚学派采
纳。尤其参见第奥根尼·拉尔修《名哲言行录》vii. 147，那里说，赫拉是给扩充到
空气中的神圣权能取的名字，就如雅典娜、波塞冬、赫法伊斯图、得墨忒耳代表它
向以太、海、火和土的扩充。

（Hephaestus），太阳称为阿波罗（Apollo），月亮称为阿尔泰米斯（Artemis），启明星为阿佛洛狄忒（Aphrodite），发光体赫尔墨斯（Hermes）[1]，其他星辰也都有神话创作者流传下来的名称，这些人巧妙地把蒙骗听众的寓言编串起来，从而赢得了命名成就上的荣誉。他们把天分为两个半球，一个在地之上，一个在地之下，与此相对应，他们还称这两者为宙斯的双生子狄俄斯库里（Dioscuri），并编出更为离奇的故事，说这双生子轮流活着，一人活一天[2]。诚然，因为天总是在一圈圈不停地旋转，每个半球必然每日轮流改变各自的位置，或者在上，或者在下，但事实上，根本没有地之上或地之下的半球，只是因为我们自己位置的相对关系的变化，我们习惯性地把我们向上的部分称为地上半球，相反的部分称为地下半球。

人若是决心跟从真正的哲学，使自己的敬虔成为纯洁无欺的，摩西就给他这一真正可敬而虔诚的命令，不可把宇宙中的任何部分看作是全能的神。因为世界已经成为如其所是，它的开端就是毁灭的开始，尽管按照神的神意，它受造时是不灭的，另外，曾有某个时候，它是不在的。而说神先前某个时候是"非在"，或者在某个时间里"生成"，并非永恒存在，那是亵渎。

13. 但是有些人的观点非常愚蠢，不仅认为以上所说的对象是神，还认为每一个分别都是至大的原本的神。这些人因没有能力接受教育，或者对学习漠不关心，所以不认识真正的存在，以为感官感知的事物之外再没有无形体的、概念性的原因，其实身边到处都有清晰可见的证据（证明有这样的原因）。虽然他们正是在灵魂的支配之下生活、计划、实现一切人类生活中的事务，

---

① 关于行星的这些非神话学名称，见 Quis Rerum 224。
② 《奥德赛》xi. 303。

但他们的肉眼永远不可能看见灵魂。然而，每一种雄心抱负完全可能就是因为盼望看见一切神圣事物中最高贵威严者而引发的，这是自然的踏脚石，通往关于非受造者、永恒者、指导整个宇宙安全运行的不可见之驾驭者的观念。正如有人若把应对伟大君王的尊敬献给次级官吏，就不仅会显得愚蠢之极，还显得蛮勇无比，怎么能把属于主人的东西拿来交给仆人呢？同样，人若是把对造物主的颂歌拿来献给他的受造物，也可以肯定，此人是极其愚蠢、不讲公道的人，因为他把不等同的事物作等量齐观，不仅没有因此敬下级多一些，反而废黜了上级的地位。

　　还有一些人不敬到无以复加的程度，甚至也不给予同等的崇敬，对其他神竭尽荣耀之能事，而对他，甚至最普通的贡物也不给，即对他连起码的记忆也没有。他们有职责记住的——假如不能做得更好——他们却忘却，这种故意的忘却导致他们永久的悲剧。还有些人陷入一种高谈阔论、满嘴谬论的迷狂，广泛宣扬他们根深蒂固的不敬样子，想方设法亵渎神性（Godhead），磨快他们诽谤人的舌头，企图使敬虔者忧愁，使其立即受到不可言喻、无以安慰的忧伤的袭击，恶言恶语通过耳朵如火焰一样侵蚀灵魂。这就是不敬神者的连续攻击，其本身就足以勒住敬虔者的口，后者认为此时最好保持沉默，免得挑起争斗。

　　14. 所以，我们要拒斥所有这些欺世盗名的行为，不可崇拜那些本性上是我们兄弟的存在者①，尽管他们有比我们更纯洁、更不朽的实体，因为受造物就其是受造的而言，都是兄弟，都有同一位父，宇宙的造物主。相反，我们要让心灵、语言和一切官

---

　　①　Mangey 令人不解地说，这里的兄弟是指天使。但很显然，它们是指天体，也就是虽然有形体（《论创世》144），但"通体没有瑕疵的神圣灵魂"（《论巨人》8）。

能都装备起来，蓄满精力，积极活动，事奉非受造者、永恒者、万物之因，而不是贬低自己去取悦或顺从许多行毁灭之事，甚至毁灭那些完全可能得救之人的存在者。那就让我们在自己心里深深刻上这条首要的、最神圣的诫命，认信并荣耀一位万有之上的神，别说神多是这种观点，甚至不可让这种观点进入那以追求纯洁无伪之真理为生活之法的人的耳朵。

　　①凡是敬拜日月、整个天和宇宙或它们的主要部分，视之为神的人，毫无疑问犯了大错，把臣民放到主宰者之上，夸大赞美程度，但是他们比起塑造偶像者来还只是犯了小罪。塑造偶像者按照各自的想像，在木头、石头、金银和类似材料上塑造偶像，使人间充满各种形象、木雕以及其他人手利用画艺、雕刻术所造的作品，对人类生活造成了巨大危害的艺术品。因为这些拜偶像者割断了最卓越的灵魂的支持，切除了关于永生的神的正确观念。就像船只没有了压舱石，颠簸不定，从这里漂往那里，再也不可能到达港口，无缘在真理的停泊处安然歇息，对那惟一值得深思、需要敏锐洞察的事茫然无知。在我看来，他们的生活比那些丧失属肉体视力的人还要悲惨，因为那些身体残疾的人，不是出于自己的愿望，而是因为其他原因，或者是因为患了严重的眼疾，或者是敌人的恶意伤害造成的，而这些人却是出于深思熟虑的目的，不仅使灵魂之眼变暗，还毫不犹豫地把它完全抛弃。因而等着前者的是对他们不幸遭遇的同情，而对后者的堕落，则有完全相应的刑罚侍候。由于他们的全然无知，甚至没有意识到最明显的真理，就是"无知的婴孩也知道"②的真理，即工匠优于他技艺所造的作品，时间上如此，因为他比他所造的年长，在某

----

　　①　这里开始论述第二条诫命。
　　②　见《伊利亚特》xvii. 32，赫西奥德《论创世》218 pathon de te nepios egno，引自柏拉图《会饮篇》222B 的一个谚语。

种意义上是它的父亲，在价值上也如此，因为直接生效的力量比被动产生的结果更受人尊敬。如果他们要在自己的罪里保持一致，就当神化雕塑家和画家们本人，给予他们最大的尊荣，但是他们却任这些人默默无闻，不表示一点好感，却把他们的技艺所造的雕像和画像视为神。艺术家们往往在穷困和受人轻视中老去，不幸一个接着一个伴随他们走进坟墓，而他们创作的作品却被加上紫袍、金银和其他由财富提供的昂贵饰物，不仅得到普通公民的侍奉，就是出身高贵、形体极其俊美的人也屈身下拜——因为对祭司的出身是需要极尽仔细考察的，看它是否无懈可击，对构成身体的各个部位也要细心察看，是否完美无缺，构成一个完全的整体。这一切诚然可怕，但我们还未触及真正的恐怖，更糟糕的还在后头。我们知道有些造像者向自己所造的偶像祷告、献祭；假如他们崇拜自己的双手，那倒要合理得多；假如他们不喜欢这样做，因为不愿显得太自我本位，那就应当去敬拜锤子、铁砧、画笔、钳子、以及其他使他们的材料变成某种形状的工具。

15. 对如此精神错乱的人，我们完全可以大胆地说："尊敬的先生，最好的祷告和最终的幸福乃是成为与神一样。因而，你们要祈求自己得以成为与你们的偶像一样，从而享有最高的幸福，只是眼睛不能看，耳朵不能听，鼻孔既不能呼吸也不能嗅闻，嘴巴既不能品尝也不能说话，双手既不能给，也不能取，不能做任何事，双脚不能行走，身体的任何部分都不能活动①，日夜在你们的殿—监狱里处于监视和看守之下，永远迷醉于祭品的熏烟里饮喝。这就是你们所能想象的你们的偶像享有的惟一好处。"

---

① 斐洛显然想到了《诗篇》一百一十五篇5—8节；参"特殊的律法"二卷46节第2段。

事实上，我料想这样的告诫会使听者大发雷霆，如同听到了咒诅，而不是祈求，从而引出恶言恶语的否认和反击，而这恰好最有力地表明，那些偶像崇拜者所表现的不敬到了怎样广泛的程度，他们承认诸神具有的本性使他们厌恶与诸神相似这样的观念。

16. 所以，凡有灵魂的，谁也不可崇拜没有灵魂的东西，因为自然的作品①转过头来去侍奉人手所造的东西，这是完全荒诞无稽的。而埃及人除了有每个国家都可能犯的罪状应当受到指责之外，还有他们自己独特的罪状。他们除了设立木像和其他偶像之外，还把非理性动物，比如公牛、公羊、山羊提升到神圣荣耀的位置，为每种动物编造出惊人的神话传说②。就这些动物来说，也许还情有可原，因为它们完全是家养的，对我们的生计有益。牛是耕田的，播种季节翻沟开垄，扬谷时还是个非常能干的打谷手；羊能为我们提供最好的庇护所，即衣服，如果我们的身体不穿衣服，就很容易毁灭，或者被酷热晒死，或者被严寒冻死，前者在太阳的烧烤下，后者因寒流引起的冰冻。然而实际上埃及人并未就此止步，而是走得更远，选了最残忍、最野蛮的野兽，狮子、鳄鱼、爬行类中的毒蛇，所有这些他们都通过庙宇、圣地、祭祀、集会、队列以及诸如此类的事物，把它们尊为神圣。因为他们对神赐给人使用的两种元素作了彻底搜索，寻找最残忍的居住者，发现地上没有哪种动物比狮子更凶狠，水里没有比鳄鱼更残忍的，于是就把尊敬和荣耀归于这两者。他们还神化许多其他动物，比如狗、猫、狼，鸟类中有朱鹭、雕；还有鱼

① 这是对人类的一个相当奇怪的表述。可能也包括我们的"兄弟"，即星辰，它们也得拜形象，只要形象是值得拜的。
② 埃及的动物崇拜，见希罗多德（Herodotus）II，65—74，其中主要强调的是猫和鳄鱼，也提到朱鹭和蛇。尤维纳利斯（Juvena，古罗马讽刺作家——中译者注）提到鳄鱼、朱鹭、猿、狗和鱼。但两人都没有提到狼和狮子。

类，或者是它们的整个身体，或者是某些特定部位。还有比这一
切更荒谬可笑的吗？说实话，外人若是首次来到埃及，心灵还未
被此地的虚妄侵蚀，很可能会觉得这一切简直笑死人了；而受过
良好教育的人，看到这种对完全可恶而不是可敬的事物如此尊
敬，不免感到惊骇，对那些崇拜者表示怜悯，有充分理由认为他
们比他们所崇敬的动物更可怜，因为有灵魂的人堕落到了秉承那
些受造物的本性，以至于当他们经过他面前时，在他看来似乎就
是徒具人形的兽。

所以，神在他的神圣法典里绝不允许树立别的神这样的行
为，要求人只敬他这位真正所是的神，不是因为他需要人献给他
荣耀，他本身就是完全充足的，不需要任何东西，而是因为他希
望把在茫茫旷野里流浪的人类领到不可能迷失方向的道路上来，
好叫他们遵从自然，到达最高目标，就是认识他这位真正所是的
神，最原初、最完全的善，从他涌出每种具体的善，就如同从泉
源倾泻出汩汩水流，降临到世界和世上的人们。

17. 至此我们已经尽可能详细地讨论了第二条诫命。现在我
们要进而仔细考察下一条，即不可妄称耶和华神的名。那些明智
的人必能明白这一诫命为何放在第三位的原因，因为名字总是在
它所代表的事物之后，就像影子跟随物体。所以先说永在者的存
在和他应得的相应的荣耀，然后紧接着按顺序立出一条关于正当
使用他的头衔的诫命。人在这一方面所犯的错误是五花八门、多
种多样的。

丝毫不起誓是最好的做法，对生活最为有益，非常适合于受
过教育的理性之人。他知道只要任何时候都完全说真话，他的话
就可看作起誓；真正的起誓，如人们所说，只是"次优之旅"，
因为人若起誓，仅凭这一点，他的可靠性就投上了怀疑的阴影。
所以，他当稍稍滞后，略略拖延，指望通过不断地延缓，能完全

避免起誓。即使情势所迫，不得不起誓，他也必须非常仔细地考虑起誓所涉及的一切可能性，因为这绝不是一件小事，尽管习惯会使起誓变得无足轻重。一个誓言就是一次向神的诉求，求他见证所争论的问题；假如求他见证一个谎言，那当然是最大的亵渎。我恳求你，请你在理性的帮助下看看打算发假誓者的心灵。你会看到这样的心灵不是宁静平和的，而是充满骚动、混乱，苦于被人指控和谴责，遭受各种侮辱和责骂。每个灵魂都有一个监管者作它的挚友和密友，他的职责就是不让任何可谴责的东西进入，他的本性是永远憎恨邪恶、热爱美德，既是灵魂的指控者，也是它的审判者。他一旦被激发，成为指控者，就指责、控告，使灵魂蒙羞，同时又作为审判者，教导、告诫、劝勉它改变方法。如果他有力量说服它，就喜乐，讲和；如果不能，就战斗到底，绝不会在白天或晚上丢下它不管，而是不断地用荆棘和致命伤口刺激它，直到扯断它可悲而不幸生活的丝线为止。

18. 现在怎样！我要对起假誓者说，你敢对任何一个熟人说"来吧，先生，为我证明你看见了、听见了、完全接触了你其实并未看见也未听见的事"？我相信你不会这样说，因为这是不可救药的精神失常者才可能做的行为。如果你是清醒的，心智完全健全的，怎么可能有脸对你的朋友说："看在我们友谊的分上，去行恶、违法，与我一同不敬"？显然，他听到这样的话，必会对所谓的友谊弃之不顾，自责竟然与这样的人有过友谊之结，于是赶紧逃离这样的人，如同逃离野蛮而疯狂的兽。你既不敢引用哪位朋友为一件事作证，那你岂能恬不知耻地求告神，就是这世界的父和统治者神来作证？你这样做时是否知道他能看见听见一切事，或者你对此一无所知？如果不知道，那你是个无神论者，而不相信神就是一切邪恶的源泉；除了不相信神，你还使誓言失效，因为你以神起誓，却把对人事的关心归给在

你看来根本不关心它们的那位。另一方面，如果你相信神意是
确定无疑的，那么当你对神说——即使不是用你的嘴巴和舌
头，至少也是在你心里说——"为我作假见证，与我一同行
恶，作不当之事。为使我在人中保持美名，我的惟一希望就是
你掩盖真相。请为他者作恶吧，高级的为低级的作恶，神圣
者，万物之上的佳美者，为一个人，且是恶人，行恶"时，达
到了不敬的极致，无以复加了。

19. 有些人虽然没有任何利益可图，却有起誓的恶习，对根
本没有争议的日常事务也不断地、轻率地起誓，用誓言来填满他
们谈话中的沟壑，忘了言多必失、沉默是金，太多的起誓难免导
致假誓和不敬。因而，准备起誓的人应当经过十分仔细、一丝不
苟的检查，先检查争论的问题，看它是否有充分的重要性，是否
实际发生了，他是否对事实有了充分的掌握；其次检查自己，看
他的灵魂是否没有违法，身体是否没有污染，舌头是否没有恶
言，人要用来宣称至圣之名的口若说出什么可羞的话语，那就犯
了渎圣罪。他还务必找适当的时间和地点。我知道得非常清楚，
有些人在粗俗不洁的地方，在不应当提到父亲、母亲，甚至家庭
之外任何一个过着有益生活的长者之名字的地方，长篇大论地起
誓，使整个讲话变成一连串的誓言，他们这样在不恰当的地方滥
用圣名的多种样式，正是表明了他们的不敬。凡是对我所说的话
不屑一顾的人，可以确定，首先他受了污染，是不洁的。其次，
最大的惩罚等着降到他头上。因为视察人事的公义对这样的严重
恶行是绝不退让、绝不姑息迁就的；如果她认为最好不立即施行
惩罚，那么要知道，她只是要放贷惩罚，获得高额利息，只是要
等到对所有人都有益的时候到来之际实施它们。

20. 第四条诫命讨论圣安息日，要求以虔敬态度谨守这日

子。有些国家每月一次庆祝这一日子①，认为这是一个月的开始，而犹太人每隔六天庆祝一次，从不间断。在创世故事的记载里包含一个令人信服的理由，我们得知这世界是在六日之内造成的，第七天神就停了他一切的工，开始沉思创造得如此完备的万物，因而他吩咐那些在这个世界秩序中作为公民生活的人，在这点上也要如在其他事上一样听从神。于是他下令说，他们要工作六天，到了第七天就安息，转向智慧的学习，当他们有时间沉思自然的真理时，也当思考在先前的日子里是否犯有不洁之罪，强迫自己在灵魂的会议室里以法律作为陪审员和陪查员，严格审查他们说过的话、做过的事，以便纠正疏忽和过错，预防犯同样的罪。虽然神一劳永逸地用六天时间完成了世界的创造，不再需要另外时段，而每个人因为分有了必朽的本性，需要大量事物供应生活所需，但是他也不应当一刻不停地供应他所需之物，直到生命的终点，而应当信守神圣的安息日。这里我们岂不是听到最可敬的充满大力的命令敦促我们首先去追求各种美德和敬虔吗？"总要跟从神，"它说，"要知道，他就在那六日里创造了世界，六日足够他实现自己的目标，知道单单六日足以实现他的目标，在这一期间他造了世界，这是专门留给你们活动的时间模式。也要明白第七天是你们尽力学习智慧的模式，我们得知他在那一日审查自己所做的工，所以要学会在自然之课上和你自己生活中为求幸福而做的一切事上反省自己。"所以，我们不可忽视两种最佳生活，即实践生活和沉思生活的这一伟大原型，而要让那模式永远在我们眼前，在我们心里刻下它们两者清晰的形象和印记，说应说之话，做应做之事，从而尽可能使必朽的本性类似于不朽者。不过，神不需要任何形式的时间来完成他的工，那么在什么

①　可以引来支持这一观点的主要段落是希律 VI，57，他说斯巴达人在每月初一和每月初七献祭阿波罗。

意义上说他在六日里创造了世界，这一问题我们已经在别处作了比喻意义上的解释①。

21. 至于数字七，在所有存在者中占据优先地位，对此，研究数学的人业已殚精竭虑地作出解释。它是数字中的童女②，本质上没有母亲，与原初的元一，行星的"理念"③，有最密切的关联，正如元一是属于恒星领域的，因为从这元一和七生出无形的天，它是有形之天的范型④。

形成天的实体，部分是不可分的，部分是可分的。原初的、至高的、由元一负责的坚定不移的旋转属于不可分部分；另一旋转，在价值和次序上都位于第二的，由七管理的，属于可分部分，这种旋转经六次分割，产生七个所谓的行星，或漫游者⑤。天上的居住者并非都是漫游的，它们其实分有一种有福的、神圣的快乐本性，因而本质上没有这样一种倾向。事实上，它们保持自己的一致性完好无损，周而复始地作环行运动，不允许任何偏移或改变。正是因为它们的轨道与不可分的外圈相反，所以，得了行星之名，其实这是不善思考的人轻率扣在它们头上的不当名称，是他们把自己的漫游归给从未离开自己在神圣营盘里的位置

---

① 即在《寓意解经》i. 2—4："摩西想要表明，必朽的事物和不朽的事物是以与各自专门的数字对应的某种方式形成的。"至于为何对必朽的事物应是六，对不朽的事物应是七，上面刚刚作了说明。

② 关于这些称号的毕达哥拉斯学派的渊源，见《论摩西的生平》二卷 39 节的注。

③ 或"原型"。

④ 关于一与七的神秘同一，参《论该隐的后代和他的流放》64，《论神的不变性》11 及下面 30 节。

⑤ 这整节都基于柏拉图《蒂迈欧篇》36C—D。在那里，天由两个旋转的圆圈构成，外圈是恒星的范围，内圈是七个同心圆，每一个圈对应一个行星。"他称外圈为同的运动，内圈为异的运动。"

的天体①。出于这些以及其他许多原因，七受到尊敬。但是最能使人相信它的优势的是，它最完全地显明了万物之父和造物主，因为在它里面，就如同在镜子里，心灵看见神创造世界又支配所形成的一切。

22. 论述了安息日之后，神给出第五条诫命，要孝敬父母。他把这一诫命放在两个五条之间；它是第一组最神圣命令中的最后一条，又与第二组关于人与人之间的职责的诫命相邻。我想这里的原因是这样的：我们看到，父母按其本性来说位于必朽者与不朽者之间，说是必朽的，因为他们的身体必死，因而与人和其他动物是同族；说是不朽的，因为生育的行为使他们与神，就是大全的生育者相似。我们知道，有些人将自己与这两边之一相连，而忽视另一边。他们畅饮敬虔热望的醇酒，舍弃其他所有挂念，把整个个人生活致力于对神的侍奉。有些人形成这样的观念，除了对人行义之外没有任何善事，所以除了追求人的友谊，对其他事都不感兴趣。他们出于对团契的渴望，以同等的标准向所有人提供美物，供其使用，而且相信他们的职责就是尽其所能减轻令人恐惧的困苦。这些人可以适当地称为爱人类者，而前类人可称为爱神者。但两者在美德上都不完全，只到了半程；惟有在两种职责上都赢得荣誉的人才拥有完全的美德。而那些既没有以适当的方式处理人的关系，与人同乐，替人分忧，也没有坚守敬虔和圣洁的人，就显然变成了野兽的本性。在这种野蛮兽性中，占据首位的必是那些不敬父母的人；他们既不敬父母，就成为律法的两方面的敌人，一方面对神，另一方面对人。

23. 那就让他们务必明白，他们在两个法庭上，自然所拥有

---

① 见柏拉图《法律篇》821C—D，那里说"漫游者"的名称是一种渎神。

的独特法庭上，都被判决有罪。在神圣法庭上，被判为不敬神，因为他们对那些把他们从非存在引入存在，从而在这点上成为神的效法者的人，不表示应有的尊敬；在人的法庭上，被判为不人道。试想，他们若是鄙弃最亲近的、给了他们最大恩惠的亲人，那他们还能对谁表示友好？这些恩惠中有些是完全不可能回报的，比如，父母生育了他们，他们怎么可能回过来生育父母？相对于子女来说，自然赠给父母某种特殊的财产，不可能受"交换"法约束的财产①。因而，子女若是因为不能完全回报父母，就连一点也不回报，那么对此表示最大的愤怒是完全合理的。我完全可以这样对他们说："野兽通过与人交往也会变得驯服。"②实在的，我常常听到狮子、熊、豹被人驯服，不仅对那些饲养它们的人温顺，感激他们给予它们所需要的东西，还对每个人温顺，大概是因为看起来与饲养它们的人相像吧③。事情原本就应当这样，因为低级者跟从高级者总是对前者有好处，可望得到提高。然而，事实上，我不得不说相反的情形："你们这些人若以某些兽为榜样，倒是好事。"它们已经受了训练，知道如何以恩报恩，以德报德。看门狗看家护院，一旦有危险临到主人头上，就挺身而出，舍己救主。他们说，护羊狗为自己的责任而战，坚守岗位，直到得胜，或者死去，就是为了保护牧人不受伤害。这样说来，在报恩上人还不如一条狗，生物中最有文化的还不如畜生中最蛮横无理的，这岂不是丑闻中的丑闻吗？我们即便不能向陆地的动物学，也当转向空中飞行的鸟类学习正当行为之课。在

----

① 显然暗示雅典法。根据此法，被任命行使"Leiturgia"的公民可以要求一个没有被任命担当此职、他认为比自己富裕的人与他交换财产。这里，斐洛一如既往地表现出他对雅典法的了解，如他在德谟斯提尼（Demosthenes）那里发现的。

② 这话的意思是说"合乎本性的恰当的事是兽向人学习；然而在这件事上，人得向兽学习"。

③ 即这些动物开始与人类友好相处。

鹳鸟中①，老鸟若是不能飞了，就留在巢里，而它们的孩子，我几乎可以这样说，飞过海洋和陆地，从每个角落收集食物，满足父母的需要；所以，当它们因上了年岁无法活动时，仍能享受丰富的食物，年轻的鸟儿之所以看轻困难，维持它们对食物的需要，是在敬虔的推动下，指望自己的子孙也必给予它们同样的对待，回报它们不能拒绝的人情债——这种人情债在适当的时候产生，也在适当的时候清偿——在这种关系中，仅有一方或另一方都不能维持自身，孩子是它们的存在的开端，父母是它们的生命的末端。因而它们不需要老师，完全出于自然本性，欣然把养育幼仔的营养拿来给予老者。人类面对这样的例子，那些对自己的父母不闻不问的人，岂不是应当羞愧地藏起脸来，责骂自己忘恩负义？父母的福利原本应当是他们惟一或者最主要关心的事，而且与其说他们是给予者，不如说是回报者，只要求给予一点应有的回报。子女的一切，没有什么不是从他们的父母来的，或者从父母自己的财源里给予，或者通过父母所提供的方式获得。敬虔和虔诚是美德中的女王。那么她们住在这样的人的灵魂里吗？没有，他们把她们赶出这一领域，使她们处于流放状态。父母原是神的仆人，担当生儿育女的任务，所以不敬仆人的，就是不敬主人。有些更为勇敢的人②在颂扬父母之名时说，父亲和母亲实际上就是显现出来叫人看见的神，复制了非受造者制造生命的工作。他们说，他是世界的神和造物主。而父母只是那些他们所生育者的神和造物主。人若是不敬近在身边、眼睛能见的神，怎么可能去敬畏那无形体的神呢？

---

① 从动词"报恩"最能表明这一观念的流行。在亚里士多德的《动物志》ix. 18 和阿里斯托芬的 Av. 1353ff. 也有提及。

② 斯多亚学派的赫罗克勒斯（Hierocles）就是这样一个人。斯多亚学派的通常观点是（狄奥根尼·拉尔修），父母、兄弟、姐妹是仅次于诸神的人，要尊敬他们。

24. 他以这些敬父母的智慧话语结束第一组五条更多地关于神圣者的诫命。在写第二组要求我们对同胞不可做的行为时，他把通奸放在第一位，认为应当把这种行为视为最大的罪。首先，它的源泉在于对享乐的追求，这种追求削弱追求者的体力，松懈其灵魂的精力，日渐消耗生存资源，就像一团熄灭不了的火，触到什么就烧毁什么，使人类生活再也没有健康有益的事物。其次，它不仅诱使通奸者作恶事，还教唆另一方一同作恶，建立一种不可能有真正友谊的伙伴关系。一旦迷狂作了主，贪欲不可能只通过一方就能达到目的，必然需要双方共同行动，一方作老师，另一方作学生，其目标是把最邪恶的罪，即淫荡、淫乱放在坚实的基础上。我们甚至不能说，受玷污的只是淫妇的身体；事实上，与其说是她的身体，不如说是她的灵魂已经习惯于疏远丈夫，可以说，在教唆下对自己的丈夫感到彻底的厌恶和痛恨。

倘若这种根恶公开表示出来，事情也没那么可怕，因为显而易见的东西更容易预防，然而，事实上，这种根恶能轻而易举地避过怀疑和识别，用巧妙的欺诈行为掩盖起来，有时还通过蒙人的诡计使人产生相反的印象，以为爱意绵绵。实在的，它对三个家庭造成浩劫：丈夫的家庭，他遭受背信弃义，丧失婚约之誓，生儿育女的盼望落空；其他两人，即奸夫和奸妇的家庭，因为这种罪大恶极的不法行为，这种最大的耻辱和丢人之事，也波及两人的家庭。如果他们的家庭关系通过联姻涉及一大群人，具有十分广泛的联系，那么这样的丑事必全面传播，影响到整个国家。身份不明的孩子们也是非常痛苦的。试想，如果妻子不贞洁，人们就会对孩子的生身父亲产生怀疑和争吵。如果事实未暴露，那么通奸所生的孩子就篡夺了合法者的位置，出现了一个没有血缘关系的私生子，最终将继承他所认定的父亲的遗产，尽管实际上他并没有这样的权利。通奸者傲慢无礼、得意洋洋地发泄了自己的情欲，种下了耻辱的种子，满足了淫欲之后，将扬长而去，同时嘲笑着他所犯罪行的受害者的无知，就像一个瞎子一样对过去的阴谋诡计一无所知，还不得不把死敌的孩子当作自己的亲生骨肉来爱护。另一方面，如果恶行暴露，那些没有任何过错的可怜的孩子就成了最不幸的人，哪个家庭也不会容纳他们，既不能算为丈夫家的人，也不能归入奸夫的家庭。这就是非法交媾带来的灾难，所以把可恶的、神所憎恶的通奸罪放在恶行的第一位，是自然而然的。

25. 第二条诫命是不可杀人。自然把人这种最文明的动物造为群居性和社会性的，赐给他理性，引导他获得和谐与互惠的情感，叫他与别人交往，相互协作，结成团体。所以，杀了人的人务必清楚地知道，他违背了自然为众人的幸福而颁布的完美之极的律法和律例。另外，他也务必要明白，他还犯了渎神罪，从至圣所偷走了神最神圣的财产。试问，所献的祭品中，有什么能比人更神圣、更值得尊敬的？金银财宝和其他昂贵之物是没有生命的死物，用来装饰同样没有生命的建筑物。而人，最杰出的生命造物，借着他存在中的高级部分，即灵魂，最接近于存在者中最纯洁的天，并且，如大多数人所承认的，也最接近于世界的父，因为人心里拥有逼真的神之像，不是复制地上的其他事物，而是模仿永恒而神圣的原型。

26. 第二组五条中的第三条诫命是不可偷盗。凡渴望得到别人的东西的人就是国家的公敌，这样的人巴不得把所有人的东西都偷来，但能力有限，只能盗取一些人的财物，也就是说，他的贪欲无限扩展，但他的能力相对较弱，跟不上步伐，只能局限于少数人的范围。这样看来，不论哪个盗贼，只要得到相应的力量，就敢盗窃整个城邑，不在意会有什么惩罚，因为他们拥有卓著的声誉，这似乎置他们于法律之上。这是些主张寡头政治的人，对专制或统治权野心勃勃，他们是更高层次上的盗贼，以政府和领袖的冠冕堂皇的名称掩盖偷盗的事实。所以，人务必从幼小的时候就接受教导，不可偷盗别人的任何东西，哪怕一针一线，因为习惯随着时间推移会变得比本性更强大，小恶若是不遏制，任其生长，就会变成大恶。

27. 公然指责偷盗之后，下一条诫命是不可作假见证，因为假见证在许多重要主题下都是犯罪，并且全是重罪。首先，他们败坏了真理，庄严的、如我们生命中任何东西一样神圣的财宝，像太阳一样把光照在事实和事件上，不让任何一个停留在阴影之中的真理。其次，除了虚假性之外，他们掩盖事实，可以说把事实藏在黑夜里，浓厚的黑暗中，对他们既不曾见过也不曾听过的事断言有确定的知识和完全的理解，从而站在罪犯一边，共同陷害受害者。事实上，他们还犯了第三种罪，比前两种更可恶。试想，在缺乏证据的时候，包括口头的或书面的，争辩者求助于证人，陪审员把他们的话作为决定他们要作出的裁决的标准，因为若是没有其他方式可以证明事实真相，他们就不得不完全倚重于这些人证。结果是，那些原本可能赢得官司的人，因假见证而遭受不公正，而听了这见证的法官记下了不公、不法而不是公正合法的投票表决。事实上，这种欺诈行为等同于不敬神，因为按规定，陪审员必须起誓，而且是非常可怕的誓，这誓与其说是受害者①背弃的，不如说是犯欺骗罪的人背弃的，因为前者不是故意犯错，而后者在完全知情的情况下使誓言归于乌有。他们自己故意犯罪，还诱使那些控制表决的人与他们一同犯罪，这些人虽然不知道自己的行为本质，却惩罚了那些不应受罚的人。我相信，正是出于这些原因，神禁止人作假见证。

---

① 即陪审员。

28. 最后一条诫命是反对贪婪或欲望①，他知道这是一个具有极大破坏性的阴险敌人。凡是煽动灵魂，使它偏离自己的本性，不让它继续保持健全状态的激情，都是很难对付的，而欲望是所有激情中最难的。因而，可以说，其他激情是出于无意，是外来的灾难，是一种外面的袭击，惟有欲望是我们自己产生的，是故意的。

我要说什么意思呢？向心灵显示某种实际上在我们身上并被认为是好的东西，唤起并惊醒安静的灵魂，就像一道光射在眼睛上，把它抬升到一种欣喜若狂的状态。灵魂的这种激动称为快乐。

当善的反面恶强行闯入，深深地刺激灵魂，灵魂立时被迫充满沮丧和消沉。这种情感就称为忧伤或痛苦。

如果恶的东西还没有嵌入里面，也没有紧紧地压迫我们，只是就要临到，正在磨刀霍霍，它的羽翼不停颤动，紧张不安，送出恶兆的信息，发出警告。这种情感叫恐惧。

有人对某种还未到来的美好事物产生想法，渴望得到，并驱使他的灵魂跨过最大的距离，尽最大的努力，热烈追求，希望得到所求之物，可以说，他是踩在轮子上非常焦虑地追逐现在还不可能抓到的对象，与那些虽然速度较慢、落在后面、仍以不可遏制的热情追求的人陷入同样的困境。

我们还在感官中看到类似的现象。眼睛常常渴望了解某种非常遥远的对象。它们鼓足干劲，大胆行动，但毕竟力不能及，触及的是虚空，在那里跌倒，无法对所求之物获得准确的认识，此外，它们筋疲力尽，视力也因长时间过分的凝视而变得模糊不清。

---

① 可以看到，斐洛把这个词的含义从对别人之物的贪婪（covetousness）引申到一般意义上的欲望（desire），这样他就能够开始专门讨论斯多亚学派（Stoicism）的四大激情（passion）。Driver 指出，这个词的希伯来语也是一般性的，只是在上下文中才能体现其贬义。

　　同样，当远处一种声音隐约而来，耳朵立即竖起，全力捕捉，渴望尽可能靠近一点，使声音变得清晰可听。然而，声音听起来仍然隐隐约约，并没有显得比以前清晰，能使耳朵听得明白，于是，想要听清楚的欲望，这种无法遏制、难以形容的渴望变得更加强烈。欲望必然伴随着坦塔鲁斯（Tantalus）式的惩罚；正如他所渴望的东西，就在他刚要触及的瞬间消失得无影无踪；同样，被欲望主宰，总是渴望所缺乏之物的人，只能围着使他困扰的欲望胡乱摸索，永远得不到满足。正如逐步扩散的疾病，若不及时用手术刀或烧灼器遏止它，就会渗透到构成身体的所有部分，导致整个身体没有哪个部位不受感染；同样，若不是贤明的理性像一位良医那样，遏制欲望之流，整个生活事件都必然偏离自然所指示的方向。因为没有什么事隐秘得能避开激情；激情一旦发现自己处在安全和自由的状态，就会像火焰一样蔓延，产生普遍的破坏。

　　详尽阐述如此明显的事实，可能会显得非常愚蠢。其实，没有哪个人或哪个城不知道自己提供了清晰的证据证明他们的真理，不只是每天在提供，甚至可以说每时每刻都在提供。想一想，对金钱、女色、荣誉或其他能产生享受之物的激情和渴望，它所产生的恶岂是小的、无关紧要的？难道不正是它导致同胞成为陌路，使他们与生俱来的善意变成势不两立的仇恨，使伟大而繁华的国度在内讧中变得荒芜一片，使海洋和大陆因各种争斗和战役充满闻所未闻的巨大灾难？希腊人和野蛮人的所有内战和外战，悲剧舞台非常熟悉的场景，无一不是源于同一个原因：欲望，对金钱、荣誉或享乐的欲望。正是这些给人类带来了灾难。

　　29. 这个话题就讲到这里，但我们不可忘记十诫是对圣经里所记载的、贯穿整部律法书的特殊律法的概括。第一条概括了关于神之君权的律法。这些法宣称，有一个世界的首因，一位统治者和王，他引导着战车，安全地驾驭着宇宙之舟，把那些有害的政治形式，寡头政治和暴民统治，从一切存在者中最纯洁的部分，即天中驱逐出去，因为这是从最邪恶的人中产生的，源于混乱和贪婪。第二条概括了所有涉及人手所造之工的法规。它禁止塑造偶像或半身木雕像，有害的绘画术和雕刻术所生产的一般偶像，也禁止接受关于诸神的婚姻和族谱的难以置信的传说，以及与这两者相关的无数巨大丑闻。第三条包括了关于不可起誓的一切情形，和可以起誓的时间、地点、事件、人物、身体与灵魂之状态的指示，以及关于那些真诚起誓或虚假起誓的人的全部声明。

30. 第四条涉及第七日①，我们必须认为它就是在一个标题下对所有节日的集合，以及每个节日所规定的净化，举行仪式时要遵守的合乎礼教的洁净、可蒙悦纳的祷告、完美无瑕的献祭的总汇。这里的第七，我的意思既是指包括最富创造性的数字六②在内的七，也指不包括六③，但优先于它④，并且类似于元一的七。在计算节日次数时两种含义他都使用了⑤。这个元一被用在

---

① 或"数字七"。

② 六是最富创造性的数字，因为它的因素 2 和 3 代表偶数（或女性）和奇数（或男性）原则。

③ 不包括六的第七（或七），似乎是说，鉴于七与一具有神秘的同一性，可以认为，只占用一天的节日是根据圣七日的律法来的。

④ 或者"取代它"。这个动词似乎用来形容一物在另一物之前并遮盖它（"特殊的律法"第四卷 8 节："如在日食中……"），所以这里的意思可能是说，元一不需要六使它与七相等。

⑤ 以下所列的七个节日，"特殊的律法"第二卷 11 节里也出现了，并作了详尽的描述。不过，在那里，它们是按照一年中出现的顺序排列的，没有按所守的天数分类。那里还有这里没有列出来的三个节日，安息日、"日日"节和朔月节。对第一个，当然，这已经暗含在里面，省略第二个并非不合自然，但奇怪的是把朔月也省去了。

圣一月一日（holy – month – day）①，他们吹起号角宣告它的开始，还有斋戒日，要求禁食，不吃不喝，还有希伯来人用自己的方言所称的 Pasch，即逾越节，这一日全民祭祀，每个人无需等候祭司，因为律法允许每年有一个特定的日子每个人都有权作祭司，自己履行献祭仪式。还有感恩节，拿一个禾捆献给神，作为对土地肥沃、低地里谷穗饱满的丰收景象的感激；然后数算七个七，就到了五旬节，按惯例要献上小麦饼，其含义就如其称呼所表明的"初熟的麦子做成的饼"，它们是由文明的耕耘所产出的庄稼和水果的样品，是神分给最讲礼仪的生命造物——人的营养。他给另外两个主要节日②延长了很多时间，延长到七天，这两个节日是为两个昼夜平分点而设的，第一个在春季，庆祝庄稼成熟，第二个在秋季，庆祝瓜果丰收；每个昼夜平分点的前后七个月都很自然地分有七天③，这样，作为一项特殊待遇，每个月都有一个节日让人欢乐，享受闲暇。其他归在同一标题下的律法，都是劝告人要温顺、友好、淳朴、平等的可敬法规。其中有些谈到安息年，如人们所称呼的，在这一年，土地要彻底休耕，不可播种、耕犁、清除，也不可修剪树木，或者其他任何农事。因为当低地和高地都耕作了六年，每年生产果子，交付贡品，他认为应当给它们一次休息，作为喘息的机会，享受一下没有目的性的自由。还有一些律法是关于第五十年的禧年，其特点不仅体现在刚刚提到的做法上，还包括把没收财产归还原来拥有的家庭，这是丰富仁慈和公正最必不可少的程序。

---

① 或"圣月的开始"。斐洛通常用这个词表示提斯利月初一，或吹角节，即农历新年。

② 即除酵节和住棚节，不过，后者有八天。

③ 根据通常包含端点的算法，秋分在春分后（包括秋分所在的这个月）第七个月，反之亦然。

31. 在第五条关于孝敬父母的诫命里，我们看到许多为处理老年人与年轻人、统治者与臣民、恩惠者与受惠者、主人与奴仆之关系的必要律法。父母属于上述关系中的上方，这一层次还包括年长者、统治者、恩惠者、主人，而孩子与年轻者、臣民、受惠者和奴仆处于下方。此外还给出了许多指令，要求年轻人对老年人谦恭有礼，老年人对年轻人关心爱护，臣民要服从自己的统治者，统治者要提高自己臣民的福利，受惠者要知恩图报，主动自愿捐助者不可图报，似乎它是一笔债务，奴仆要忠于主人，主人要温和、仁慈，使不平等变得平等。

32. 第一组的五条就包含这五方面的概述，简明扼要，而特别的律法数量非常可观。另一组的第一条是反对通奸，根据这一条诫命规定了许多法条，反对引诱、鸡奸、荒淫无度的生活、无法无天的纵欲以及淫乱的交媾方式。他所描述的这些特点，不是要表明不自制所包含的多样性，而是要以最公然的方式叫那些生活上声名狼藉的人蒙羞，让他们的耳朵灌满汹涌的指责声，使他们羞愧脸红。

第二条禁止杀人，在它之下引出关于暴力、侮辱、虐待、伤害、致残的法规，都是必不可少的，有极大的公共用途。第三条反对偷盗，其下包括针对欠款的债务人、拒绝偿还抵押物、名不副实的配偶关系、毫无廉耻的偷窃行为，以及促使人公然或秘密地挪用他人财物的一般的贪婪之情所制定的法规。第四条反对作伪证，包括许多禁令。它禁止欺诈、诬告、与恶人合作、利用诚实作屏障行欺诈之事①，所有这些都已经成为相应律法的主题。

---

① 按我的理解，这是指这样的情形，人偿付或归还一小笔定金，诱使另一方交托给他更多的财物，他可以盗用。斐洛在《论基路伯》14 和《论诺亚的耕作生活》101 提到这种欺诈形式。有人会认为应把它归在偷盗的标题之下，但斐洛在"特殊的律法"第四卷 11 节里把它记在第九条诫命之下。不过，它很可能在更普遍的意义上指诚实外表下的虚伪作态。

第五条阻止不义之源：欲望。从这源泉流出的是极其邪恶的行为，有公众的、个人的，大的、小的，关于神圣之物的、涉及世俗之事的，影响身体和灵魂以及被称为外在事物的。因为没有什么能逃得过欲望，如我上面所说的，它就像森林里的火焰①，广泛蔓延，烧毁、破坏一切。在这一标题下立有许多法规，告诫那些能够改邪归正的人，惩罚那些终身屈服在情欲之下的反叛者。

33. 关于第二组五条诫命就说这些，就此完成我们对十诫的阐述，这是神亲自颁布的，与他的神圣性完全吻合。因为根据他的本性，概括特殊的律法的声明应由他本人亲自立定，而特殊的律法应由最完全的先知说出，就是神依其功德挑选出来，并把圣灵浇灌在他里面的先知，让他担当翻译神圣话语的职责。

接下来我们要解释一下为何神仅以简单的命令或禁令形式说出这十诫或十法，而没有如其他立法者那样制定惩罚措施，以威吓将来的违法者。他是神，因而立即可以推出，他作为主②是良善的，是善的惟一原因，不包含任何恶。所以他认为与他的存有（being）完全吻合的是，他颁布救人的诫命，不混合任何惩罚措施，好叫人选择最好的，不是出于无意识，而是出于明确的目的，不是以无意义的恐惧，而是以健全的理性作为策士。因此，他认为在他的话里不应当附带惩罚。但他并没有因此允许作恶者逃避惩罚，其实他知道他的助手公正，人事的审查者，凭着她与

---

① 或"燃料"。

② 我想，Treitel 和 Mangey 并没有说出这句话的完整含义。神作为 theos 的本质特点是良善，见"特殊的律法"第一卷 56 节"你难道没有看到……"。他颁立诫命是出于他"kurios"的另一方面特点，其实就是"kolastike dunamis"，而 theos 的良善远远地扩散到"kurios"，于是，对惩罚的执行，这里实际上就是判决，交给部下去做。

生俱来的对恶的憎恨，不会坐视不管，必然担当起惩罚罪人的工作，以此作为她的天职。这是与神的仆人和副手相匹配的，正如战争时期的将军要报复那些离开公正之列的叛逃者。而整个宇宙的普遍安定要指望伟大的王，他是和平的管家，源源不断地提供丰富的和平之好事，无论何时都毫无保留地把它们全都分给所有的人，每个角落的每一个人。因为神其实就是和平的王，而他的副手则是战争的领袖。

论特殊的律法

第 一 卷

论两条诫命总纲下的特殊的律法，一条是除了一位神之外，不可认别的主权神①，另一条是不可荣耀人手所造的作品。

1. 我们在前文里已经详细解释了十诫，如经上所称呼的，就是概括了特殊的律法的总纲。现在我们要根据论述顺序②的要求，考察具体的法规戒律。我要从许多人视为嘲笑对象的那条律法开始。受到嘲笑的做法，即割除生殖器的包皮，其实其他许多民族也非常积极地奉行，尤其是埃及人，他们的民族以人口众多、历史悠久、热爱哲学而被视为出类拔萃的民族③。因而，诽

---

① 或"有绝对权能的神"。

② 或者"圣经所指示的顺序"，即尽管五经里实际上没有把律法分门别类归在十条诫命之下，但十诫暗示了这样一种顺序。

③ 关于埃及的割礼，最初的典据是希罗多德《历史》ii. 36。因为斐洛对犹太和希腊世界之外的埃及人的私密习俗知之甚少，所以以希罗多德的记载为典据并非完全不可能。但是在《〈创世记〉问答》第三卷47、48 里，他像这里一样论到割礼，然后说埃及女人和男人一样要受割礼，并且是在青春期受的割礼，这两点都不是在希罗多德那里找到的。这一点得到狄奥多鲁斯（Diodorus）i. 28, iii. 32 的支持。约瑟夫在《驳阿庇翁》（Contra Apion）ii. 140 ff. 肯定地说，埃及祭司是受割礼的，但阿庇翁作为一个埃及人，却因犹太人的割礼而嘲笑他们，这表明他反对全民割礼。

谤者应当停止幼稚的嘲笑，本着更为明智、更为严肃的精神，探寻保守这种习俗的原因，而不是过早地否弃这个问题，责备伟大民族的敏锐判断力。这样的人完全应当反复认真想一想，每一代都有成千上万的人接受这一手术，忍受强烈的疼痛，毁伤自己的和他们至亲至爱之人的身体，必然有许多情势要求保留并履行古人引入的某种习俗。最主要的原因有四个：第一，它保证不患严重甚至不可治愈的阴茎包皮病，即炭疽病或红斑病。我想，之所以取这一名字，是因为它引起一种慢火①，那些保留包皮的人很容易感染这种火。第二，它使整个身体更加洁净，适合圣阶人员，因而，埃及人把这一做法推到极处，要求他们祭司的身体剃须刮毛，因为有些需要清除的物质会聚集、隐藏在毛发和包皮上。第三，使被割的器官与心相像②。两者都是为生产而形成的，在心里面的灵力③生产出思想，生殖器官生产出生命体。初代人认为，导致心灵产生概念的无形体的高级元素应当使可见的、明显的、感官可知事物的自然之父与心灵相似。第四，也是最重要的原因是，它适宜多生孩子，因为我们得知，它使精液长驱直入，不会分散或者落入包皮的皱褶里，因而，受割礼的民族显然是生殖力最强、人口众多的民族。

2. 这些解释是古代那些对摩西作品作了深入研究的赋有神圣恩赐的人流传给我们的。此外，我要补充一点，我认为割礼是我们福祉所最必不可少的两件事的一个象征。一件是去除蛊惑心灵的享乐。有些人为追求享乐刺激，男女交配时控制射精（延

---

① 或者"里面的秘密之火"。
② 不是指它们本性上相像，而是说通过割礼，使它们变得相像。
③ 这是斯多亚学派的思想和措辞。关于大脑与作为心灵之所的心脏的关系，见下面39节。

长交欢时间），所以立法者们认为应当切短协助这种交欢的器官，从而使割礼象征着切除过分、多余的享乐，不仅除去这一种享乐，还包括这一种且是最急迫的一种所代表的所有其他享乐。另一原因是，人应当认识自己，除去灵魂里自负狂妄这种恶疾。有些人对自己能像雕塑家一样巧妙地造出最美好的生命物——人感到骄傲，就自高自大起来，以为自己有神性，闭眼不看一切生存之物真正的原因，其实他们完全可以在周围看到相反的例子，纠正他们的错觉。因为在他们中间，有许多男人不能生育，许多女人不能怀孕，他们的交配毫无效果，老了之后膝下无子。因此，必须把这种恶念以及其他不忠于神的念头从心灵里切除。

这些问题就谈到这里。现在我们必须转向特殊的律法，首先讨论那些位居首位的律法，即以独一神的主权为主题的律法。

3. 有些人认为日月星辰是具有绝对权力的神，所以，把万事万物产生的原因归于它们。但摩西认为，宇宙是受造的，在某种意义上，是最伟大的国家，有管理者和臣民；管理者就是全体天体，包括固定的和漫游的；臣民就是存在于月亮之下，在空中或地上的存在者。不过，在他看来，所谓的管理者，并没有绝对的权力，而是一位大全之父的副手，正是因为模仿他按着律法和公正治理一切受造之物的榜样，它们才表现得如此得体；但是那些没有觉察到高高在上的驾驭者的人，就把宇宙中一切事件发生的原因归于拉车的一群牲口，似乎它们是惟一的动力。我们至圣的立法者要使他们从这种无知转为有知，就说："恐怕你们举目观看，见……日、月、星和天上的万象，就走入歧途，去敬拜侍奉它们。"① 他称接受天体为神的行为是走入歧途或迷失方向，

---

① 《申命记》四章 19 节（见和合本译文："又恐怕你向天举目观看，见……日、月、星，就是天上的万象，自己便被勾引敬拜侍奉它。"——中译者注）。

这话说得非常正确而恰当。那些人看到太阳及其升落产生了一年四季，使动物、植物、果实都在固定的时期内出生走向成熟，看到月亮作为太阳的侍女和继承者，到了夜晚就接管太阳白天负责的对万物的照料和管理，看到其他星辰按其与地上万物的交感亲和力，以无数的方式维护大全，就离题万里，设想它们就是神。其实，只要他们一直尽力行在那不可能会有任何迷失的正道上，就会马上明白，正如感官是心灵的仆从，同样，感官所感知的一切事物是那心灵所领会的神的仆从。它们能获得第二的位置已是足够了。试想，我们心里的心灵，如此渺小而不可见，尚且是感官的主宰，而宇宙的心灵，如此卓绝、伟大而完美，却否认他是诸王之王——他能看见他们，他们却看不见他——这岂不荒谬至极？所以，不可以为眼睛所见的天上的诸神拥有绝对权力，它们只是获得了二级统治者的位置，从本性上说是易犯错误的，但鉴于它们的卓越地位，绝不是注定要受处罚的。因此，我们的思绪要超越可见存在物的领域，去敬拜那非物质的、无形体的、惟有悟性才能领会的那位，他不只是诸神——包括感官和心灵所感知的所有神——的神，还是大全的造物主。如果有人把应当给予永恒者、造物主的敬拜给了某个受造的、后来才出现的存在者，那他必被作为头脑发昏、犯了最大的不敬罪的人记载下来。

4.① 有些人把金银放在雕刻家手上，似乎他们能胜任造神之工；雕刻家就取了原材料，再用可朽的样式作模型，愚蠢至极地雕刻出诸像，视之为诸神。再建造庙宇，筑起祭坛，为向它们表示崇敬，极其精心地设计出其他宗教仪式和典礼，举行祭祀和游行，男祭司和女祭司尽可能摆出一本正经的样子，来表现这种虚

---

① 这里斐洛开始考虑第二条诫命。

妄的炫耀。对这样的偶像崇拜者，大全之统治者有话警告他们：
"你们不可做什么神像与我相配，不可为自己做金银的神像"①，
这里表达的教训无异于一个直接的禁令："既然禁止你们使用最
好的材料造神像，就更不可用别的什么材料来造神像了"，因为
金银乃是雕刻材料中的首位。

除了这种直接禁令之外，在我看来，他还提出了对提升道德
价值具有重大意义的另一思想②，强烈指责那些想方设法追逐金
银的财迷，他们把金银财宝积聚、珍藏起来，如同圣所里的圣像
似的，相信它就是一切幸福快乐的源泉。另外，凡是被渴望金钱
这种重病缠身的贫乏者，虽然自己没有财富，不能立像敬拜，却
对邻人的财富表现出令人吃惊的崇敬，一大早就去那些拥有大量
财富的人家里，似乎它们是最雄伟的神殿，在那里祷告，祈求祝
福，就像狗向主人乞食。对这样的人他在另一处有话说："你们
不可偏向虚无的神，也不可为自己铸造神像"③，由此以形象的
方式教训他们，把神圣的敬拜献给财富是不当的。因为构成财富
的最著名的材料，即金银的本性是熔化④，所以，众多认为"盲
目的"财富⑤必是快乐的惟一或主要源泉的人对之趋之若鹜。正

---

① 《出埃及记》二十章 23 节。

② 即在人的行为领域，这与我们和神的关系相对，字面意义的诫命就属于这种
关系领域。

③ 《利未记》十九章 4 节。

④ 这里的论证是说"金银这种经熔化铸成的实体，是幻影财富的主要材料，
所以可以认为，虚无的神（即幻影）和铸造的神就是指财富。"

⑤ 斐洛在好几个地方提到"盲目的"财富，如下面二卷 5 节"而那些被变化
无常的命运吹进富裕行列的新贵……"一段，与"能看见的"财富对比，这是借用
柏拉图《法篇》631C 的措辞，但表达的思想并不完全相同，因为在柏拉图，"能看
见的"财富是指明智使用的财富，而在斐洛，则指智慧或美德本身。不过，这里没
有这种对比，重点在于强调财富的不确定性，所以更可能指比柏拉图更早的一个寓
言，即宙斯把普鲁图的眼睛弄瞎，使其分配礼物时不考虑功德（见阿里斯托芬《普
鲁图斯》）。

是这些东西他称为"虚无的神",类似于影子和幻像,没有任何坚固或坚强的东西可以依靠。它们就像一阵不定的风,随意吹拂,受制于任何一种变化和转向。对此我们有清楚的证据。有时候它们突然降临在某个迄今为止从未拥有过的人头上,然而,正当他以为紧紧抓住了它们时,它们却一下子跑走了。确实地,当它们显现出来时,其幻影就像虚无的神,或是通过镜子看到的像,欺骗、迷惑眼睛,看起来存在,实际上却根本没有持久的实质。其实,我们何必证明人的财富或人的虚荣,也就是在没有头脑的人看来色彩鲜亮的东西,是不可靠的?我们知道,有些人①认为,所有其他动物、植物,有生有灭的事物,都处在永恒不停的流变过程中,尽管我们对流射的感知是模糊不清的,因为它的过程非常迅速,总是挫败视力想要获得准确图像的努力。

5. 不仅财富、荣誉以及诸如此类的东西是虚无的神,没有根基的影子,而且所有那些神话制造者编撰出来散播错觉的角色,都是如此。神话制造者把自己虚幻的想象强化、扩大成一个堡垒,威胁真理,又通过文学手段演绎为新神,以便把永恒的、真正存在的神封入尘土,遗忘于脑后。为提高吸引力,他们把谎言配上悦耳的音调、韵律和节奏②,以为这样就可以哄骗听众。另外,他们还引进雕塑、绘画,共同设置骗局,企图利用他们精巧的技艺,通过色彩、形状和艺术元素迷惑观众,蒙骗两大主要感官:视觉和听觉——通过美的无生命形状蒙骗视觉,通过诗歌和音乐的魅力蒙骗耳朵——从而使灵魂变得摇摆不定、焦虑不

---

① 特别是赫拉克利特(Heracleitus)及其追随者。参柏拉图《泰阿泰德篇》160D;更接近我们这段话的是亚里士多德《物理学》viii. 3,253 b 9。

② 通常对音乐的三分法。

安，成为它们的笼中之鸟。他知道虚妄已经获得强大的力量，得到人类中更大一部分人的拥护，不是出于被迫，而是完全出于他们的自由意志；同时他也担心献身于敬虔的人，真正的、不朽的敬虔，可能会在这种湍流中卷走，所以就在他们心里打上深深的圣洁之印，即使经年累月，也不会有任何消融和淡化，永远不能抹去他们的独特性。他不断重复这一教训，有时候说神是一，是万物的造主，有时候说，他是一切受造之物的主，因为稳定性、不变性和统治权本性上惟有归属于他。我们还听到这样的话："惟有你们专靠耶和华你们神的人，今日全都存活"①。倾心信靠对最原初的大全之因的侍奉，拒斥侍奉仆从和看门者而不侍奉王这种念头，这岂不是三倍快乐、三倍有福的生活？这种刻在自然法版上的生命是不死的、永久的，记载它的作品必与宇宙一同存活到永远。

6. 毫无疑问，大全之父和统治者是难以阐明，难以领会的，但这不是我们退缩不去探求他的理由。当然，在这样的探求中，有两个主要问题需要真正的哲学家作出思考：一个是神圣者（Deity）是否存在，这是那些信奉无神论这种恶中之极恶的人必然会提出来的问题，另一个是神圣者的本质是什么。要回答第一个问题并不难，至于第二个问题，不仅难以回答，简直就是不可能解决的。但是无论如何，两个问题都必须考察。我们知道，任何一件作品总是包含对作者的认识。看到雕像或画作，谁不会马上想到某个雕塑家或画家？看到衣服、船只、房子，谁能不想到纺织工、造船匠和建房者？有人走进一个井井有条的城邑，看到市民的生活安排得和谐有序，管理得非常精妙，他能想到的岂不

---

① 《申命记》四章4节。原话的意思是，凡随从巴力毗珥的人都被除灭了，惟有站在神一边的人都存活。

就是：这城必由优秀的统治者管理？所以，凡是走进这座真正伟大的城邑，就是这个世界的人，看到山坡、平原上布满动物、植物，点缀着江河，春蓄冬流的水渠绵远流长，海洋广袤无边，空气恰如其分地调节时令，一年四季相互交替，太阳、月亮分管昼夜，其他天体包括恒星和行星，以及整个天穹都有序地环行，他岂不自然而然地或者毋宁说不可避免地产生关于造物主、父和统治者的概念？人的艺术作品没有一件是自成的，最高的艺术和知识显现在这个宇宙中，所以可以肯定，它是由具有卓越知识和绝对完全的造物主成就的。由此，我们就获得了关于神存在的观念。

7. 至于神圣本质，虽然确实很难追踪，很难领会，但仍然要求尽可能考察。没有什么比追求真神更美好的事了，即便要发现他是人的能力不可及的，因为只要真诚地怀着学习的愿望，仅凭这样的愿望就能产生不可言喻的喜悦和快乐。我们有那些不曾尝过哲学的滋味、但更充分地享用它的论证和结论的人作见证。理性带着他们离开大地，高高飞翔，穿越上层空气，伴随着太阳、月亮和整个天空的运转，它虽然渴望看见那里的一切，却发现自己的视力变得模糊不清，因为从那里喷射而出的光束是如此纯粹而巨大，心眼被这耀眼之光照得眩晕。但它并没有因此怯懦地放弃追求，而是带着未被压服的目标奋力向前，到达尽可能的沉思状态，就像运动员虽然无望拿到金牌，却仍然努力为银牌拼搏。这次于真相的银牌接受推测、阐述以及所有可以归入合理可能性这一范畴的东西。这样说来，正如我们虽然不知道也不可能明确地断定每颗星纯粹的本质是什么，我们仍然热切地坚持探求，因为我们天生热爱学识，这使我们对看起来可能的东西感到喜悦；同样，我们虽然不可能对神的真正所是获得清晰的认识，但我们仍不应放弃这种寻求。这种追求，就算毫无发现，其本身也是一种幸福，正如没有人指责肉眼，因为它虽然不能看见太阳本身，却能看见它照射到地上的光芒，那就是太阳光散发出的极度明亮的光辉。

8. 这就是当神圣的向导摩西——神的至爱者——向神恳求"求你将你自己显现给我"① 时眼前所呈现的景象。从这话我们几乎可以清晰地听到受圣灵感动的呼喊："这宇宙是我的老师，使我知道您是（Thou art），并且确实存在。它作为您的儿子，告诉我它的父，作为您的作品，让我知道它的创造者。但是我仍然渴望了解您的本质所是，却找不到大全里有哪个部分能引导我获得这种知识。因此祈请您接受恳求者的恳求，一个爱神的人，他的心灵只是为了侍奉您；关于光的知识不是来自别的源头，就是它本身所提供的东西；同样，惟有您能告诉我您自身是什么。由于没有老师指点，我出于想要了解您的渴望，如此大胆地诉求于您，若有什么冒犯，万望您的谅解。"他回答说："你的热情可嘉，但这样的请求对任何由创造而成的存在者来说，是不适合的。我按接受者的能力白白给予，适合什么就给予什么；因为我能给予的，人的能力并不一定能轻松接受，因此，凡配得我的恩典的，我就赐给他所能接受的一切恩惠。但是领会我是人性所不能承受的事，即使整个天和宇宙也不能担当。那就认识你自己，

---

① 这一节是对《出埃及记》三十三章13—23节的一个沉思。神对第一个请求"求你将你自己显现给我"（13节，见和合本"求你将你的道指示我"——中译者注）的回答，斐洛没有复述，但下面"我随意给予"等等话语是对神对第二个请求的部分回答，即"我要恩待谁，就恩待谁；要怜悯谁，就怜悯谁"的解释。在斐洛所理解的第二个请求里，"求你显出你的荣耀给我看"，荣耀被认为是指不同于自我存在者（the Self-existent）的权能（the Powers），而神的回答"你要看见我后面的事物"（钦定本"我背后部分"，修订本"我的背"），被理解为"你要看见权能后面的东西，即它们在感知世界的显现"。

不要因冲动而偏离正道，追求力所不能及的东西，也不可因对不
可企及之物的渴求而情绪高涨，使你失去立足之地；关于你可得
之物，有求必应。"摩西听到这里，向他提出第二个请求说：
"我恭敬地听从您的警告，永远不可能得到您清晰显现的异象。
但我祈求您，至少让我看见围绕着您的荣耀，让我借您的荣耀明
白守卫在您周围的权能，我很乐意获得对他们的了解，虽然迄今
为止我一直不认识，但想要认识的念头在我心里产生巨大的渴
望，使我很想了解他们。"对此他回答说："你力求认识的权能
不是靠视力看见的，乃是靠心灵洞察的，就如我，他们的所是，
是靠心灵不是靠视力识得的，当我说'他们靠心灵洞悉'时，
我不是指那些现在实际上已由心灵洞悉了的①，而是说，如果这
些另外的权能可以被领会，那也不是靠感官，而是靠最纯洁的心
灵。但是就他们的本质来说，不是你的能力所能领会的，不过，
他们还是呈现给某种印象，和他们活跃作为的副本。你们人类
有使用印章的，只要与蜡或类似材料接触，就在上面留下印记，
想留多少就留多少，同时其自身并不因此在任何部分有所淡化，
总是永远保持原来的所是。你必须知道我的权能也是这样，把性
质和形状给予所缺乏的事物，同时其永恒自身保持不变，其永恒
本身没有任何损减。你们中间有些人不恰当地称之为'形式'
或'理念'②，因为它们使一切存在之物获得形式，给无序者以
秩序，无界限者以界限，无边际的以边际，无形状的以形状，总
而言之，使坏的转变为好的。所以，不要指望能够认识我或者我
权能的本质。当然，我很乐意并出于完全的善意允许你分有可认

---

①　如果文本要保持不变，原话必是这个意思，但"现在已由心灵洞悉的权能"
是什么呢？可以推测这意思是说"我不是指它们现在就被洞悉"。

②　似乎惟有这里和下面59节里，斐洛明确地把"dynamis"与柏拉图的"ide-
a"视为等同。

知之事。那意思是说，我吩咐你来沉思宇宙和它的各个部分，那景观不是肉眼所能领会，惟有清醒的心眼才能领会①。但愿追求智慧的人对智慧满怀持续而深刻的渴望，对那散发出异乎寻常之魅力的真理也同样如此。"摩西听了这些话，并没有停止渴望，只是把对不可见对象的渴求之火保守在心里。

9. 所有像他这样的人，所有弃绝虚无的谎言，拥抱纯洁的真理的人，不论他们是一开始就如此，还是通过皈依转向好的一边，达到了高级状态，都得到神的认可，前者是因为他们没有背弃自己高贵的出身，后者是因为他们的判断领着他们走向敬虔。摩西把后者称为"改信者"或新加入者，因为他们加入了新的、敬神的共同体②。

因此，他把给予本地人的一切特权同样地给予新来者，告诫旧贵要尊重他们，不仅对他们表示尊敬，还要表示特殊的友谊和不同寻常的善意③。这样做肯定有充分的理由；他说，他们为了美德和宗教的缘故，离开自己的祖国、自己的亲人和朋友，所以不可不给他们另一种公民身份，另外的家庭纽带和友谊，让他们找到随时预备接纳避难者的庇护所，进入敬虔之营地。最为有效的爱情魔咒，把友善联结起来、使我们成为不可分割的整体之链条的，正是对一位神的敬拜。

不过，他告诫他们，诚然因为他们公然谴责父辈和祖先的虚枉幻想，他允许他们享有与本地人同等的权利和地位，但他们不

---

① 即沉思必须是哲学上的，"透过自然凝思自然的神"。

② 见《利未记》十九章 33、34 节；《申命记》十章 18、19 节；英译本作"外人"。这个词当然不表示改信以色列宗教的人，如斐洛很可能从"你们在埃及地也作过改宗者（英译本为'寄居者'）"所看出的。

③ "你们要爱他如己。"《利未记》十九章 34 节。

可毫无意义地谈论或毫无节制地辱骂别人认信的诸神①，免得对方受到刺激恼怒起来，就对真神说同样亵渎的话。因为他们不知道两者的分别，从小他们的教育就把谬误当作真理来教导，并伴随他们成长，所以他们很容易走入歧途。

　　但是，如果本民中有哪些成员背弃对一位真神的敬拜，就当受到最严厉的刑罚。他们放弃了最重要的职责，就是敬虔和虔诚的侍奉，选择黑暗，而不是明亮的光，将拥有敏锐洞察力的心灵蒙蔽起来②。律法恰当地规定，凡是对美德热心追求的人，都可以要求即时行刑，毫不迟延，不必把罪犯带到陪审团或合议庭或哪个地方行政官面前，容许他们充满心中的情感充分发泄，也就

---

　　① 这无疑主要基于《出埃及记》二十二章 28 节"不可毁谤神"，七十子希腊本用的是"theous"。

　　② 这一部分参《申命记》十三章 12 节以下和十七章 6 节以下，不过，经过要求更严格的调查。关于对背教者处私刑，有两个问题：（1）这里以及下面 58 节如此大力赞赏处私刑，是否与《申命记》一致；（2）这是否斐洛时代奉行的习俗或惯例。关于（1），《申命记》十三章 6—11 节的英译本说"总要杀他，你先下手，然后众民也下手，将他治死"，但斐洛在七十子希腊文本里读到的不是"总要杀死他"，而是"你要报告"，这听起来更符合司法公正。但到了 58 节，这经文被理解为要四处报告，召集热爱敬虔的人来协助行刑。《申命记》十七章 4—7 节要求，接到这样的报告之后，必须作出仔细的调查，还要求有两至三位证人。Heinemann 认为，斐洛完全没有提到这些经文，只是从非尼哈的案子中推断出一种普遍法。我认为，就《申命记》十三章来说，事实并非如此。至于《申命记》十七章，斐洛若是听到这样的话，很可能会回答说，经文并不表示正式审判，而是说，自作决定的执法者在行刑前必须保证指控是属实的，而斐洛这里所说的话并不否认这一点。至于（2），Goodenough 指出，《使徒行传》（比如司提反被处死，他试图用石头打死保罗）表明，犹太人有时确实没得到罗马政府的直接同意就执行死刑。这可能是对的，但并不说明问题。斐洛说的"陪审团、合议庭，或者哪个地方行政官"除了罗马法庭之外，肯定也包括犹太法庭在内。我们知道，亚历山大里亚的犹太人有独立司法权，若说斐洛真诚地鼓励那里的犹太同胞不经过任何法律程序就处死叛教者，在我看来几乎是不可能的。这段话若有什么实际意义，那是因为它是对处于非常情形中的犹太人说的。否则，我们必须把它看作一种修辞性的说法，叛教是如此可恨的一种罪行，以至于即时报复不仅是情有可原的，甚至是一种职责。

是说，对邪恶的恨和对神的爱使这些人强烈要求对不敬神者严惩不贷，毫不手软。他们可能认为，时势已经使他们成为评议员、陪审员、大司法官①、会众成员、控告方、见证人、律法、百姓，可以说成了一切，所以他们可以毫无畏惧、毫无阻碍地捍卫信仰，没有任何后顾之忧。

10. 律法书里记载了以这种可敬的勇气行事之人的例子②。他看见有些人与外族女子结合，因被她们的美貌吸引，抛弃自己祖先的习俗，力图参与一种令人吃惊的宗教仪式。他尤其看见其中一人，这种倒行逆施行为的魁首，竟然厚颜无耻地在公共场合展示他的不洁行为，公然在全体百姓面前向木头、石头像献祭，嘲弄圣名。于是，神圣怒火腾地升起，他把两边观众留在后面，跳上前来毫不犹豫地杀死了男男女女，杀男人是因为他听从了忘却倒更好的教训，杀女人是因为她是邪恶的教唆者。这一情急之下作成的行为成为一种警告，告诫广大预备作出同样背教行为的民众。所以，神赞赏他立了大功，是出于自发的、全心全意的热情，故加给他双重奖赏，平安的恩赐和祭司的恩赐，赐给第一项是因为他认为，为神的荣耀而战的斗士配得没有战争的生活，赐给第二项是因为对一个敬虔之人的最恰当奖赏就是赐给祭司之职，就是公然宣称侍奉父，受他束缚不仅好过自由，也好过做王。③ 但是有些人陷入疯狂状态，到了无以复加的地步，不给自己留下任何可能悔改的退路，奋力钻进人为制造物的束缚里面，通过契约承认这种束缚，但不是写在羊皮纸上的契约，而是如对

---

① 或者（行省）总督。

② 见《民数记》二十五章以下。

③ 暗指《利未记》十九章28节（参同上，二十一章5节，《申命记》十四章1节）："不可为死人用刀划身，也不可在身上刺花纹"，斐洛认为这是指偶像崇拜的做法。如上面所说，受役于神与受役于偶像之间存在着这样的对立关系。

奴隶的惯常做法那样，用烧红的铁烙在身体上。印记就永远留在那里，时间的流逝也不可能使它们褪色。

11. 最圣洁的摩西显然在其他事上也坚守类似的原则①，因为他热爱并教导真理，渴望把真理铭刻、敲打在他的所有门徒心里，而把错误观点远远地驱逐，赶出他们的理解范围。他知道占卜术大大助长民众的错误生活，使其陷入疯狂状态，所以禁止他们使用任何形式的占卜，把一切信奉者、跟从者，比如肠卜僧、邪术师、看飞鸟的、观兆的、用咒语的②，以及那些听声音和语调的，统统赶出他的共同体。因为所有这些不过是对似是而非的可能之事的猜测，而且同样的现象在不同的时间使他们产生不同的观念，因为他们所基于的事物没有本质上的稳定性，悟性也没有要求任何准确的试金石，使真相得到试验和确认。所有这些都为不敬开凿了道路。为什么如此？因为把注意力和信心放在它们身上的人，就抛弃万物之首因，相信它们是善恶的惟一原因，意识不到他把自己的生活和注意力系于其上的锚是完全不可靠的，比如飞鸟、翅膀、它们在空中来回的飞行，从洞里出来觅食的爬行物；再如，内脏、血液、尸体，没有了生命，同时开始萎缩、腐烂的东西，在腐烂中它们的自然特性变得更加恶化。摩西要求凡是在律法的共同体里登记的人，不是要在学问上完全，因为就学问来说，许多人都受过占卜问卦、听声辨音和似是而非的推论的训练，而是要在向神尽职上完全。在这一方面，没有任何可疑或模棱两可的东西，惟有确定无疑的、赤裸裸的真理。③但是几

① 不是很清楚。显然不可能是指前一节（10 节）。因为斐洛没有继续指出，现在所描述的这类人也当处私刑，甚至没有说要按司法程序行刑，只是说要被驱逐。不过，《利未记》二十章 6、27 节准予对这类人处以死刑。

② 这些术语基本上引自《申命记》十八章 10 节以下。

③ 见《申命记》十八章 15—18 节。

乎所有人心里都有根深蒂固的渴望知道将来的念头，这种渴望
使他们转向看祭司的内脏占卜以及其他占卜方式，指望由此发
现确定性，但事实上它们充满不确定性，还不断地自打嘴
巴——有鉴于此，他非常严肃地禁止他们这样做，但同时告诉
他们，只要他们不偏离敬虔，就不会让他们对将来完全无知；
被神附身的先知会突然出现，说预言式的神谕①。他所说的没
有一点是他自己的，他既被圣灵真正控制，说话时就没有一点
自己的理解，只是作为在另一位的提示下不断说话的渠道而
已。先知是神的阐释者，神充分利用他们的说话器官说出他
想要说的话。这些以及诸如此类的话就是他关于一位真正存
在之神的指示。这样开头之后，他接着指出应当对神表示怎
样的敬拜。

12. 至高的并且在最真实的意义上也是神圣的神的殿，我们
必须相信，就是整个宇宙；有一切存在中最神圣的部分作为它
的圣所，就是天；有它的奉献用品，就是星；有它的祭司，就
是天使，他们是神的权能的仆从，无形体的灵魂，不像我们人
一样，由理性的和非理性的本性复合而成，他们没有非理性部
分，完全是心智，是纯粹的理智，类似于单一体；另外还有人
手所造的殿，因为对于那些敬虔奉献的人，想要通过献祭感谢
所赐的恩福，或者祈求宽恕、赦免所犯的罪行的人，不应当对
其热心有任何阻拦。但是他规定，不可在许多地方建殿，或者
在同一个地方建许多殿，因为在他看来，神既是一位，殿也应
当只有一座②。再者，他不赞成那些希望在自己家里行仪式的
人，吩咐他们即使在地极也要赶来，来到这个殿里。这样，他

---

① 18 节："我要将当说的话传给他；他要将我一切所吩咐的都传给他们。"
② 见《申命记》十二章 5—7、11—14、17—18 节。

还对他们的意向提出了最严峻的考验。一个人若不是以虔诚的心献祭，就永远不会下决心离开自己的祖国、朋友和亲人，寄居在一个陌生的土地；使他愿意忍受与自己最熟悉、最亲近的朋友，可以说，与他已成一体的人分离的，显然是更为强大的敬虔之吸引力。

我们可以从事实中找到这方面的最可靠证据。无数的民众从无数的城邑来，有的跨过陆地，有的跨过海洋，从东南西北各个角落来。他们把殿看作他们的港口，脱离生活的喧哗和巨大混乱的总港，安全避难所，努力在那里找到安宁的气氛，放下从幼年时起就沉重地压在他们头上的焦虑，在友好愉快的场景里享有片刻喘息的机会。因此他们满怀令人安慰的盼望，把闲暇献给神的圣洁和对他的敬拜，如同他们应尽的义务。那些迄今为止彼此不认识的人之间形成了友谊，献祭和奠酒是情感相互交通的缘由，构成了最可靠的保证，证明众人同心。

13.① 这殿由一堵极长极宽的外墙包围，增添了额外的寂静，四角装饰着四个柱廊，呈现其豪华的气势。每个柱廊都是双层的②，所用的材料是石头和木头，用料极多，再结合有经验工匠的高超技艺，加上建筑工程队的精心构造，创作出了一件完美的作品。内墙较小，建筑风格也更朴实。在正中央坐落的是圣所本身，仅从外观看，就呈现出难以描述的美。而里面的一切一般人无法看见，只有大祭司才能进去，但纵然是他，负责每年一次的

---

① 这里所描述的殿自然是希律殿（公元前18或19年），约瑟夫在《犹太战记》和《犹太古史》里作过详尽描述。相比于约瑟夫的描述，斐洛的只能算轻描淡写，因为他是在阐述五经里的律法，它们并没有规定要建后来全民定居于巴勒斯坦时所需的建筑物，只规定要有一个可移动的简易圣所。

② 即有两排柱子。

进圣所之职，也没有看到什么景象①。因为他拿着一个满是燃烧的炭和飘逸着香气的火盆②，火盆自然要散发出大量的烟气，把周围的一切事物都笼罩在烟雾之中，迷糊了眼睛，使它无法看清任何东西。圣所的位置相对较低，但它本身非常宏伟高耸，使它看上去就如一座最高峰，赫然在目。事实上，整个建筑极其宏大，显得异常突出，看了不禁大为敬仰，尤其是国外的观光者，他们把这些建筑与自己国家高楼大厦的建筑设计比较，不禁对它们的华美和宏伟叹为观止。

不过，根据律法规定，围墙里面不可栽什么树木③，原因很多。第一，因为真正神圣的殿不是旨在提供休闲享乐的场所，而是要呈现宗教的庄严；第二，因为要使幼小的树林长大，必须使用人和动物的排泄物作肥料，而把这些东西带进殿不能说不是亵渎行为；第三，因为野生植物没有任何用处，如诗人所说，只是"土地的负担"④，而种植的果树结出各种果子又会吸引心意软弱的人，使他们的注意力离开神圣仪式的庄严。此外，簇叶丛生、灌木茂密的地方是犯罪分子的胜地，他们利用这些地方的隐蔽性为自己提供安全的庇所，作埋伏之地，想要攻击谁就从那里开始突然袭击。宽阔的空间，一览无余的视野，四周没有任何遮拦，这样的地方最适合作殿，使那些进入里面并待在里面的人能看得清清楚楚。

14. 圣殿的收入不仅来自地产，也来自其他更大的、永远不

---

①　见《利未记》十六章34节。不过，斐洛似乎犯了一个奇怪的错误，因为这只是指"在帐幕里面的圣地"。在下面51节和54节他明确指出，其他祭司也进过圣所的其他地方。

②　见《利未记》十六章12、13节。

③　见《申命记》十六章21节。

④　《奥德赛》二十章379节。见《特殊的律法》三卷8节末。

会随时间而枯竭的源泉。只要人类还在，它就永远存在，殿的收入也必有安全保障，与整个宇宙同为永恒。因为律法规定，每个人从二十岁开始都要每年奉献初熟果子①。这些奉献称为"赎价"，因而初熟果子是以极大的热情献上的。奉献者欢欢喜喜、快快乐乐地拿出奉献，指望这赎金能使他们摆脱奴役，医治疾病，完全享有自由，彻底免受危险威胁。由于国家人口非常庞大，所献的初果自然也是极其丰富。事实上，每个城邑都有为圣钱设立的银行，人们定期来到这里奉献。到了规定的时间，就派出按其功德挑选出来的特使，那些德高望重的人，从各个城邑把圣钱取走，在这些人的管理下，每个人的盼望都将一帆风顺；因为如律法所规定的，敬虔者的盼望正是依赖于这些初熟果子。

15. 这个民族有十二个支派，其中一个因其特殊的功绩被挑选出来担当祭司之职，这是对他们的勇敢和满腔虔诚之情的嘉奖，因为有一次②，有些人劝说众人效仿埃及人的愚蠢，相信盛行在那地的虚妄幻想的寓言，迷恋非理性的动物，尤其是牛。眼看着众人都听从这种不当的判断，陷入了罪里，这一支派不等任何命令，完全自发地把迷惑人的首领全体杀死，终止了这种蒙骗，他们对敬虔的捍卫被看作是真正虔诚的行为。

16. 关于祭司，有以下这些律法规定。它规定，祭司应当是完全健全的，身体上没有任何残缺③。也就是说，不缺哪一些部分，也没有哪个地方受伤致残，另一方面，也不能有多余的部

---

① 见《出埃及记》三十章12—16节。
② 这典故当然是指《出埃及记》三十二章记载的利未人杀死拜牛犊者的故事。
③ 见《利未记》二十一章17—21节及二十二章4节。

分，不论是天生的赘生物，还是因后天的疾病长出来的。皮肤也必须光洁，不曾患过麻风病、恶性皮疹、疣或有过其他任何生长物。所有这些在我看来都象征着灵魂的完全。试想，既然祭司的身体，本性上必朽的东西，尚且必须加以仔细审视，注意不可遭受过任何重疾，何况本性上不朽的灵魂，经上告诉我们它按着那自存的神之形象造的①，岂不更需要精心考察。神的像就是道，整个宇宙就是借着他造的。

律法规定了祭司要血缘纯洁、出身高贵，身体和灵魂皆完美无缺，然后论到他准备履行神圣仪式时要穿的服饰。它包括一件细麻布内袍和短的裤子，后者用来遮盖腰，在圣坛上绝不可露腰，而内袍是为了使他们在尽职时动作敏捷②。这套便服没有别的装饰，就是一身短装，他们这样装束，是为了行动便捷，当带着祭品、奉献物、奠酒以及其他献祭所需的东西时，仍能毫无妨碍地快步前行。大祭司进入至圣所献香时也必须穿上类似的服装③，因为这衣服的细亚麻布不像毛料衣服那样是由要死的动物提供的。此外，他还要穿上另一件衣服，其构造非常复杂④。可以说，它似乎是对宇宙的一种模仿和复制，从设计可以清晰地看出这一点。首先，它是一件全身深蓝色的圆形衣服，衣摆长可及跟，这就象征着空气，因为空气既是天然的黑色，在一定意义上又是从上面的月下区域一直延伸到地上最低洼处的一件笼罩全身

---

① 《创世记》一章 27 节。

② 见《出埃及记》二十八章 40—43 节。

③ 《利未记》十六章 4 节。在《论摩西的生平》第二卷 23 节的叙述中，没有提到在这种特定场合穿的这件亚麻布衣服。

④ 从"大祭司进入至圣所……"到 17 节"……因为宇宙的最低之处被分给土和水"。这里对长袍的叙述和解释（见《出埃及记》二十八章）非常接近《论摩西的生平》第二卷 23—26 节，区别主要在对两个奥秘之物，就是七十子希腊文本中称为"清晰显现"和"真理"，英译本里译为乌陵和土明的物件的处理上。

的袍子。其次，衣服上设计了一块胸牌样子的织物，那象征着天。在肩头有两块绿宝石，是极其宝贵的一种物质。每个肩头一块，两块都是圆形的，代表两个半球，一个是上面的天，一个是下面的地。然后，在胸前有十二块不同颜色的宝石，排成四行，每行三颗，这是按着黄道带的样式排列的，因为黄道带由十二宫组成，分为一年四季，每季三宫。这一部分服饰总体上称为理性之所，这是意味深长的，因为天和它的各部分都是按理性原则和比例构成和规范的，在那里没有什么是非理性的。在理性之所上他镶嵌了两件饰品，一件他称为"清晰的显现"，另一件称为"真理"。他用"真理"表明这样的思想，天上没有谬误的立足之处，虚假的东西完全被驱赶到地上区域，住在可咒诅的人心里；"清晰的显现"表示天上的存在物使我们的本质或行为——其本身原本是完全不可知的——变得清晰可见。这是不证自明的。试想，如果从来不曾有阳光普照，我们怎么能看见物体数不胜数的性质？或者多种多样的色彩和形状？若不是日月星辰的循环，如此和谐，又如此宏伟，无以言表，还有谁能向我们显明昼夜、年月以及一般的时间？同样，若没有这些天体教会我们估算时间的分割，我们能了解数的本性吗？若没有星辰在各自的轨道上轮转、环行，显明星象，谁能为航行者在海上、在茫茫幽深之处开辟道路、指明方向？那些研究天体的智慧者观察并记录了数不胜数的其他现象，指明各种预象，预测天气是风和日丽，还是暴风骤雨，田地是五谷丰登，还是颗粒无收，夏季是温和湿润，还是干燥酷热，冬季是有灾难性天气，还是如春天般温暖，季节是干旱还是多雨，动植物是多产还是少产，以及诸如此类的事。地上所发生的一切事，天的脸上都刻有记号。

17. 在衣摆的底边上用金线绣上石榴、铃铛和花饰，表示土和水。花表示土，因为它们是从土里长出来的；石榴或流动果表示水，这名称保留着它的出处"流动"；铃铛表现出宇宙各部分的和谐、一致和协调。各部分排列的顺序也令人敬佩。最上端是他所称为的镶嵌宝石的胸牌，是天的仿制，因为天也在最上端。胸牌下是长及脚跟的裙子，全是深蓝色，因为空气也是深色的，并占据天下面第二的位置，底边上是花饰和石榴，因为宇宙的最低之处被分给土和水。这就是圣衣所设计的样式，是对宇宙的一种仿制，在眼睛和心灵看来都具有令人惊奇的美。在眼睛，它呈现出极为惊人的样式，在多样性和昂贵性上超过我们所有的任何一种织物；在心灵，它的各部分都表示相应的哲学理念。它首先表达了这样的希望，大祭司应当身披大全的形象，显得突出，好叫他借着对它时时刻刻的沉思，使自己的生活与这一切事物相匹配；其次，他在履行自己的圣职时，应当以整个宇宙同为服侍者。他既被奉献给世界之父，就应当带着父的儿子，即宇宙，与他一同侍奉造物主和生育者，这是完全正确而适当的。

这圣衣所象征的还有第三点真理，我们也不可忽略不说。在其他民族中，祭司往往只为自己的亲人、朋友和同胞祷告和献祭，但犹太人的大祭司不仅代表整个人类祷告和感恩，还为自然的各部分——土、水、气、火——这样做。因为他把世界看作自己的国家，事实确实如此，并常常代表它恳求、代祷，宽慰统治者，恳求他使他的造物分有他自己的良善和仁慈秉性。

18.① 说了这样的开场白之后，他接着制定另一条法规，命令靠近圣坛、处理祭祀的人在尽职履行神圣仪式期间不可饮酒和其他容易醉人的饮料，这主要出于四点令人信服的考虑：防止松懈、遗忘、瞌睡和蠢事的危险。烈性饮料削弱身体功能，使四肢僵硬，不能灵活运动，使人变得更加迟钝、呆滞，不可避免地导

---

① 见《利未记》十章8—11节。

致他打瞌睡，同时由于灵魂的筋骨松弛，导致遗忘，做出蠢事。当他清醒的时候，身体的各部分轻盈、灵活，活动自如，感官清晰、明亮，心灵敏锐快捷，能够预见将来之事，回顾过去之事。总而言之，一点没有错，酒必须被看作是对生活各方面都毫无益处的东西，它压迫灵魂，使感官变迟钝，身体变沉重，使我们的官能没有一个自由自在、发挥自如，倒使每一个受到妨碍，不能自如活动。而在宗教仪式和典礼上犯错比平时犯错后果更大，正如违背我们对神的职责比违背对人的职责更不可容忍一样。因而，规定主祭在献祭期间不可沾染酒是非常恰当的，以便可以"将圣的、俗的，洁净的、不洁净的，分别出来"，将合法和非法的分别出来①。

19. 由于祭司在成为祭司之前只是个人②，必然也应当有求偶的本能，所以摩西为他安排了纯洁的处女与他成婚，她的父母、祖父母和祖先全是纯洁的，因其行为和血缘的高贵而享有盛誉③。因为妓女的身体和灵魂都是属世的，即使她放弃了皮肉生意，采取端庄、贞洁的行为方式，他仍然不能娶她，甚至禁止靠近她，因为她旧的生活方式是不洁的。这样的人诚然应当在其他方面都保留其公民权利，因为她已经费尽力气洁净自己，除去污秽，从恶行中悔改，这原本就是值得赞美的。也不是说别的人不

---

① 引号里的引文见《利未记》十章 10 节；最后一句添加的见 11 节："将……晓谕以色列人的一切律例教训他们的子孙。"

② 或者"他首先是一个人，然后才是祭司。"

③ 见《利未记》二十一章 7 节"不可娶妓女或被污的女人，也不可娶被休的妇人为妻。"从 21 节看，斐洛的"纯洁的处女"的意思是说，如果她未嫁，那她必是纯洁的。要查明她的血统的命令没有圣经典据。但是约瑟夫（《驳阿庇翁》i. 31）完全支持它，认为这是一种习俗，"他必须探究她的血缘，从档案文件中查明她的家谱，出示大量证据。"约瑟夫接着说，这种习俗在埃及、巴比伦和其他地方的犹太人中奉行，一如巴勒斯坦的犹太人的做法。

能娶她为妻，只是别让她靠近祭司。因为祭司的权利和义务是非常独特的，这一职务要求从生到死都遵循一种一以贯之的无可指责的生活方式。既然身体受伤留下的疤痕，表示不幸而不是堕落的记号，都使人无法进入祭司行列，那么出卖自己个人魅力，不只是完全被迫，有时也是出于自主而有意选择的女人，若是仅仅因为后来的勉强悔改，就可以离开原先的情人，直接与祭司成婚，把妓院换成圣地的居所，这岂不愚蠢？其实，在悔改者的灵魂里，无论如何，仍然保留着过去恶行的伤疤和印痕。在另一处的话说得非常恰当，令人佩服①，"娼妓所得的钱，你不可带入圣殿"，尽管钱本身是无罪的，只是因为它是娼妓的钱，是她做这种生意所得的钱。可以肯定，人们不会愿意接受挣钱不正当并被认为可耻的女人与祭司结合，尽管那金属与打在上面的印记都是真实的。

20.② 所以，对大祭司的婚姻有非常严格的规定，他甚至不允许娶寡妇，不论她守寡是因为丈夫死了，还是因为丈夫休了她。这一规定首先是为了使圣洁的种子撒在纯洁而未经践踏的土壤里，所生的后嗣完全没有另外家庭的混杂。其次，与完全单纯而正当的灵魂结合，他们③会发现要塑造这样的妻子的性格和秉性很容易，因为处女的心灵更容易受美德影响和吸引，更乐意接受教训。与此相比，有过婚姻经历的女人自然就没那么顺服地接受教导了。她的灵魂不再完全单纯得像张白纸，能够清晰地显出印在它上面的教训，倒像是一张印满各种痕迹的粗糙不平的纸，难以擦抹干净，并且不愿意再打上别的印记，即使愿意，也把它

---

①　《申命记》二十三章 18 节。

②　《利未记》二十一章 13、14 节。

③　即包括接替的大祭司。这里用复数形式很奇怪，可能暗示是指夫妻两人；但在我看来，斐洛不可能会认为大祭司的品性由他妻子塑造。

们与原有的印痕混在一起。所以，大祭司务必娶没有婚姻经历的处女。我说的"处女"不仅排除与别的男子已有床笫之欢的女子，也不包括已与别人有婚约的女子，尽管她的身体还是纯洁的处女之身。

21. 至于普通祭司，他们的婚姻法与大祭司的基本相同，只是他们有一豁免权，不仅可以娶处女，还可以娶寡妇，但是只限于死了丈夫的寡妇①。律法作出这一限制是为了防止祭司的生活中产生敌意和争执。如果前夫还活着，就很可能因女性特有的嫉妒性而引发争吵②。前夫若是死了，也就不可能有对后任丈夫的敌意了。至于祭司和大祭司之间的不同，律法的立足点在于，对大祭司，在一切事务上都要求更圣洁、更纯净，这也应当包括他对婚姻伴侣的选择，因而，规定他只能娶处女为妻。而那些位居第二的祭司，对他们与女人的关系做了一点让步，允许他们娶这种有过婚姻经历的女人。

22. 再者，它对未婚妻的出身作了明确规定。大祭司要娶的对象不仅必须是处女，还必须是出身祭司家庭的女祭司③，这样，新郎和新娘就是属于同一家的，在一定意义上也是属于同一血统，所以，这种结合是和谐完美的，是性格稳定、气质明确的终身结合。但是其他祭司可以娶非祭司出身的女子④，部分是因为为维护他们的纯洁所立的限制条件并不多，部分是因为律法不

---

① 《利未记》二十一章 7 节。这种许可是从禁止娶被休女子的禁令中合理地推导出来的。

② 由于这里嫉妒显然是一个或两个丈夫的情绪，我不太明白"女性的"是指什么，除非它是说这种情绪在一个女人是很自然的，而对于男人是可耻的。

③ 这是斐洛对《利未记》二十一章 14 节的解读（英译本"本民中的处女"）

④ 斐洛相信为大祭司立的禁令没有加给普通祭司，由此推出这一点。

希望本民族（的其他人）在祭司制度中完全没有立足之地，或者被完全排除在这种制度之外。所以，他没有禁止其他祭司与民中的平信徒通婚，因为联姻是第二层次的亲属关系。女婿是岳父的儿子，岳父是女婿的父亲。

23. 诸如此类的关于婚姻的规章制度意在促进子孙后代的发展，但繁殖总是伴随着死亡，所以他为祭司处理死亡事件制定了律法①。在这些律法中，他规定他们不可因与死者的任何关系而污染自己，不论是朋友还是亲人，不论关系多近多铁，惟有父母、儿女、兄弟和未婚的姐妹除外。但是大祭司不可参与外面的一切哀号，这肯定有充分的理由②。因为其他祭司的侍奉可以由代理人履行，所以，即使有些祭司参与哀号，通常的仪式也不会有任何影响。但是大祭司的职责没有任何人可以代行，所以他必须始终是未沾染的，绝不可挨近死尸，这样才能随时预备在适当的时候毫无妨碍地为整个民族献上祷告和祭祀。再者，他既是献身于神的，又成了这神圣队伍之首，就应当远离一切身世纽带，不应被对父母、儿女、兄弟的亲情支配，以致疏忽原本应当毫无耽搁地履行的宗教职责。他还禁止他为死去的亲人撕裂自己的衣服，即使是最亲近、至爱的亲人；也不可从头上拿掉祭司的权标，不可借口哭丧以任何原因离开圣所。这样，出于对圣所和所装饰的个人饰物的尊重，他得控制住自己的悲悯之情，一如既往地不受忧伤影响。因为律法希望他肩负整个民族，而不只是个人，接近于神圣者。我们完全可以说，大祭司站在两者之间的边界线上，使人有一位中保，借着他宽慰神；神有一位仆从，把他丰富的恩惠延及人。

---

① 见《利未记》二十一章1—3节。
② 见《利未记》二十一章10—12节。

24. 这些规条之后，紧接着他为那些分有初果的人立下规范。① 如果有祭司，他告诉我们，瞎眼、断手、瘸脚，或者丧失了身体的某一部分，或者有了某一方面的缺陷，鉴于这种临到他头上的不幸，他不得再行使祭司之职，但可以享有祭司共有的特权，因为他纯洁的血缘仍然是无可指责的。② 然而，如果祭司患了麻风病出现疹状，或者有了遗精，就不可接触圣餐桌或他的支派所得的任何战利品，直到情形完全好转，遗精停止，或者患病的皮肤恢复健康的肤色。再者，如果祭司摸了不洁净之物，或者如常常发生的，晚上有遗精，那日他就不可吃圣物，而要用水洗自己的身体，日落之后就不可再阻止他吃。但是初果必须远离住在祭司附近的人③，或者他雇用的仆人；提到前者是因为对邻人提供住宿和招待是常有的事，这就有一种使圣食受到玷污的危险，因为不合时宜的慷慨可能成为不敬神的一种借口。我们必不能与任何人分享任何东西，只能把我们的礼物送给适合接受的人。否则，生活所拥有的最杰出、最宝贵的东西、秩序，就会被破坏，被它最可恶的仇敌混乱所控制。试想，如果商船上的水手与引航员同等报酬，军舰上的划桨者、海兵与舰长、舰队司令同等待遇，或者军队里的骑兵与他们的指挥官，普通士兵与他们的军官，团长与将军，或者城邑里的诉讼人与法官，议员与主席，或者一般而言，普通平民与统治者，一视同仁，那么就会产生干扰和分裂，名义上的平等就会产生实际上的不平等。因为对不同价值的事物给予同样的报酬就是实际上的不平等，而不平等乃是邪恶之源。基于同样的原则，不可赠送祭司的特权这条一般法也适用于邻人。

---

① 见《利未记》二十一章 17 节以下，前面已经引用过。这里强调 22 节"神恩赐是至圣的，他可以吃那圣的"（七十子希腊本）。

② 见《利未记》二十二章 4—7 节。

③ 见《利未记》二十二章 10 节。斐洛显然将"paroikos"理解为"邻人"（这个词无疑包含这样的意思）。英译本为"寄居者"，大概是指暂时与祭司同住的外人。

否则，他们就会仅仅因为住在旁边就可能触摸圣食。要知道，特权不是属于一个家里的居住者，而是属于一个社会等级。

25. 同样，谁也不可把这神圣的特权赠与受雇的仆人，或者作他的工钱，或者交换他的服务。因为他有时会把这礼物用在不当的目的上，从而玷污属于纯洁血统和圣所职事的奖赏。出于这样的原因，律法规定，凡外人①不可分有圣物，即便他出身高贵，血统正统，父亲一边和母亲一边都毫无瑕疵，也不允许，免得这些特权沾染不法因素。所以，必须把它们始终安全地保守在祭司阶层内部。试想，献祭、仪式和坛上的一切典礼并非任何人都能主持，惟有祭司才能执行，分配给这些职责的报酬却成为所有人共同的财产，偶然进来的人也可享用，似乎可以一方面耗尽祭司的精力体力，使他们日夜操心，另一方面允许闲杂人员分享他们所得的报酬，这岂不荒唐可笑。

不过，他接着说，家里养大的或买来的奴仆，祭司，即他的主人应当从初熟果子里把吃的和喝的分一份给他。首先，因为这仆人除了主人，没有别的经济来源，主人的财产就是慈善捐助的神圣礼物，奴仆也必须靠它们来维持生计。其次，必定要发生的事无论如何总是自动发生的。我们的佣人总是与我们同在，分有我们的生活。他们为主人准备通常的食物和额外的菜肴，站在餐桌边侍候，处理残茶剩饭。不论我们愿意与否，他们即便不公然拿走，也会悄悄地拿走剩余饭菜。因而，他们必然被迫去偷窃。也就是说，如果依赖主人的食物维持生计是一种罪，那么这里不是只有一种罪，还出现了第二种罪，即偷盗，结果，享用圣食的特权似乎落到了盗贼的手中，而不是那些生活纯洁无瑕的人享用，这岂不是荒谬至极。第三点要考虑的是，初果的荣耀不会因为被仆人分享就受人鄙视。

---

① 见《利未记》二十二章10节，指"不是祭司的人"。

对主人的敬畏必能防止出现这样的结果，因为主人使他们远离闲散的习惯，从而得以遏制他们任何轻率的行为①。

26. 接下来他开始制定一条充满人性化的律法②。他说，如果祭司的女儿嫁给非祭司丈夫之后守寡，不论是因为丈夫死了，还是因为离弃了她，并且膝下无子，那么她应当回到父家，重新获得她未嫁之前所享有的分有初果的权利。因为在一定意义上，她在美德上仍然是个处女，实际上既没有丈夫，也没有儿女，除了父亲，没有立足之处。但如果有儿有女，母亲就必须与儿女同在③。因为儿女是属于父家的，母亲把他们一并带入了父亲家族。

27. 律法没有分给祭司任何土地，使他们像其他人那样收获地上所产，从而拥有丰富的生活必需品。但是，当他们呈献圣品时，回报他们的是超越一切的荣耀，即经上所说的耶和华神就是他们的产业④。说神是他们的产业，有两个理由：其一，与神一同共享献给他的感谢祭品而获得最高荣耀。其二，他们必须全身心在神圣仪式上，因而在一定意义上成了这些产业的托管人。律法赐予他们的奖赏和报酬如下：⑤ 首先，随时都有基本的生活费用，不需付出任何劳作和辛苦。因为他命令膳长要从小麦和其他

① 即如果圣食被盗走并偷偷地吃掉，他们就会受到不敬的对待；但只要公开吃，并在监督之下吃，这种危险就可避免。
② 见《利未记》二十二章13节。
③ 从以上合理推出的一个结论。
④ 引自《申命记》十八章1、2节，"祭司必在以色列中无分无业，献给耶和华的祭将是他们的产业，他们要吃这些祭。他们在弟兄中必没有产业，耶和华是他们的产业。"斐洛认为这里的经文"献给耶和华的祭就是他们的产业"等同于"耶和华就是他们的产业"，并解释后一术语的意思是：（1）他们分有主耶和华的祭品；（2）他们因为献祭祭品，所以是这些"产业"的受托人和管理者。
⑤ 见《民数记》十五章18—20节。

谷物的生面团里分出一块，作为第一份供给祭司。在此，他还考虑到了通向敬虔的途径，人只要遵守这条留出面块法，接受这法所包含的教训，就向敬虔靠近了一步。因为通过不断地从自己的果腹食物里献出一部分，习以为常，他们就必然对神拥有不可磨灭的记忆，没有比这样的恩福更大的了。由于这个民族人口众多，献上的初果数量必也非常之多，所以，即使是最穷的祭司也拥有大量生活必需品，看起来也极其富裕。① 其次，他规定其他每一种财产都要献初果；从每个榨汁机里拿出葡萄酒，从每个打谷场拿出小麦和大麦，同样从橄榄里拿出油，从其他果树上拿出果子献上，这样祭司不会只有生活必需品，只能在相对恶劣的条件下维持生计，而能享有丰富的生活奢侈品，在与他们的身份相吻合的生活方式中，日子过得愉快而惬意。第三点额外奖赏是地上为人所用的所有动物的头生公仔②，他命令这些都要分给祭司。就黄牛、绵羊、山羊来说，要献上真的幼仔，雄性的小牛犊、羊羔和小山羊，这是因为从吃和献祭的目的来看它们都是"洁净的"，并且被公认如此。至于其他，马、驴、骆驼和诸如此类的动物，可以付补偿费，但不可讨价还价。所有这些数量极大，因为本族人特别以牧人和饲养者而闻名，家家拥有庞大的畜群，山羊、公牛、绵羊，各种家畜数不胜数。但这还不是全部。我们发现，律法将这一原则推向更多更广的范围，规定不仅要从各种财产中拿出初果，还要从他们自己的灵魂和身体中献出初果。因为孩子是从父母身上分割下来的部分，或者更确切地毋宁说，是父母不可分割的部分，借着亲属关系和血缘，通过祖先的思想和记忆——这些看不见的东西始终存活在子孙后代之中——

---

① 关于斐洛参考了哪些经文有一些争论。参《出埃及记》二十二章29节，三十四章26节；《民数记》十八章13节；《申命记》十八章4节，二十六章2节以下。

② 见《出埃及记》二十二章30节，《民数记》十八章15—20节。

联合在一起，还有亲情之爱把他们连接起来，这是不可消解的自然纽带①。但是即便如此，父母也要将他们头生的儿子，作为初果，作为感谢献祭上，感谢在目前已经实现的父母身份的恩福，指望将来生育更多子女。同时，他表明自己的希望，既然结婚生育的头胎是归给神的圣果，这样的婚姻不仅应当无可指责，而且应当配得上最高的赞美。想到这点，能促使夫妻惺惺相惜，温柔和睦，珍爱家庭生活，彼此同心同德，言行上相互关照，使夫妻关系建立在真情之上，安全可靠，名副其实。② 但是为了防止父母离开孩子，孩子离开父母，他估定归圣的头生子以一个确定的价钱作为初果，并命定所有人不论贫富都要拿出同等的捐献。他没有考虑捐献者是否尊贵，家境是否富裕，儿子是否俊美，只是确定一个即便是非常穷的人也能交得起的价钱支付。因为孩子的出生对最高贵者和最卑贱者来说都是同样的事，所以他认为立法规定一律献上相等的捐赠是合理的，而捐赠的数额，如我所说的，尽可能限制在所有人力所能及的范围内。

28.③ 然后他又把另一个相当大的财富之源分配给祭司。他吩咐每个人从自己的粮、酒、油的收入中拿出初果归给祭司，又征收增加的牲畜，包括绵羊、山羊、公牛和其他家畜头胎，从整个民族的巨大人口可以推断出百姓拥有的这些牲畜有多丰富。从所有这些可以清楚地看出，律法赋予了祭司多大的尊荣和高贵。由此他规定各人财产的每一部分都要献上贡物，如同献给统治者，而且交纳贡税的方式与城邦居民向当权者交纳税赋的氛围完全相反。城

---

① 见《出埃及记》十三章 2 节，二十二章 29 节。

② 见《民数记》十八章 15、16 节，那里规定，"这估定的价"是五舍客勒。

③ 见《民数记》十八章 12 节，这种税显然不同于上面所说的每种出产第一阶段的初果，或者动物的头生，而是基于最后的收成或总体的财产所征收的。

里人交税是被迫，极不情愿，所以在重担下呻吟；他们对收税官不屑一顾，把他看作毁灭的总代理；他们在不同的时候编造不同的借口，即使交纳规定的份额和应缴的金额，也毫不在意所允许的交纳时限。而我们的百姓交纳得高高兴兴。他们抢在命令之前行动，缩短时限，认为自己不是在给予，而是在接受。所以，每年的各个时节，他们带着祝福和感恩捐献，男女都一样，满腔热情、心甘情愿，不需要任何提醒，带着一种无法用言语描述的热心。

29. 这些就是从每个人的财产所征收的税，但祭司还有另外特殊的收入，非常恰当地从所献的祭品而来的收入。[1] 律法规定，应从每种祭品取两个部位献给祭司，右前腿或右肩和胸部的全部油脂，前者表示力量、男子汉气概以及在给予、接受及一般活动中的一切合法行为，后者表示应用于灵性的要素[2]的温和、文雅。这种要素被认为居住在胸部，因为自然指定胸作为安置它的大厦的最适合之处，用最坚固的防御工程即胸腔或胸甲装备它，就像全副武装的战士抵抗攻击，这是她用大量骨头连接而成的，强壮而坚硬，再用坚不可摧的肌腱把它们紧紧接合起来。另外，献祭过的动物从祭坛撤离供个人消费的，三部分要归给祭司，前腿、两腮和脾胃[3]。前腿的原因上面已经说过，两腮既是最主要的肢体头的一部分，也是说出之言语的初果，因为说话需要它们运动，把声音送出口腔。当舌头敲打在腮上，它们就震

---

① 《利未记》七章31—34节（七十子希腊本21—24节）。不过，那里，胸部的油脂是要烧掉的，不像这里所说的，拿来作为祭司的额外津贴。

② 或者"需要控制的"（thymos）。由于温和是为控制 thymos 的需要引入的，所以它位于胸部。同样，理性是支配高昂情绪所需要的，所以 logeion 或理性之所就位于亚伦的胸口。这一思想出自《蒂迈欧篇》69E，只是细节上有出入。

③ 见《利未记》十八章3节。

动——它们的名字也就源自于此①，然后，整个发音器官与它们联合起来，发出声音。脾胃是腹部的自然生长物，而肚腹的命运就是成为那个非理性动物，即欲望的食槽②，欲望全身浸淫在贪吃贪喝之中，使肚腹也永远湮没在交替供应给它吃喝的活动之中，就像母猪喜欢在烂泥里筑窝一样。因而把糟粕、渣滓之地分派给放荡不羁、肮脏不堪的动物，是最适合不过了。欲望的反面是自制，要获得自制必须不断操练，尽一切可能的手段奋力追求，把它看作最大最完全的恩福，能提升个人和公众的福利。所以，欲望，属世的、不洁的、不敬的欲望，已经被驱逐出美德的范围，这种驱逐是它罪有应得的下场。而自制这种纯洁无瑕的美德，对一切吃喝之乐不屑一顾，超然于肚腹之乐，应当让它触及圣坛，带走肚腹的附件，表示它鄙视暴食、贪婪以及一切点燃情欲之火的东西。

30.③ 除此之外，律法还规定，献圣祭的祭司要得所献燔祭牲的皮，那数量可是无法估算的，所以这不是一件小礼物，而代表了一大笔钱。从这些规定可以清楚看出，律法并非只为这神圣支派提供了一小部分财产来源，就像其他支派一样，而是以每种祭品的初果为名，为他们提供了比所有祭品加起来的总和还要尊贵、还要圣洁的收入来源。

为了避免捐献者可能嘲弄接受者，律法规定，初果要先送进殿里，然后祭司从殿里拿④。正当的程度应当是，那些生活

---

① 即 siagonis 从 seio 衍生而来。

② 此语出自柏拉图的《蒂迈欧篇》70E "他们（即神的执行者）在隔膜和肚脐之间构造了一个部位，作为食槽，供给身体的营养所需，然后用锁链拴住它（即灵魂里欲求吃喝的部分），就像驯服野兽一样。"

③ 见《利未记》七章8节（七十子希腊本六章38节）。

④ 从《民数记》十八章8—19节，尤其是19节里的话可以推导出来，其中详尽描述的祭物被认为是神赐给祭司的礼物。

各方面都受到神祝福的人将初果作为感恩祭品献给神，然后再由神将它们白白地但非常尊贵而荣耀地赠给那些在殿里侍奉、做执事的人，因为神全然无所需要。这样，让人觉得礼物不是从人而来，乃是从万物之恩惠者而来，接受起来就不会有任何羞耻感了。

31. 既然奖赏的前景如此广阔，倘若还有生活正派、没有过错的祭司缺衣少食，那他们就使我们成了违背律法的被告，即使他们并没有提出指控。试想，只要我们遵守诫命，按规定献出初产五谷，他们就不仅有充分的生活必需品，还能全面享有奢侈生活所需的全部用品。另一方面，如果祭司支派将在未来拥有充足的生活资料，就有效地证明了这种宗教习俗是普遍奉行的，律法的各个方面都得到了认真遵守。但是有些人的疏忽——我们不可贸然指责所有人——曾导致圣职阶层出现贫困现象，事实上，说实话，也导致不履行义务者本人的贫困。诱惑人不履行律法义务的东西全是转瞬即逝的，所以违背律法的行为总要报应到违背者头上。而顺从自然之法，暂时它会显出严厉、冷峻的一面，但其中包含着更大的回报。

32. 他给祭司提供很大的收入来源，同时并没有忽视低级人员，即殿里的侍奉者。这些人有些站立在门边，在入口处作门卫，有些在里面站在圣所前，防止有不法之徒踏进圣地，不论有意还是无意。有些在它周围巡逻，昼夜交班，轮流值勤，一天二十四小时保持警戒，日夜看护。还有的打扫门廊和大厅，搬走垃圾，保证清洁卫生。① 所有这些人都有指定的十分之一作为他们

---

① 见《民数记》十八章 21 节。

的报酬，这就是确定给他们在殿里侍奉的分。① 应当注意的是，律法要求他们先从归给他们作财产的十分之一中取出十分之一给高层的祭司，否则不允许使用这些什一税。② 只有当这一条件满足了，他们才允许享有自己的收入。③ 他还分给他们四十八个城，每个城有 2000 肘见方的郊野，可牧养他们的牲畜，从事城邑的宗教仪式所需要的其他各种业务。④ 这些城中有六座逃城，三座在约旦河的东边，三座在它西边，作为误杀人的犯人的避难所。因为倘若一个对另一人的死负有责任的人，不论是什么原因导致死亡，进入到圣地，利用圣殿作为逃避危险的庇护所，这显然是渎圣行为，所以他交给他们上述逃城作为副殿，逃城里的居民都享有特殊而尊贵的地位，完全能保证不受暴力侵扰；如果有强权试图利用暴力捉拿前来请求避难的人，他们就会保护他，使他脱离危险，不是靠备战的预防措施，而是通过律法鉴于祭司之职特有的威望赋予他们的尊贵和特权。但是逃难者必须留在他所投奔的城邑的边界之内，因为复仇者就等在城门口，他们与死者的关系使其在失去亲人之际恨不得流杀人者的血报仇雪恨，尽管这种杀人行为是出于无意。强烈的亲情胜过严格的理性才能给予的公正意识。但是避难者若是出到城外，他必须明白，他的活动将招来某种毁灭，因为那家人不会不注意他的动向，一旦落入他们的罗网和陷阱，他就走上了不归路。他逃亡的时限须与大祭司的寿命一致，大祭司死后，他可以带着他应有的豁免权回去。

订立了这些及其他类似的法规之后，他接着提出关于适用献祭之动物的指示。

---

① 见《民数记》十八章易 26—28 节。
② 见《民数记》十八章 32 节，"你们既要从果子中拿出初熟的献上，就不可因此（即吃果子）担罪"（七十子希腊文本）。
③ 见《民数记》三十五章 2—8 节。
④ 这里到此节末，见《民数记》三十五章 9—28 节。

33. 用于这一目的的动物，有的局限在地上活动，有的飞行在空中。有翅的受造物可分为无数类型，除了两种，其他都被他忽略不要。这两种是鸽子和斑鸠①；选择鸽子是因为它是本性驯服的群居动物中最温顺的，选择斑鸠是因为它是那些本性喜欢孤独的动物中最驯服的。陆地动物的种类极其庞大，数量几乎无法计算，但他只挑选了三种功德最高的，把其他的都忽略过去，它们分别是公牛、绵羊和山羊②。因为这些动物是最温顺、最容易驯服的。我们看到这些牲畜每一种都成群结队的，但只需要一人看管，不论是什么样的人；他可能甚至不是成人，只是个孩子。在他的引导下，牛群、羊群出圈到牧场，要求返回时，就一个挨着一个有序地回到栏里。这种驯服可以有许多迹象表明，但最清楚的莫过于以下事实：它们全都吃草，没有一个吃肉；没有一个的足蹄是弯曲的，也没有上下颌长满牙的，因为上牙龈不适合长牙齿，所有的门齿都要一一脱落。另外，在整个动物王国里，它们是对人类最有用的。公羊提供服饰，给身体必不可少的保护；公牛犁田，为播种作预备，当谷子长出后，又打谷脱粒，使它成为可分享的食物；而山羊的皮和毛，纺织或缝纫起来，就为旅行者提供便携式庇护所，尤其是从军出征者，由于情势紧急，大部分时间都不得不住在城外和野地里，这样的人更需要皮毛的保护。

34. 凡挑选出来的动物必须是完全的，全身上下必须没有任何受折磨的痕迹，没有疤痕，完全没有缺陷或瑕疵。③ 事实上，

---

① 见《利未记》一章 4 节。

② 公牛，《利未记》一章 3 节以下；绵羊和山羊，一章 10 节以下。

③ 这里没有引用圣经典据。斐洛可能是凭着个人的观察（或者根据异端邪说）。

这件深谋远虑的大事不只是由那些带着祭品来献的人做，还由主
祭，就是祭司中最具威望的人，作为最适合作这种检查的人挑选
出来，由他来对牲口从头至尾仔细检查，包括可见的部位和隐藏
在肚腹和两股下的部位，免得有哪个小小瑕疵没有发现。检查之
所以如此仔细谨慎，不是考虑所献的祭品，乃是考虑到所献之人
的清白。律法以这一比喻教导他们，当他们挨近圣坛，做祷告或
感谢时，灵魂里必须没有任何缺点、不当或恶的倾向，必须力求
使它圣洁，完全清除了污秽，叫神看到它时，不至于掩面，不向
他显现。

35. 献祭有两类，一类为整个民族。或者更准确一点说，为
整个人类；一类为单独的个人，那些富有强烈的职责感，使人敬
佩的人。我们必须首先谈谈普遍的献祭。对这些献祭的安排体制
非常可敬。有些每日献（常献），有些在第七日献，有些在月朔
或者圣月开始时献，有些在斋戒日献，还有的在三个节庆期
献。① 每日的祭要献两只羊羔在坛上，早晨献一只，黄昏的时候
献一只。两只都为感谢祭品，一只感谢白天的祝福，一只感谢晚
上的祝福，全是神时时刻刻不停地施舍给人类的。② 到了第七
日，他把祭品的数量加了一倍。他之所以使这增加的数量等同于
原数，是因为他认为这安息日——在他的记载中也称为整个世界
的诞生日——必然具有与永恒同等的价值，因此决定把安息日所
献的祭比作常献羊羔的"永恒"。另外，每日两次在帐幕内烧散
发出最芬芳之气的香，日出时一次，日落时一次，每次都在晨祭
之前和晚祭之后。由此血祭就作为感谢祭，为我们里面属血的元

---

① 见《民数记》二十八章 3、4 节。
② 见《民数记》二十八章 9、10 节。

素①献上感谢，香祭是为我们里面主导的部分，就是理性里灵的力量，是按着神圣之像的原型样式②塑造而成的。

③每个安息日献在圣桌上的饼，数量要与一年的月份相等，即总共十二个，分成两行，每行六个，对应昼夜平分点（春分或秋分）。因为每年有两个昼夜平分点，一个在春季，一个在秋季，其间相隔六个月。因此……春分时，所有播种的庄稼都成熟了，树木则刚刚开始结果；而秋分时节，树上的果子已经成熟，新一轮播种又开始。因而，大自然不断循环往复，交替赐给人类不同的礼物，桌子上摆放的两排十二个饼就象征了这一点。它们也标志着最有益的那种美德，自制，它有简朴、知足和节俭作为保镖，对抗由无节制、贪婪策划的可恶攻击。因为对热爱智慧的人来说，有饼就足以维持生计，使身体抵御疾病，使理性保持最大程度上的健全和清醒。而美味佳肴、蜂蜜蛋糕、开胃小菜以及糕点师、精通迷惑味觉——就是所有感官中最盲从的感官，对教化和哲学一窍不通的门外汉，受制于人的奴仆，不是受制于听起来看起来美不胜收的事物，而是受制于可恶肚腹的贪欲——之技艺的烹饪师制作的精美食品，则引发灵魂和身体的大病，往往无法医治。又要在饼上放净乳香和盐④，前者表示，在智慧的法庭上，没有哪种调料被判定为比节俭和节制更芳香的，盐表示万物的持久性，因为只要洒上了盐的食物，就能保持很久，作为调味品，有盐就够了。我知道，所有这些必会引发那些把豪华的宴席和奢侈的餐饮作为最关心问题的人的嘲笑和奚落，他们追求满桌的豪华盛宴、可怜的奴隶、飞鸟、游鱼、肉锅以及类似的垃圾，

---

① 即 psuche 的低级部分。
② 即逻各斯，他作为神的 eikon，成为人的灵的 archetupos idea。
③ 见《利未记》二十四章 5—8 节。
④ 七十子希腊本《利未记》二十四章 7 节。

却做梦也不可能品尝真正自由的滋味。那些一心要与神同活，以此作为准绳，决心侍奉真正的所是者的人，应当对这一切全然不予考虑——这些人已经训练有素，知道鄙弃肉体的享乐，在研究自然真理上受到操练，学会追求理智的喜乐和甜美享受。

关于安息日他立了这些法规，接着开始讨论月朔。每月朔必须献上全燔祭，总数是十头，包括两只公牛犊，一只公绵羊，七只公羊羔。因为月亮从亏到圆的一个月是完整或完美的整体[1]，所以他认为所献动物的数目也应当是完全的。十是个完数，他卓越地将它分配给以上这些祭品；两只公牛犊，因为月亮在永恒运转中，她的行程有向前和向后两种运动，一种运动是渐渐变圆，直到成为满月，另一种是渐渐亏缺，直到与太阳合一；一只公绵羊是因为有一条法则或原则，使它满盈与亏缺的时间相等；七只公羊羔是因为她经历的完全的变化形式是以七为单位。从合一算起的第一个七天，我们看到了半月，第二个七天后就是满月；然后又从满月变为半月，再渐渐消失，与太阳合一。他吩咐要将调油的细面连同祭牲一起呈上，再按所要求的量配以奠酒，因为这些也随着月亮在一年四季的循环达到各自的成熟，尤其考虑到它对果子成熟所产生的影响；而五谷、油和酒是对生活最有益、人最必不可少的东西，因而自然要与所有祭品一同献上。

[2]圣月初一要献双倍的祭。这与它两个方面的特点一致，一方面是作为月朔，另一方面是作为圣月之初。作为月朔，献祭与

---

[1]　或者"月（即过去的那个月）是完整的"，但是从上下文看，这里所考虑的是将来的那个月。

[2]　见《民数记》二十九章1—6节。犹太圣年始于初春的尼散月，但民历仍以秋季的提斯利月为正月。见约瑟夫《犹太古史》I，81。Heinemann 说，斐洛对此一无所知，只是按照传人埃及的马其顿历法计算。可以肯定，斐洛似乎确实想当然地认为，秋分的那个月就是"太阳公转的第一个月"，但是他必定知道，《出埃及记》二十三章16节和律法书的其他地方都说，住棚节是在"年末"。

其他月朔一样；作为圣—月—日，奠酒双份，但公牛犊除外，只献一只。在立法者看来，在一年之始，应当选择本性不可分的一，而不是可分的二。

他把春季和春分称为第一时节①。在这一期间，他规定了称为除酵节的节期，要守七天。他宣布，每一天都要按规定仪式同等遵守。他规定每天要献十牲，如月朔一样，除了赎罪祭品之外，整个燔祭总祭品达七十头。也就是说，他认为，这节日的七天与第七个月的春分的关系，就如同月朔与月的关系。因而他使每个月朔与这一节期的七天成为一样圣洁的，这个数字七也表示七个月份的总月朔。

仲春时节五谷丰收在望。在这个时节②，要为低地献上感谢祭，因为它们长出了丰满的果实，而夏季的庄稼正等着收割。这是普遍谨守的节日，称为收割节（庄稼初熟节），名副其实，因为新收割的第一批作物，新酿的奠酒，要献为祭。此节要求献两只公牛犊、一只公绵羊和七只公羊羔，这十头祭牲要在火里完全烧尽，另外再献两只羊羔，归给祭司吃。后者他称为保存祭（preservation - offerings）③，因为这些食物经历许多无常和变数之后为人类保存下来。庄稼通常都会遭受种种破坏力，有时是暴风雨，有时是干旱，或者自然界中数不胜数的其他天灾，有时还要遭受人类的许多行为，比如仇敌入侵，想方设法毁损邻人的土地。因而，很自然地，要为食物保存下来而献上感谢祭，感谢神把有危害的种种力量驱散了。敬拜者还要献饼到坛上，拿着它们

---

① 没有直接说明，但在《出埃及记》二十三章 14 节有暗示："一年三次，你要向我守节。"列举了三个节日之后，又说："一切的男丁要一年三次朝觐主耶和华。"

② 关于五旬节，见《利未记》二十三章 15 节以下，《民数记》二十八章 26 节以下。两处在细节上有些出入。

③ 英译本为"平安祭"。

把手臂伸向天上，然后连同保存祭的肉类一起归给祭司，使他们以与其神圣职责完全相配的方式享受它们。

第七个月秋分时，就是第三个特定季节，在圣月初一要过吹角节，这一点我上面已经讲过①。初十是斋戒日②，不仅热心向敬虔和圣洁的人谨守，那些余生中从未作虔诚之事的人也守这日子。所有人都被这日子的圣洁折服，对它望而生畏，恶人也暂时与善人比赛克己和美德呢。这一日备受尊崇有两方面原因，一方面作为节日，另一方面作为洁净和除罪的时间，仁慈的神已经慷慨地为罪赐下赦免，让从罪里悔改享有与清白无罪同等的尊荣。作为节日，他规定要献上与圣一月一日相同的祭品，即一只公牛犊，一只公绵羊，七只公羊羔，由此，把一与七结合起来，使开端与完全相一致。因为行为的完全与七相关，开端与一相关。把它作为一种洁净，他增加了三样，再献上两头小山羊和一只公山羊，吩咐公山羊要在火里完全烧尽，那两只小山羊，要为它们拈阄；③拈到阄的要归与神，另一只要送到荒无人烟的旷野去，背上刻着为罪人准备的咒诅，他如今已经转向良善生活，得了洁净，现在的顺服洗去了过去对律法的悖逆。

④七月十五满月时要守所说的住棚节，所献的祭品规模要更大，因为在七天期内，要献七十头牛犊，十四只山羊和九十八只羊羔。所有这些动物都要在火里烧尽。⑤律法还命令，第八日要守为圣日。如果把完整的节期作为讨论的题目，那么这最后一日必须详尽讨论。所献的祭品数目要与圣月里的节日

---

① 即"圣月初一要献双倍的祭"这一段。关于"吹角节"这一名称见《利未记》二十三章 24 节，英译本"要吹角作纪念"。

② 关于"斋戒日"或"赎罪日"，见《民数记》二十九章 7—11 节。

③ 见《利未记》十六章 9、10 节。

④ 见《民数记》二十九章 12—34 节。

⑤ 见《民数记》二十九章 36 节。

相等。

关于代表民族，或者更确切地说代表整个人类所献的燔祭的一般祭祀，我已经尽我所能作了以上这番描述。这些燔祭伴随着每日的小山羊祭，也就是为求赦免罪恶的赎罪祭，小山羊的肉要留出来归祭司食用①。为什么要有这样的添加呢？节日就是喜乐的日子，而真正的喜乐，也就是没有任何虚假成分的喜乐，就是牢固确立在灵魂里的智慧，而若没有对罪下药，向情欲开刀，就不可能获得牢固的智慧，情形岂不就是这样的吗？试想，燔祭上的每只牲畜尚且惟有经检查发现没有损伤和瑕疵时才能献上，敬拜者的心灵若不想方设法洁净，通过洗礼和洁净礼——那是自然的正当理性（right reason of nature）借健全无污的耳朵浇灌在那些爱神的灵魂里的——洗去污秽，变得干净、纯洁，那岂不是一种奇异的自相矛盾。除了这些，还有一点也应当说一说。这些节日使人放下工作，得到松弛，同时也往往为违法犯罪打开无数渠道。贪杯伴随着酗酒和粗俗的吃喝，由此激起肚腹贪得无厌的欲望，也点燃肚腹下面部位的欲望；它们同流合污，向四面泛滥，导致数不清的邪恶接踵而来，因为它们有节日豁免作总部，逃避惩罚。立法者注意到了这一切，因而不允许他的百姓像其他民族那样过节日。他首先命令他们恰恰在喜乐的时候要克制对享乐的欲望，保持自身的纯洁。然后他把他们召集到圣所，一起唱圣歌、祷告、献祭，这样的地方，所呈现的场景，所说的话语，通过最高贵的感官，眼睛和耳朵的作用，使他们醉心于自制和敬虔。最后，通过赎罪祭，他告诫他们不可继续陷在罪里，祈求赦免所犯之罪的人，不会麻木无耻到就在他祈求赦免旧罪的时候又去犯新

---

① 《民数记》二十八章和二十九章为不同的场合有规律地提到赎罪祭（二十八章15、22、30节；二十九章5、11、22、25、28、31、34、38节）。

的罪。

36. 这些话题谈到这个程度之后，他开始划分祭的类型。他把它们分为三大类，分别称之为全燔祭、保存祭和赎罪祭。每一种祭他都加上相应的仪式作为装饰，非常成功地把规范性与威严性结合在一起。他的分类极其卓越，完全与事实相吻合，表现出与事实的逻辑关系。如果有人深入考察早期的人们诉求于祭祀为祈祷和感恩之中介的动机，他就会发现，有两种动机居于最高位置。一种是因神本身的缘故而敬畏他，没有任何别的企图。这样的动机既是必然的，也是了不起的。另一种是因为敬拜者能得到重大利益；这包含两个方面，一方面希望能分有祝福，另一方面想要摆脱罪恶。对于只为神本身的缘故而拜他的，他派给全燔祭，因为这祭确实是完整、完全的，与同样性质的、不带任何凡人私利的动机完全相配；但就人的利益来说，由于思想念头是可分的，立法者也就作出一种分别，把他所称为的保存祭与渴望分有祝福的意愿相对应，再把赎罪祭分给希望摆脱罪恶的意图。由此，非常恰当地，三种祭对应三种目标，全燔祭没有别的想法，只有神本身，敬拜他就是好的；另外两种祭都涉及我们自己的利益，保存祭为使人事得到安全保障，变得更好，赎罪祭为医治灵魂所犯的罪过。

37. 现在我们必须描述关于这些祭制定的法令条例，先从最好的，也就是全燔祭开始。① 首先，他说祭牲品必须是挑选出来的最好的雄性动物，即公牛犊或公羊羔或公山羊。其次，献祭者必须洗净双手，把它们放在祭牲的头上，然后一位祭司必须取了它杀死，同时，另一位祭司拿一小瓶在下面接着，接

————————
① 见《利未记》一章 3 节以下。

了一些血之后，就绕着坛四周把血洒在那里。燔祭牲要剥去皮，然后切成部分，每一部分自身要是完整的，同时脏腑与腿要用水洗净，然后把一切全烧在圣坛上。这样，它里面的一变成了多，多也成了一。按法令的字面意思看，就是这些内容。但这里还包含另一种比喻意义上的具有神秘特点的含义，表面意义上的字句象征着隐秘的、晦暗不明的事。首先，全燔祭的牲口是公的，这是因为雄性比雌性更完全，更有支配性，更接近作为原因的活动；雌性是不完全的，处于从属地位，属于被动一族，而不是主动一族。同样，构成我们生活原则的两大成分，理性和非理性，理性原则属于心灵和理性，是阳性的，非理性原则属于感觉领域，是阴性的。心灵属于完全高于感觉的类别，就如男人高于女人；它没有瑕疵，得了净化，因为完全的美德有净化功能，它本身是最虔诚的祭，它的一切得到神的完全悦纳。

再者，把双手放在祭牲头上，从这里我们发现一种最清白无过的行为，一种不沾染任何可指责之事，完全符合自然的律法和法规的生活。因为律法希望：首先，敬拜者的心灵应通过良善、有益的思想和论断成为圣洁的；其次，他的生活应自始至终由最好的行为构成。这样，当他把双手放在祭牲头上时，可以大胆地凭着纯洁的良知这样说："这双手不曾拿恩赐行不义之事，不曾作过抢劫、诈骗之事，不曾沾染无辜者的血。它们也没有致残或受伤，没有作过凌辱和强暴之事。其他任何可能招致控告或指责的事，它们一样也没有做过；相反，它们使自己成为优秀而有益之事的谦卑助手，凡是在智慧、律法和明智而守法的人看来可敬的事，它们都协助成就。"

38. 把血绕着圣坛洒成一个圈，这是因为圆圈是最完全的图形，也保证没有哪个地方没有洒上这种至关重要的祭品。血可以确切地称为包含生命原则的奠酒。所以，他以这种象征手法教导人们，当完整而完全的心灵一步一步有序地经过语言、意向、行为各相位作环形运动的时候，就当显明愿意侍奉神的甘心。

清洗肚腹和腿的指令具有丰富的象征意义。借用肚腹的形象他意指淫欲，最好把它清除干净，它确实充满污点和污秽，浸淫于贪杯、酗酒，是一种导致灾祸的强大势力，受到训练和操练，就会给人类生活带来浩劫。洗脚的意思是说，他的脚步将不再踏在地上，而要踩在上层空中。因为爱神的灵魂确实从地上跳到了天上，高高地展翅飞翔，渴望在太阳、月亮和一切圣洁而和谐的万星之军中占据一席之地，在神的编排和引领下，与它们一同有序前进，因为神的王位是无可争辩，不可篡夺的，惟有他使万事万物得到公正合理的治理。

把祭物分成各肢体部分，这或者表明万物归一，或者表明它们从一而来，又归于一。这种交替有些人称为完满和不足①，有些人称为大火和重建，大火是指占绝对优势的热完全控制其他元素时的状态，重建是指四大元素通过相互退让获得平衡的状态。我经过思考，想出以下这种比较正确的解释。尊崇存有的人心里惟有存有本身，但他不可非理性地、无知地尊崇，而要以知识和理性来尊崇。当我们用理性思考神时，我们认识到他可分为各种神圣权能和美德。神是善，是宇宙的造物主和生育者，他的神意贯穿他所生育的一切；他是一位救主和恩惠者，充分拥有全部祝福和一切幸福。这些属性每一种都值得敬佩和赞美，每一种分开来如此，所有的合起来也同样如此。其余的也可以这样划分②。

---

① 赫拉克利特的哲学术语。

② "其余的"的意思是说，宇宙和人本身也被这种方式"划分"，就如前面划分神的属性的方式一样。

我的心哪，当你想要感谢神创造了宇宙时，既要为事物的总量，也为它的主要部分感谢，把它们看作一个最完全的生命造物的各个肢体。这些肢体就是天、太阳、月亮、行星、恒星；然后是地和地上的生物或植物，然后是海洋、河流，包括春蓄的，冬涌的，以及它们所包含的一切；然后是空气和它的各种状态，春夏秋冬，这些年复一年地轮转，对我们生活如此大为有益的季节，就是为保存月亮以下事物而不断变化的空气的不同状态。如果你为人感谢，不仅要为整个类，也要为它的种和最主要的部分，为男人、女人、希腊人、野蛮人，为居住在大陆的人，也为那些被命运抛到岛上去的人。如果为某个单独的人，要按理性的引导将感谢划分，不是分为他最小的部位，直至细枝末节，而要分为那些最重要的部分，首先是身体和灵魂，这是他的两大构成部分，然后分为言语、心灵和感觉。为所有这些献上的感谢，其本身就配为神所垂听。

39. 关于全燔祭就说到这里。我们现在必须思考保存祭①。这种祭不在意牲口是公的还是母的。把它杀了之后，要把脂油、肝叶和两个腰子留出来放在坛上，其余的让献祭的人大饱口福。不过，为何这些内脏部分要献为祭，必须仔细思考，不可忽略以下这点。在我的思考过程中，我也常常沉思这个问题：律法规定把肝叶、双腰和脂油从动物身上取出来，作为贡物献在坛上，但为何不把心脏或大脑这些部位包括在内，因为支配原则就位于两者之一里面。我希望这个问题能呈现在很多用悟性而不只是眼睛阅读圣经的人面前。如果这些人经过考察能发现更令人信服的理由，他们将对自己和我都有益处；如若不然，我恳请他们想一想，在我心里留下好印象的这种说法是

---

① 英译本为"平安祭"。见《利未记》三章 1 节以下。

否经得起考验。这种说法如下：支配原则是我们身上惟一一个
包含并保留愚昧、不公、胆怯和其他邪恶的部位，这种原则的
家就在上面提到的两个之一里面，即或在大脑里，或在心脏
里。因而，在圣经看来，神的坛既是用来宽恕和彻底赦免一切
罪恶和过犯的，就不应让这样的器官——当心灵离开通向美德
和高贵行为的道路，踏上不公和不敬的旷野时就在那器官里做
窝——靠近才好。试想，祭祀若是让人想起罪，而不是忘掉
罪，那岂不可笑。在我看来，这就是占据最高位置的大脑和心
脏不可献在坛上的原因。

　　至于实际指定的部分，可以给出为何选择它们的适当理
由。脂油是最肥沃的部分，充当内脏的保护层，如同它们的衣
服，是它们的丰富之源，碰触起来柔软有弹性，对它们十分有
益。之所以选择腰子，是考虑到它们与睾丸和生殖器的关系；
腰既位于生殖器旁边，就为其近邻提供帮助，与其合作，使自
然种子顺利经过通道，畅通无阻，不受邻近部分的任何干扰。
腰本身就是血色的接受器，隐藏着液体排泄物，腰的旁边则是
产生精液的睾丸。肝叶是最重要的内脏肝的贡品，食物靠肝
变为血液，然后流进心脏，经血脉输送到全身，保持生命的
活力。胃与食管相连的贲门接受先由牙齿咬碎再经口腔咀嚼
的食物，然后经过它的运作把食物送到胃里。胃从贲门接受
食物，履行自然赋予它的第二职责，把食物变成汁液。有两
条管道从胃通到肝，把食物排到这接受器里，在那里停留一
段时间。而肝有两种特性：既可作筛子，也是血液的制造者。
作为筛子，它把所有坚硬、起结的东西分泌到邻近的胆管；
作为血液制造者，借着它所容纳的心脏把已经过滤的纯粹液
体转变为血液，充满给人生命的力量，然后把这血液压入心
脏。从那里，如我们说过的，血液被输送到血管，贯穿全身，
使身体生机勃勃。

①还有一点需要补充。肝的位置被设计得如此高贵、重要②，又非常光滑平坦，由于这种光洁，它扮演着非常明亮的镜子的角色。于是，当心灵从日常事务中退回来之后，身体昏昏入睡，每种感官的障碍物也一一消除，此时心灵开始转回到自身，集中注意观察它的概念；它观察肝，就如同观察一面镜子，从中清晰地看到了它所能看到的一切，同时它纵观各种影像，看它们是否有什么丑陋的缺点；若有，就一一避开，选择它们的反面，然后，它对看到的一切感到非常满意，就借着梦境的中介预言将来之事。

40.③ 保存祭的祭物要在两天内吃完，不能留一点到第三天。这有几个原因：其一，圣桌上的食物必须吃完，不可有不当的拖延，考虑到时间长了，食物要变坏。不新鲜的肉必然迅速腐烂，就算加上调料作防腐剂，也无济于事。另一原因是，祭祀的食物不可储藏，而要向众人开放，凡有需要的，都可以白吃，因为它们现在不是献祭者的财产，乃是接受献祭的神的财产，他这位大恩人，慷慨恩赐者，使那些执行献祭的欢乐人群成为圣坛的伙伴，分享坛上的食物。他吩咐他们不可把自己看作是款待者，因

---

① 这一部分基于柏拉图《蒂迈欧篇》71，并确实复制了那个奇异段落的主要思想，即肝如同镜子，"从大脑接受思想的轮廓，并反射出从它们而来的影像"，有时候带了苦素，有时候"使居住在肝里的那部分灵魂能够在晚上享受安静的快乐，恬然进入梦乡，弥补它失去聪明和智慧的缺憾"。至于斐洛以不同的方式理解柏拉图是否正确，我不敢贸然定论。

② 我不太明白斐洛的"meteoros"（high up）是指什么。柏拉图对肝的描述是，神把它放在灵魂欲望（lusting, epithymetikon）部分，与其一起居住，并使它"紧凑、光滑、明亮，带有一点苦涩。"有点强调它的位置，但没有什么与"meteoros"对应的。这里的这个词是否可能意指"情绪变化"、"喜怒无常"，指柏拉图所描述的甘苦混合？

③ 见《利未记》十九章5、6节。

为他们只是美味佳肴的看管者，而不是主人。主人是他，为宴席提供的材料已经全都属于他，这些东西不可拿走，藏起来，不可吝啬，那是奴仆的恶习，而要仁慈，那是出身高贵者的美德。最后一个原因是，保存祭实际上是代表两者献上的，即灵魂和身体，他让两者各有一天的时间享用肉食。指定给我们本性中能够得到保存的两大元素相等的时间，这是合宜的，叫我们第一天吃的时候想起灵魂得到保存，第二天再吃的时候想到身体得到的健康。恰当地说，既然没有第三样东西需要保存，他就严格地禁止在第三天再把祭品当作食物吃，吩咐说，如果因无知或漫不经心没有吃完，留下点什么，就要立即用火烧了它们。[①] 即便有人只是尝了一口，也犯了罪。他对这样的人说："可怜的傻瓜，你以为献了祭，其实并没有。你所提供的肉是渎神的、不洁的、粗俗的、可憎的，我不会悦纳，可鄙的暴食者，就是在梦中，你也不曾瞥见献祭的意义。"

41. 保存祭的总纲下包含赞美祭[②]。其原则如下。人若从来没有遇到过不幸之事，不论是灵魂中的，身体上，或外在事物方面，生活在没有战争的和平时期，置身于舒适安逸、好运连连的环境之中，无灾无祸，顺顺利利，在阳光明媚、风平浪静的天气里乘风破浪于生命的广袤海洋上，往舵后吹来的总是顺风，这样的人有责任和义务感谢神作了他的引航员，赐给他安全健康，不受疾病侵扰，赐给他利益，不带任何惩罚。总之，只有好事，不混杂一点恶——我说，要用赞美诗、祝福、祷告和献祭以及其他宗教所要求的感谢方式感谢神。所有这些集中起来，就有了一个

---

① 见《利未记》十九章7、8节。
② 见《利未记》七章2节以下（英译本为12世以下）。它之所以包含在保存祭里，因为它被称为"thysiaaineseos soterion"（英译本"为感谢献的平安祭"）。

单一的名称叫赞美。① 这种祭牲的肉，只能吃一天，不像前面的保存祭那样有两天。也就是说，那些如此轻易地获得恩益的人，应当毫不迟疑地欣然作出回报。

42. 这些就讲到这里。接下来我们要考察第三种献祭，即赎罪祭。② 这里我们有多种划分，既根据所涉及的人，也根据祭牲的类别。关于人，大祭司区别于整个民族和各级统治者，是不同于普通民众的一个阶层。至于祭品，可以是公牛犊、公山羊、母山羊或母羊羔。另一最重要的区别在于罪是有意的，还是无意的。那些已经认罪了的人就是在转向良善之路，他们对所犯过错的自我谴责就是为了寻找无可指责的生活作为他们新的目标。所以，大祭司的罪和整个民族的罪通过献祭同样价值的牲口就得洁净；两者都规定要献上公牛犊一只。赎统治者的罪，规定要献价值略低的牲畜，但也同样要是公的，即一只公山羊；要赎普通平民的罪，可献更低价值的，且是母的，不是公的，即献母山羊。这很恰当，在献祭的事上，统治者应做得比平民好，民族应比统治者好，因为整体总应当优于部分；同样，大祭司在洁净自身、祈求神怜悯的大能赦免其罪过上，也应当被认为优先于民族。不过，显然，大祭司享有同等的荣耀，与其说是出于他自己的原因，不如说是因为他是民族的仆人，借着最圣洁的祷告和最纯洁的献祭代表所有人献上感谢祭。在这个问题上的命令形式给人留下了非常深刻而奇异的印象。③ 它说："若是大祭司无意中犯罪"，然后补充说："那是百姓犯罪"，这话几乎等同于清楚地告

---

① 见《利未记》七章 5 节（英译本 15 节）。

② 见《利未记》四章，关于大祭司（英译本"受膏的祭司"），3 节；关于民族，13 节；关于统治者，22 节；关于平民，27 节。

③ 见《利未记》四章 3 节。英译本"或是受膏的祭司犯罪，使百姓陷在罪里"。

诉我们，真正的大祭司，名副其实的大祭司是不会犯罪的，就算他有失足的时候，那必是有什么事强加给他，不是因为他自己所做的事，而是因为整个民族的某些失误。这失误并非不可医治的，而是很容易就可以治愈。① 所以杀死公牛犊之后，他吩咐祭司要把指头蘸于血中，对着至圣所的幔子，在第一幅幔子后面，陈列至圣财物的地方，弹血七次，然后拿血抹在香坛的四角上，对应它的四条边，把剩下的血倒在外面燔祭坛的脚那里。他要按规定在这坛上献三件东西，脂油、肝叶和两个腰子，如在保存祭里所规定的那样。但是公牛的皮和肉以及从头到脚的所有其他部位，包括内脏，要搬到营外洁净开阔之地②、倒灰之所，用火烧掉。关于整个民族所犯的罪也制定了同样的法规。如果过犯是某个统治者犯的，他要用公山羊洁净自己；如我说过的，如果是普通平民犯的，就用母山羊或母羊羔。他把公牲畜分派给统治者，母牲畜给平民，其他规定对两者都类似，即拿血抹在露坛的四角，脂油、肝叶和两个腰子献在坛上，其余的归祭司吃。

43.③ 当然，罪有时是对人犯的，有时是对圣物犯的，所以除了已经规定的对人所犯的过失行为的法条之外，他又规定，就圣物而言，赎愆祭要拿一只公绵羊献上，过犯者先偿还对冒犯对象造成的损失，外加它固有价值的五分之一。

对误犯之罪立了诸如此类的法规之后，他对有意犯罪作出如下规定。④ 他说，"若有人在合伙关系上，或是在邻舍交付他的

---

① 见《利未记》四章6—12节。
② 或如英译本"洁净之地"。
③ 见《利未记》五章15、16节。
④ 见《利未记》六章2—7节。但那里并没有表明过犯者作了自愿忏悔，斐洛，还有约瑟夫《犹太古史》iii. 232，其实现代注释者也一样，都从可能性推断被判有罪的罪犯不可能如此轻松地免于惩罚。

物上行了诡诈，或是抢夺人的财物，或是在捡了遗失的物上行了诡诈，受到怀疑，就说谎起誓，起了假誓"——如果他显然没有受到指控者的指控，但由于内在良知的审判，他成了自己的指控者，对自己的诡诈和伪证自我谴责，公然忏悔自己所犯的恶行，祈求宽恕——那么立法者规定，这样的人也可得赦免，条件是他要证实自己的悔改，不只是口头上信誓旦旦，还要表现在行为上，归还人交付他的，或是他所抢夺的，或是人遗失他所捡的，或者以其他手段侵占的别人的物，另外还要加五分之一作为赔偿费，付给本主。立法者说，他按这样的方式安抚了受害者之后，还必须以进一步行动推进效果，前往圣殿祈求赦免他的罪，带着他无可指责的调解者，就是救他脱离重大灾难的灵魂深处的负罪感，缓解了致命疾病，使他渐渐康复，恢复健康。按规定，他也要献一只公绵羊为祭，如冒犯圣物之人所做的。因为立法者认定，在神圣领域里过失犯罪等同于在人事上故意犯罪，其实这后者可能也是一种亵渎神圣的行为，因为它还附加了在虚假情况下的起誓，但人既回心转意，走上正道，就得到了矫正。

　　然而，必须注意，虽然赎罪祭要献在坛上的与保存祭一样，即都是肝叶、脂油和双腰——这是很自然的安排，因为悔罪者也因脱离灵魂疾病，这种比身体所染的任何疾病更可怕的疾病而得保存或得救——但规定祭牲的其他部分作食物的条件不同。这种不同有三方面，地点、时间和接受者①。地点在圣殿里，时间是一天，而不是两天，分享者是祭司，而不是那些献祭物的人，当然也是男祭司②。他之所以规定不得将肉带到殿外，是因为他希望悔罪者先前所犯的一切罪都不可因欠考虑的判断和心怀恶意、

---

①　见《利未记》六章25、26、29节。但没有条例说要在当天吃。

②　在我看来，这似乎表明，斐洛认为"祭司中的每个男性"这意思是指，若没有这一禁令，祭司一族中的女性（女祭司）就有权吃，不论这种理解是对是错。

说话刻薄之人毫无约束的舌头而变得臭名昭著，作为侮辱性的、指责性的谈论话题四处传播，而要局限在圣殿范围之内，那也是净化之场所。

44. 这祭要作为祭司的宴席。这一诫命有几个原因：首先，尊重献祭者，客人的尊贵使款待者无比荣耀；其次，使他们坚定地相信，神的恩惠及认罪悔改的人。因为他若不是赐下了完全的宽恕，就不会召他的仆从和执事分享这盛情款待的宴席；第三，有哪个祭司若是不完全健全的，就不允许举行仪式，最微小的瑕疵就会导致他被逐出这一职位①。事实上，他以这样的思想鼓励那些不再行在恶道上的人：他们能决心自我洁净，这已使他们在祭司阶层占有一席之位，把他们提升到与祭司同等的高贵地位。出于类似的原因，赎罪祭的肉要在同一天烧掉，表明在向着罪时我们要动作迟缓，而朝向公义目标的时候，则要动作敏捷，全速前进。

为大祭司或民族赎罪而献上的祭品不可拿来作食物，而要在倒灰之处用火烧了，如我所说的。说实在的，没有谁比大祭司或民族更高，能来为罪人代求的。因而像全燔祭那样，把肉用火烧了，以尊重有关的人。这是合理的。不是因为神考虑到他们的位置作出这样的圣断，而是因为道德高尚、真正神圣的人所犯的罪若放在别人身上，必被看作义。正如土深肥沃的田地，即便有时候不产庄稼，也比那些天生贫瘠的田地长出更多果子；同样，我

① 这意思大概是说，凡有缺陷的祭司都被排除在外，不能参加献祭。这提高了提供宴席者的荣耀。斐洛的思想似乎有点自相矛盾。因为在前面 24 节他说过，所有祭司，不论有无瑕疵，都有资格吃圣的食物，因而可以认为，"每个男祭司"包括有缺陷的祭司；参《利未记》六章 29 节。但 26 节经文说"为赎罪献这祭的祭司要吃"，由于有缺陷的祭司不能献这样的祭，所以"每个男祭司"必然是指"没有缺陷的有资格的祭司"。

们发现，在道德高尚、神至爱的人身上，即使没有积极行出善，也比恶人偶然的义行①更好，恶人永远不可能有意行正直之事，这是他们的本性使然。

45. 制定了这些关于特别祭，即全燔祭、保存祭和赎罪祭的法令之后，他又立了另一种包含这三者的献祭法，表明存在于它们之间的友谊和亲属关系。这种把它们联结起来的纽带被称为大愿②。我必须解释这一名是怎样得来的。当百姓献了每一种财产的初果，小麦、大麦、油、酒、最好的果子，也献了牲畜的头生公仔，洁净的直接献上，不洁净的用相应的价值补偿，这之后，他们再没有财物资料可以表明他们的敬虔，就把自己作为献祭上，由此表现出令人惊异的圣洁，对神非同寻常的奉献。因此称之为大愿是恰当的，因为任何人所拥有的财产中最大的财产就是他的自我，他把这个自我放弃掉，置身于外。当他许了愿之后，立法者给予他如下这些指示。首先，在那段时间，他不可喝烈酒，凡葡萄枝上结的，都不可吃，其他可能使他丧失理性的饮料都不可喝，而要像祭司一样克制自己。确实的，要主持仪式的祭司只能用水来解除欲望，不可喝任何类型的酒。其次，他不可剃头，以此作为凭据，向人清楚地表明，他没有贬低所许之愿的纯正本性。第三，他必须保持身体洁净，不可沾染一点污秽，就是自己的父母或兄弟死了，也不可挨近，要让他对最亲近、最亲爱之人的亲情和手足之情顺服于敬虔，这是既可敬也有益的胜利，应当永远得胜的胜利。

---

①　在严格的斯多亚学派意义上，这样的行为很难说是义行。

②　见《民数记》六章1—12节。"大愿"通常是指拿细耳人的愿，英译本："许了特别的愿，就是拿细耳人的愿，要离俗归耶和华。"

46.① 当所指定的最后的日子到来之后，律法吩咐他拿三只动物，一只公羊羔、一只母羊羔和一只公绵羊来还愿，公羊羔是为全燔祭，母羊羔为赎罪祭，公绵羊为保存祭献上。所有这些在许愿者身上都有相似性：献全燔祭是因为他不仅交出了其他初果和礼物，还交出了他自己；赎罪祭是因为他是一个人，即便是完人，就他是受造的存在物而言，也不可能避免犯罪；保存祭是因为他已经承认并接受真正的保护者神，做他得以保存的主，而不是把医生及其医治能力看作维系自己生命的主。医生都是必死的凡人，连自己的健康也无法保证，他们的能力并非对所有人有益，对同一些人也并非总是有用，有时甚至还会造成大害；而另一位是这种能力以及施行这种能力的人的主宰。

我注意到一点，而且是极其令人瞩目的一点，为三种不同的献祭上的三只动物在种上没有任何分别，绵羊、公羊羔、母羊羔全都是羊。律法希望借此表明我稍前提到过的一点，即这三种祭是同一家庭里的三姐妹，因为忏悔的人就得到保护，得到保护不受灵魂之疾伤害的人就悔改，他们都奋力走向完全而彻底健全的心灵，全燔祭就是它的一个象征。

另一点——献身者既许愿要把自己献上，就应当献上他的某一部分，这是必不可少的，但让祭坛沾上人血是渎圣的，所以这一部分不能是带血的；另外，他出于热情而献上的这一部分应当是拿出来而不会引起疼痛或者导致伤残的部分。于是他剃下自己的头发，头发之与身体，就如同树上生长的多余枝条，把它们剪下来放在烧煮保存祭之肉的火里。这种方法很恰当，至少保证了信徒自身的某一部分——不能合法地献在坛上——作为圣火的燃料得以融入并分有献祭的本质。

---

① 见《民数记》六章 13 节以下。

47. 这些法规适用于普通的平信徒，但是祭司也必须把初果献在坛上，不能想当然地认为他们担当的侍奉和主持仪式之职使他们有豁免权。[①] 祭司所献的初果不是出于有血管的动物，而是出于人吃的最洁净的食物。细面构成他们永久的祭，每日献神圣标准的十分之一，早晨一半，晚上一半。面要用油调了，烤好，不能有一点留下吃。神圣诫命规定，祭司所献的祭要全部在火里烧了，不可有一点留出来作食物。

我们已经尽我们所能描述了献祭的法规，接下来要谈到献祭的人。

48. 律法需要这样的人，灵魂身体全都洁净，灵魂要除去各种欲望、混乱、软弱以及言行上的任何恶意，身体要清除通常包围它的一切污秽。律法为两者设定了适合各自的洁净方法。对灵魂，它使用了崇拜者为献祭提供的牲畜；对身体，它采用洒水和洗礼，这是我们稍后要谈论的。这里，其他地方也一样，我们必须优先考虑我们身上更高、更有支配权的一方，即灵魂。那么灵魂如何洁净呢？立法者说："朋友，请注意，你所献上的祭牲是祭司凭着公正的心灵和敏锐的眼力挑选出来的众多动物中最好的，是非常完全的，全然没有一点瑕疵，因为持续的训练已经使祭司养成准确无误的辨别能力。如果你以理性而不是眼睛来观察这一点，就会渐渐洗去玷污你整个生活的罪恶和污秽，有的是无意的、偶然的，有的是出于你自己的自由意志。因为你将会发现，所有这些对动物的仔细检查是一种象征，比喻你自己行为的革新，改邪归正，因为律法原本不是为非理性的造物定的，乃是为那些有心灵和理性的造物定的。它所关注的不是祭品要毫无瑕

---

① 见《利未记》六章 20—22 节。

疵，而是献祭品的人不可受控于使人毁灭的情欲。"① 至于身体，律法用洗礼和洒水使它洁净，但不是说人只洒一次、只洗一次就万事大吉，可以长驱直入地进入圣所，而是命令他呆在外面七天，第三天和第七天分别洒一次水，然后，用水洗净自己，才可以安全地进入圣殿献祭。

49. 以下的规定也显示出卓越的智慧，值得注意。在绝大多数时候，人们用未混合的水作洒水之用。大多数人是从海里取来水，有的是从河里，也有的是用水罐从井里取水②。但是摩西先提供灰，就是圣火烧后的灰烬，稍后我们会解释这灰是怎样获得的。他说，从这些灰中取一些放进一个器皿里，然后把水倒进去。祭司就用牛膝草蘸这水灰混合物，把它洒在接受洁净的人身上。这样做的理由可以适当地陈述如下：摩西希望那些前来侍奉那自有永有者的人首先认识自己，知道自己是由什么物质构成的。试想，一个人若对自己也毫无所知，那他怎么可能去领会在一切之上、超越于一切的神的大能呢？而我们的身体就是由土和水构成的，他在这种洁净仪式中提醒我们认识这一点。因为他认为，最有益的洁净形式不外乎叫人认识自己，知道自己的构成元素的本性，即灰和水，是如此渺小，不配尊敬。人只要认识到这一点，就会马上离开阴险的敌人——自负，而放下自己的傲慢就能使神满意，但这需要那恨恶骄傲的神的仁慈的大能的帮助。有句经文说得好，说傲慢的话语，有傲慢的行为的，不只是冒犯人，也冒犯了神——就是公正和一切最卓越之事的创造者。所以，当他们得到这样的洒水，真正地深受感动和激动之后，就几乎能听见元素本身即土和水本身所发出的声音，它们明白地对他

① 见《民数记》十九章 11 节以下。
② 见《民数记》十九章 17、18 节。

们说："我们就是你身体的构成物质；自然正是将我们混合，借神圣工艺造出人形。你形成之时是由我们构成的，死了就分解成我们。凡造成的东西没有一样会消失，成为非存在。它起初从哪里来，最后也要回到哪里去。"

50. 现在我必须如约描述这些灰的特殊性质。它们不只是被火烧尽的木头的灰烬，还是一种与这样的洁净仪式非常适合的活物的焚烧灰烬。[①] 他规定将一只从未负过轭、没有瑕疵的纯红母牛牵到城外宰了，然后大祭司要取了血，向圣所前的一切东西上洒七次，再后把它焚烧，牛的皮、肉、血、包括粪便在内的肚腹彻底烧尽。当火焰渐渐熄下去时，他要把三样东西香柏木、牛膝草、朱红色线丢到火的正中央。当火彻底熄灭之后，要有一个洁净的人把灰收起来，在城外一个洁净的地方存好。至于这些东西在象征意义上表示什么，我们在另外地方阐述寓意解经时已作了详尽描述[②]。所以我们知道，意欲去圣殿参加献祭的人必须使自己的身体变得干净而容光焕发，而且在洁净身体之前先使灵魂变得洁净而聪敏。要知道灵魂是王后和女主人，在一切方面都优于身体，因为分派给它的本性是更神圣的。心灵借智慧和教导智慧的真理得洁净，在它们引导下，走向对宇宙和宇宙里一切事物的沉思，借着其他神圣美德，以及表现在高尚而大可赞美的行为中的对美德的践行而洁净自身。所以，凡装饰着这些东西的人就可以大胆地走向圣所，如同回到自己真正的家，最好的家，在那里把自己举为祭。但是，凡心里藏着贪婪和不当欲望的，应当保持安静，将自己的脸掩藏在混乱之中，遏制恬不知耻的疯狂，否则凡是小心才会有益的地方，它都会鲁莽地横冲直撞。真正的存有

① 见《民数记》十九章 2—9 节。
② 没有这样的描述留存下来。

的圣地没有不洁者的立足之地。对这样的人，我要说："尊敬的先生，即使是百牲大祭，神也不会喜乐，因为万物无一不是他的财产；他拥有一切，却并不需要它们①，他喜乐的是爱神的意愿，行圣洁的人，因而，他接受他们不起眼的食物或者大麦，没有什么价值的东西，认为这些东西非常宝贵，胜过那些昂贵至极、价值连城的事物。"实在的，虽然崇拜者什么也没带来，但他们带了自己来，那就是献了最好的祭，完全、真正完美的高贵生命的洁净②，他们唱颂歌，表感恩，敬他们的恩惠者和救主神，有时用发声器官，有时不用舌头和双唇，此时灵魂里面惟有心灵在叙述故事或发出赞美的呼喊。这些东西惟有一种耳朵能听见，那就是属神的耳朵，因为人的听力不可能企及这样的感知。

51. 我以上所说全都属实，而且不是我自己说的，乃是出于自然本性，这一点不仅是不证自明的——这种必然性为那些并非有意争吵而滋生不信的人提供了相信的清晰证据——而且也可以从律法的规定得到证明。律法要求设立两座不同的坛，材料不同，放的位置不同，用途也不同③。一座是由捡得、未经雕琢的石头造的，放置于露天，靠近通向圣所的大路，是作血祭用的。另一座由精金所造，置于第一块幔子里面的至圣所，不是等闲之

---

① 我认为这里上下文的意思是说"他虽然拥有一切，却并不需要，更何况人的礼物呢，自然是更不需要了。"

② 按下文的解释，"带了自己"就是指内心里的感恩，由双唇和灵魂发出。

③ 这两个坛分别在《出埃及记》二十七章和三十章里描述。不过，按那里的记载，它们都是由皂荚木做的，"不朽坏的"，只是第二座坛用精金包裹。"未凿的石头"似乎出自《出埃及记》二十章 25 节："你若为我筑一座石坛，不可用凿成的石头。"斐洛的描述可能出于个人的观察，因为约瑟夫在《驳阿庇翁》I, 198 里引用过赫卡泰乌斯（Hecataeus，公元前三、四世纪）的一段话，其中论到耶路撒冷的殿，说坛是由未凿未削的石头堆砌而成的。

辈所能看见，惟有处于洁净状态①的祭司才能看见，其用途是作
乳香祭之用。这清楚地表明，虔诚之人所献的，哪怕是微不足道
的一点点香，在神眼里，也比卑琐之人所献的成千上万的牲口宝
贵。正如金子比随便捡来的石头好，至圣所里的一切比外面的东
西神圣，献香的感谢祭同样比献牲口的血祭高级。因而，香坛得
到的是特殊的尊荣，不仅体现在它材料的昂贵上，它的结构和位
置上，而且在促进人向神表达的感谢上也每天居于在先位置，因
为要先在拂晓之时在里面献上了香之后，才允许外面献上全燔祭
的祭品。其象征意义不外乎是说，在神看来宝贵的东西不是所献
的祭品的量，而是献祭之人真正纯洁的理性之心。如果审判者的
心准备作出公正的审判，你岂不认为他就不会拿哪个诉讼人的礼
物，要是真的拿了礼物，就很容易得到受贿的指控？再者，既然
好人不会接受坏人的礼物，虽然两者都是人，而且也许一个是穷
人，一个是富人——那么请问，你会认为神可能被败坏吗？神乃
是绝对自足的，不需要任何受造之物，他自己作为原初的善，完
全的完满，智慧、公正、一切美德的永恒源泉，他难道不转脸鄙
弃不义者的礼物？倘若人献给神的是他偷盗、抢劫、赖账或不付
所得利益的一部分，那这个献祭的人岂不是恬不知耻，把神看作
是他恶行和贪欲的同谋？对这样的人，我要说："最可怜可悲的
人哪，你惟有二者选一：你指望自己的行为或者不会被神发现，
或者得到神的许可。如果是前者，你对他看见一切、听见一切的
大能几乎一无所知；如果是后者，你的厚颜无耻到了无以复加的
地步。你原本应当因自己所犯的罪羞愧地掩起脸面，却反将你恶
行的种种外在标记公开炫耀，并且对它们引以为荣，乃至分了一
份给神。你献给他不洁的初果，不想一想律法是不接受非法的东
西，阳光是不接受黑暗的。而神是一切律法效仿的原型，他是太

────────────

①　因而得以行使祭司之职。

阳的太阳，是一切感觉领域之物在理智领域的原型，从不可见的源泉提供可见的阳光，叫我们的眼睛看见。"

神圣法版上有一条非常卓越的条例，说：娼妓所得的工钱不可带入殿里①。这工钱就是出卖自己的美貌，为了可耻的价钱而选择羞耻生活的女人所得的钱。既然娼妓所献的礼物是不洁的，那么可以肯定，那心里犯了淫念，将自己扔进耻辱和暴行的深渊、酗酒、贪食、恋钱、爱名、追求享乐以及数不胜数的情欲、灵魂疾病、邪恶之中的人，他所献的礼物岂不更是不洁。多长的时间才能洁净所有这些污秽？在我看来，多长都不可能。娼妓的买卖事实上到了老年时就往往终结了，因为一旦她们的美貌凋零了，就没有人再来追求，她们就像花一般过了花期就枯萎褪色了。但是灵魂在不断的浸淫中对放荡习以为常，变成淫妇之后，多长的时间才能使它转回到正派得体的生活？再长的时间都不能，惟有神才能做到，因为在我们不可能的事，在他完全可能。所以，有意献祭的人必须考虑的不是祭品是否有瑕疵，而是他自己的心灵是否完全脱离了残疾和缺点。再者，他要检查决定他献祭的动机。不论他是为已经得到的益处献感谢祭，是为现有的恩福祈求保障，是为了将来获得其他祝福，是为了避免灾祸，包括现在的、预料的，所有这些都要求他把自己置于一种心理健康、安全的状态之中。如果他是为已经成全的事献感谢祭，就不可从他领受这些恩惠的美德状态中坠落，免得显出他的忘恩负义。如果他要保障眼下的恩福或将来具有美好的盼望，就要以好的行为来使自己与这些幸福事件相匹配。如果他是祈求避免某些灾祸，就不可做任何该受惩罚和制裁的行为。

---

① 见《申命记》二十三章 18 节。

52. 他告诉我们，坛上的火要常常烧着，不可熄灭①。我想，那是符合自然的，也是适当的，因为仁慈的神日日夜夜赐给人的礼物是经久不衰的，无穷无尽的，永不停息的，表示感谢的记号，即圣火，也应当一直烧着，永远不灭。由于一切祭都是借这火献上的，也许他希望用这永远燃烧着的火来将它们，包括新的、旧的②，全都联合起来，由此表明它们完全履行了献感谢祭的职责，尽管它们所基于的资源各不相同，因为祭品有非常丰富的，也有比较稀少的。这是字面解释；内在含义必须由寓意解经之法来揭示。神真正的坛就是贤人感恩的灵魂，由完全的美德构成，这些美德是未切断的③，未分割的，因为美德没有哪一部分是没有用的。在这灵魂之坛上，圣光永远燃烧，谨防熄灭，而心灵之光就是智慧，正如灵魂里的黑暗就是愚蠢一样。知识之与理性就如我们看见的光之与眼睛，光使眼睛看见物质之事，知识引导心灵沉思非质料的、概念性的事物，它的光芒永远闪耀，从不变暗，更不熄灭。

53. 然后，他说："一切的供物都要配盐而献"④，如我前面讲过的，他借此表示完全的持久性。盐是身体的防腐剂，就此而言，它的尊贵仅次于生命原则。因为正如生命原则使身体避免腐烂，同样，盐也起这种作用，使身体保持完好，在某种意义上具有一定的不朽性。出于同样的考虑，他称坛为献祭的保守者，显然是因为它使献祭得以存续，才给它取了这个独特的、别具一格的名字，尽管所献的肉都烧在火里。因此，我们有非常清晰的证据表明，在他看来，献祭不在于祭品，而在于敬献者的心意和热

---

① 见《利未记》六章 9、12、13 节。
② 即过去、现在和将来的祭。
③ 暗指建造坛的未凿石头。
④ 《利未记》二章 13 节。

情。这热情源于美德，具有连续性和持久性。他还加上另一条法令，规定凡是献上的祭都不可有蜜和酵①。他认为这两种东西都不可带到坛上；蜜可能是因为酿蜜的蜜蜂是不洁的动物。我们得知，它是从死牛的腐烂物中滋生出来的，正如黄蜂是从马的尸体中孵化出来的②；或者他认为它象征着过度享乐这种大恶，刚到喉咙时感觉是甜的，但随后就产生苦味和持久的疼痛，必然动摇、激怒灵魂，使它无法立场坚定，所以要禁止这种物质。禁止有酵是因为它要产生膨胀。这里我们又一次看到关于真理的比喻，凡靠近圣坛的，谁也不可得意洋洋、傲慢自满；相反，他要凝视神的大，知道受造物特有的软弱，即使他比别人兴旺，也不例外；这样引导他得出合理结论之后，就要他杀死那致命的敌人：自负，捣碎他那不可一世的骄傲自满。试想，宇宙的造物主和主人尽管完全不需要他所生的任何东西，却关注你的软弱，而不是他的大能和主宰，使你分有他仁慈的权能，填补你生命中特有的缺陷，那你这个没带任何东西，甚至没带你自己，空无一物来到世上的人，该怎样对待别人，你的同胞，由与你一样的元素构成的树苗？尊敬的先生，你赤裸裸地来到世界，也将赤裸裸地离去，从你出生到死亡这段时间是神借给你的一笔贷款。在这段时间里，你应当做的事就是学习同情、善意、公正、仁慈以及其他美德，把不公、不义、不可原谅的恶意，使人即最文明的被造物变成野蛮、残忍的动物的邪恶统统抛弃！此外还有什么适合你做的事呢？

---

① 见《利未记》二章 11 节。

② 普罗塔克（Plutarch, *Cleomenes ad fin*）提到这种思想，蜜蜂是从牛的尸体中生出，黄蜂从马的尸体，甲虫从驴的尸体，蛇从人的尸体中滋生出来。

54. 他又吩咐幔内圣灯台上的灯要从晚上到早晨一直点着①。他定这一条例有多个目的：其一，日光消失之后，圣地应当有灯光照亮，这样就永远没有黑暗。就此而言，它们类似于星辰。因为当太阳落山之后，星辰就发射出自己的光，不会放弃自己在宇宙秩序中的位置。第二个目的是，在晚上也应当有某些与白天同类的侍奉神的仪式举行。这样，没有哪个时间或时段省略感恩之礼。为表明我们的感恩之心，最适合并与夜晚相配的供奉祭品——完全可以称之为供奉的——就是至圣所里最神圣的灯光。还有第三个理由，一个非常有说服力的理由：不仅我们醒着时体验祝福，就是我们入睡时也享受恩福。慷慨的神为我们凡人提供了睡眠这种形式的强大支持，叫我们的身体和灵魂两者都得益。身体得以从白天的劳作中解放出来，灵魂放下了焦虑和关注，退隐到自身里面，摆脱感官的压力和喧闹。这样，如果其他时间不能，此时就可以享受独处，与自己谈心。因而律法决定这样分配感恩祭是正确的，醒着时把祭品带到坛上表示感恩，入睡之后为睡眠所带来的益处，就点亮圣灯表示感恩。

55. 这些以及诸如此类要求敬虔的规条都是以直接的命令和禁令给出的。现在要描述的其他条例则是具有布道性质的告诫和奉劝。他对人心说②，"神不向你要什么沉重、复杂、困难的东西，只要求你做非常简单而轻松的事：这就是爱他如恩惠者。若做不到这一点，至少要敬他如统治者和主，尽一切可能踏上引导你取悦他，侍奉他的道路，不是半心半意，而是全心全意，充满爱他的心，信靠他的诚命，尊崇公正。"

---

① 见《出埃及记》二十七章 21 节，《利未记》二十四章 3、4 节。

② 这里斐洛开始关于《申命记》里道德和宗教教义的布道。见《申命记》十章 12 节以下。

①在所有这些事物中，神本身保持一种不变的本性。就宇宙中的一切存在而言，除了人，还有哪个是向好的方向变化的？太阳、月亮或者其他众多星辰、整个天空是这样吗？地上的山峰有否变得更高，低地在水流喷涌扩展中有否变得更宽广？海水有否变成淡水，江河有否变得与大海一样浩淼？没有，每一个都固守着最初神造它们时所设定的那个界限。惟有你，只要过着无可指责的生活，就要变得更好。

②这些诫命有哪一个是劳苦难行的？你不必跨越没有船只航行的大海，在隆冬去挑战深渊，在波涛汹涌中上下颠簸，在逆风朔雨中左右摇摆，或者踏上没有路径、无人走过、崎岖不平的旷野，总是担心有强盗或野兽袭击的地方，或者像城墙上的岗哨，毫无遮挡地度过黑夜，面临时刻伺机下手的敌人的巨大威胁。不，让这样的念头滚开。在美好的问题上不可有任何令人讨厌的谈论，惟有用快乐的语言才适合描述如此有益的事。灵魂必表示赞同，凡事种种都在你手边预备妥当。你岂不知道，感官感知的天属于神，惟有思想能知道的天也是属于神的，后者完全可以称为"诸天之天"③；还有，地和地上的一切，整个宇宙，包括有形体的、无形体的且非质料的，也就是有形体者的形式，全都属于神？

---

①　这一段很可能放错了地方，因为它与上下文完全不相干，这一点毋庸置疑。……不过，这一段话虽然与上下文无关，表达的思想却与斐洛非常适合。这一段的前面很可能谈论宇宙中的永恒运动和变化，惟有神例外。但是这种流变表示"Beltiosis"吗？山峰的"arete"是其高度，平原的"arete"是其宽度。它们是否变得更高更宽了？其他事物莫不如此。宇宙中惟一能得到改良的只有人的灵魂。

②　这里的布道引进《申命记》三十章11—14节，但"灵魂必表明赞同……"一段转回到《申命记》十章14节以下。

③　《申命记》十章14节也说"天和诸天之天"（和合本为"天上的天"——中译者注）。

56. 然而，在整个人类中，神只拣选了那些真正意义上的人，作为具有特殊功绩，配在一切人之上的卓越地位的人①，叫他们侍奉他本身，就是一切优秀之物的永恒之源，他从那源泉发出大量美德，使美德喷薄而出，叫人畅饮，喝来甜美无比、受益匪浅；他还赠予不朽，与琼浆玉液同样宝贵，或者比之更美②。那些没有尽情品尝美德之气的人是可怜而可悲的，而那些原本应当畅饮公正和圣洁之甜美的人却从未尝过高贵生活的杯，落下终身遗憾。

但是律法说，有些人心里未受割礼③；存着顽梗的脾性，不顺服于统治，放纵自己，不守规矩，抗拒管制，企图摆脱身上的轭。对这些人他告诫说："割除你们心里的刚硬！"也就是说，要赶紧剪掉支配心灵的多余的蔓生物，那是毫无节制的情欲之嗜好播种培养的，是愚拙人，即心灵的恶农夫种植的。他接着说：不要让你的颈项顽梗。也就是说，你的心不可冷漠固执，完全不受约束，也不可因极其顽固而追求任意的无知，那是充满危害的，而要把一切本性上难以驯服、难以驾驭的东西看作敌人弃之一旁，转向顺服，欣然遵守自然律法。你难道没有看到属于存有的原初的大权能既是仁慈的，又是惩罚性的？仁慈的权能叫做神，因为他凭借这种权能展示并规范世界；另一个称为主，他凭借这种权能主宰一切存在之物。但是他不只是人的神，也是诸神的神；不仅是平民的统治者。也是所有统治者的统治者。作为真

---

① 15 节中说的拣选了以色列，这里被解释为是拣选了最值得赞美的相称之人。"真正的人"一般指个人里面的理性心灵或良知。

② 圣水浇灌灵魂这一比喻可能出自《申命记》八章 7 节和十一章 11 节里应许的有水从天上降下浇灌地土。

③ 此句出自《利未记》二十六章 41 节，当然《申命记》十章 16 节也有暗示，以下两部分叙述就以此经文为基础。

正的存在，他是至大的神，大有能力，大而可畏。

57.①然而，尽管他无比卓越、极其强大，却怜悯、同情那些完全孤立无援的穷乏人，没有鄙弃寄居的外人、孤儿寡妇。他认为他们的卑贱配得他神意的关怀，而国王、暴君、当权者，他反而不予考虑。

他为寄居者提供衣食，是因为他们抛弃了他们生于其中的祖先习俗——包裹着虚谎和自负的习俗，长途跋涉来到虔诚面前，全心全意地热爱单纯和真理，合乎情理地向他，就是真正的存在者祈求，服侍他，按各自的分以适当的方式享有他的保护和眷顾，借着他的帮助使神成为他们的庇护所。

他供养孤儿寡妇是因为他们丧失了保护者，前者没有了父母，后者没有了丈夫。在这种孤立无援中，没有了人所能提供的庇护，因此他们不能失去一切盼望中最大的，就是对神的盼望，他的本性是仁慈，不会拒不担当关怀、看顾处于如此凄凉境况中的他们的职责。他接着说，惟有神才是你可夸口的，是你的大荣耀，你不可以任何财富、名誉、权力、美貌、体力以及诸如此类的东西而自夸，头脑空虚的人却习惯以这些东西自吹自擂。首先，要想一想，这些东西本身并没有真正的善；其次，它们是多么短暂，转瞬即逝。可以说，如同花朵还未盛开，就枯萎凋谢了。我们要追求那稳定可靠、坚贞不渝、始终不变的善，要尽心侍奉，作他的祈求者和崇拜者②。

所以，如果我们战胜了仇敌，就不可模仿他们那些不敬的方式，他们以为把自己的儿女烧给诸神就能显示他们的敬虔。这并不意味着所有其他民族都有焚烧自己孩子的习俗。他们的本性并

① 见《申命记》十章18节以下。
② 见《申命记》十二章29—31节。

没有变得如此野蛮，在和平时期将他们至亲至爱的人以这种方式置于死地，这种事就是在战争时期，他们也未必会向战场上的敌人或者有深仇大恨的人这样做。事实上，这话是指这样一种焚烧的火：他们没有当孩子还在摇篮里时就把关于真正存在之神的观念、产生真理的观念印刻在他们心里，从而如同在火里彻底烧毁了孩子们的灵魂。

①如果我们被仇敌战败，也不可垂头丧气，被他们的胜利挫败，似乎这胜利是出于他们的敬虔。其实，在许多人看来，他们暂时的好运显然是一种隐患，是导致巨大、致命之恶的陷阱。不配之人的胜利完全可能不是因其自身之故而来的，而是因为我们不洁的行为当受更多困苦和灾难。我们生来就是神的国度里的臣民，在激发各种美德的律法下成长，从小就在有神圣天赋的人门下受训，所以我们鄙视他们的教义，信靠真正值得我们敬拜的诫命，把生活中严重的一面看作孩子的游戏，把适合游戏的事物看作有重大意义的问题。

58.② 再者，如果有人打着先知的名义和幌子，自称神灵附体，要引领我们去拜别城里所供奉的神，我们不可听从他，不可被先知之名蒙骗，因为这样的人不是先知，只是冒名者，他的神谕和宣告都是自己捏造出来的谎言。如果有兄弟，或儿女，或妻子，或家人，或亲密朋友，或别的看起来善意的人力劝我们做同样的事，要求我们与敌人友好来往，常去他们的庙宇，加入他们的奠酒和祭神仪式，我们必须把他当成公敌惩治，不可丝毫顾念他与我们之间的亲密关

---

①　告诫不可误解战败的教训，这一点在《申命记》里似乎没有清晰的对应记载，不过，有许多段落告诫抛弃神要得到被外人征服或受人奴役的惩罚，比如二十八章49—57节。

②　见《申命记》十三章1—11节。

系；我们还必须把他的建议四处报告给所有热爱敬虔的人，他们必
全速奔跑过来，毫不迟疑地报复这个不洁的恶人，相信置他于死地
乃是虔诚之事。因为我们只可有一种亲密关系，就是接受善意的记
号，即甘愿侍奉神，使我们的每一句话每一件事都促进敬虔的目标。
至于这些亲属，或者出于共同的祖先，基于血缘关系，或者通过联
姻或其他类似的原因，我们称之为亲属，他们若是不热切地追寻同
样的目标，即尊崇神，这是使我们成为一体的一切情感中永远不能
毁坏的纽带，那我们就要把他们全都弃之一边。因为专注于这种情
感的人必得到更尊贵、更神圣的亲属关系的回报。我的这一许诺由
律法得到确认，它说凡行使自然"喜悦的事"、"良善的事"的，都
是神的儿子①。它说："你们是耶和华你神的儿子"，其意思显然是
说，神必认为应当像一位父亲那样保护你们，供养你们。至于这种
警戒性的眷顾在多大程度上超过人的关心，请相信我，那是由赐给
这种眷顾的超绝卓越的神来衡量的。

59. 再者，他禁止神圣律法②里有关于秘仪、神秘之事以及
种种冒名欺骗、打诨取笑的知识。对于生活在我们这样的共同体
里的人，他不会让他们参加哑剧表演式的可笑仪式，相信神秘传
说，鄙视真理，追逐以黑夜和幽暗为其活动范围的事物，抛弃适
合在日光下活动的事物。因而，凡摩西的跟随者和门徒，一个也
不可传授或接受这些仪式的知识。不论教的还是学的，这样的行
为都是大大渎神的。不然，请告诉我，你们这些神秘主义者，如

① 见《申命记》十三章18节和十四章1节。
② 斐洛这一节的典据是《申命记》二十三章17、18节，其中说到"以色列的
女子中不可有妓女；以色列的男子中不可有变童"，七十子希腊文本中又说："女子
中不可有 telesphoros，男子中不可有 teliskomenos。"L & S.（1936）解释 telesphoros 为
"女巫"，teliskomenos 为"接受秘仪者"。不论七十子希腊文本的意思指什么，斐洛
显然把这两个词理解为接受秘仪，成为会员。

果这些事是好的，有益的，你们为何要把自己封闭在深深的黑暗之中，把它们的好处仅仅局限在三四个人中间，倘若在集市中展示它们，你们岂不是有可能惠及每个人，从而使所有人都确实地分有更好更幸福的生活？美德的家里没有吝啬之灵的立足之地①。让作恶的人蒙羞，去寻找地洞、角落、幽暗，在那里隐藏、保存他们的众多罪恶，避开众人的视线。但是，那些为众人谋福利的人要利用说话的自由权利，在光天化日之下穿越集市，欣然与聚集的众人交谈，让清晰的阳光照耀他们自己的生活，通过两种最高贵的感官，视觉和听觉，为会众谋利，通过视觉他们看见奇异而令人喜乐的景象②，通过听觉，他们享受新鲜甜美的话语的甘露③，这些话往往使并非完全不愿学习的人满心欢喜。你难道没有看到，自然也不掩藏他任何荣耀而可敬的作为，反而展示群星和整个天，叫我们看见，使我们喜悦，培养我们对哲学的热爱；同样，海洋、泉源、江河、空气都欣然接受各种气流和微风的调节，产生一年四季的交替变化，生出无数种类的动物、植物还有果子——全都为人所用，叫人享有？那么，我们跟随她的目标，公然展示一切与有资格使用之人的利益有益且必不可少的事物，这难道不对吗？事实上，我们常常看到，凡是秉性良善的人，没有谁接受秘仪的，而盗贼、海盗、可恶而放荡女人的朋友，只要把钱交给那些主持入会仪式的人，就往往被接纳。所以，所有这些人，凡是因其本身的缘故而尊崇道德和真理的城邦或国家，都要将他们统统赶出去。这个话题就讲到这里。

————
①　见《斐德若篇》247A。
②　这意思大概是说，与那些与秘仪结合以吸引同时也威胁入会者的人相比，一个善人的生活是更美好的景象。
③　见《斐德若篇》243A。

60. 虽然律法在规定友谊和仁爱上显得非常卓越，但它不允许任何无可救药的人以它们为保护伞，而是命令他们滚开，离得远远的，以保护这两种美德的高贵和尊严。它知道会众里必有不少卑鄙的人悄悄潜入，但周围的许多人都没有察觉，所以就禁止一切卑鄙之人进入圣会众，防止这种危险。首先是与自己性别不符、有女性化倾向的男人，就是贬低通行的本性，逆性而行，呈现放荡女子的激情和外在形式的人。因为他禁止那些生殖器官断裂或阉割的人入会①，他们节制青春之花的绽放，希望不至于迅速枯萎，使已经造就的女性形态重新印上男性标记。

他不仅禁止娼妓入会，也禁止娼妓的孩子入会②，他们带着母亲的耻辱，因为他们的生育和出生在源头就已经变得不纯，并且由于他们母亲的情人数量众多，他们的身世陷入混乱，他们不可能认识或认出自己真正的父亲。

③这是一个特别容易作出寓意解释的话题，充满可作哲学研究的问题。因为标识不敬者和不洁者的头衔不是一个，而是各不相同的多个。有些人断言，无形体的理念或形式是一个空洞的名称，没有任何真正实体的事实，由此他们废除了事物存在的最本质元素，即存在者中所有性质的原初范型——各个独立事物的形式和尺度都是在它基础上形成的。圣法版说这些人是"碎裂了的"，正如破碎了的东西就丧失了性质和形式，确切地说，什么也不是，只是无形象的质料；同样，去除了形式的信条使一切混乱，使它降低为存在之先元素状态，这种状态没有形状和性质。还有什么比这更荒谬的吗？其实，当神从混沌质料造出万物时，

---

① 见《申命记》二十三章 1 节。

② 见《申命记》二十三章 2 节（英译本"私生子"）。

③ 在我看来，斐洛在这几段的寓意解释中并不是引述具体的哲学学派，而是指一般的思考方式。其他更精通这些问题的人对这一点可以作出修正。

他并不是靠自己的手艺造的，因为他的本性是快乐而幸福的，不可能碰触无限定的混沌质料；他乃是充分利用无形的力量，其名称叫形式，使万物各自取了相适合的形状。而以上这种不同的信条把自己的轨道引向巨大的混乱和无序。因为它取消了创造性质的力量，也就取消了性质。

还有些人在邪恶的竞技场上热烈地争夺不敬的金牌，进一步走向极端，在神和形式的存在上画上一块幕布。他们断言，神并不存在，只是为了人的益处才假称存在，因为他们认为，人们只要相信他无处不在，以永远警醒的眼睛审视万事万物，就会出于对他的畏惧而避免行恶。这些人被律法恰当地称为"阉割的"①，他们因阉割了万物之生产者的观念而迷失方向。他们没有能力生育智慧，反而奉行最大的邪恶——无神论。

第三类人是那些在相反方向上构造道路的人，他们引入大量的、成群的神，男的，女的，老的，少的。由此他们使世界传染上多神统治的观念，以便阉割人们心里关于一位真正存在的神的观念。正是这些人，律法从比喻意义上称之为"娼妓的孩子"。正如凡有娼妓母亲的，对自己的真正父亲一无所知，也不能宣称与他有什么关系，而必须接受母亲的情人和主顾中的大多数，实际上是全部，作自己的父亲；同样，那些不认识一位真神却造出大量的神——所谓的神其实是假的——的人对最具本质性的实在茫然无知，他们原本应当从摇篮开始就灌输这种关于实在的知识，其他事可以不教，或者以后再教，这一点必须教，或者必须先教。对学习者来说，还有什么主题比真正存在的存有，乃至神更好的呢？

---

① 经文通常被用于一般的愚昧言行。

61. 这禁令还延伸到第四类和第五类人①。两者都追求同一个目标，但为达到目标所设计的路径各不相同。两者都是专断（self – assertion）②这种致命之恶的追随者，但是在对待灵魂上，却把它当作如同两个人分享的一种财产，并在他们之间对它进行分割。我们知道，灵魂是由两部分组成的整体，一部分是理性，一部分是非理性。这两类人一个取了理性部分，也即心灵，作为自己的分，另一个取了非理性，它又细分为各种感官。心灵的拥护者认为它是人事的领导和主宰，断言它有能力通过记忆保存过去，对现在有稳定的把握，通过对可预料之事的预测设计并评估未来。他们说，正是心灵在高地和低地的肥沃土壤里播种、耕耘，发明了农业，使人类生活大大丰富。是心灵构造出船只，通过无以言表的令人敬佩的设计，把天然的干地变成水道，在海上打开航道，许多分道就像公路一样，通向各个国家的港口和港外锚地，使大陆上的居民和岛国里的居民相互了解，若没有建造起通道，他们可能永远不会见面。正是心灵发现了机械化的、更精巧的技艺，人们这样称呼它们，它们设计、培养、产生其最高成就——文字、数字、音乐以及学校里学习的全部科目。心灵还是哲学之父，哲学是人类最大的幸事，它的各部分都用来为人类造福，逻辑部分提供绝对正确的语言，伦理部分提供品性上的改

① 即亚扪人（第五）和摩押人（第四）；见《申命记》二十三章3节"亚扪人和摩押人不可入耶和华的会"。斐洛实际上并没有引用这一经文，可能觉得要证明这一论点对本文来说太过复杂。但是他是指这个意思，这一点是很显然的，因为在《论寓意解经》iii. 81里，他先是指出，亚扪和摩押拒不给以色列食物，然后他记述亚扪人的本性源自"感觉"（sense），这是他们的母亲，而摩押人出于父亲"心灵"（mind）。

② 我觉得这个词（或"自得"）在这里的上下文中并非很恰当的翻译，但至少比"自恋"或"自私"好一些，后两者都专指对自己作为个人的爱，而不是作为类中的一个成员。

善，物理部分提供关于天和宇宙的知识①。除此之外，他们还收集、堆积了大量颂辞，与以上提到的大致相同，以表示对心灵的尊敬，现在我们没有时间一一道来。

62. 拥护感觉的人以华丽的辞藻大唱颂歌。他们根据感官的用途来讨论它们，加以分类，告诉我们说，两种感觉即嗅觉和味觉是生活的基础，另两个视觉和听觉是美好生活的基础。味觉分辨食物，担当生计的指挥者，鼻孔对一切受造物所依赖的空气也扮演同样的角色。空气也是一种生存手段，自始至终，永不停止，不仅在我们醒着时给我们营养，保存我们的生命，就是入了梦乡，我们也离不开它。我们有非常清晰的证据说明这一点。试想，自然呼吸的过程若是被中断，哪怕只是极短的时间，死亡就会无情而不可避免地接踵而至。

再说协助哲学、保证我们获得美好生活的感觉。视觉看见一切存在物中最美的光，并借着光看见其他一切事物，日月星辰、天地、海洋、各种各样的植物、动物，总而言之，所有类型的物体、形状、颜色、大小，而对这一切的思考又产生一种敏锐的智力，引发对知识的巨大渴望。除了这些好处之外，视觉还给我们带来其他具有极高价值的东西，使我们能够分辨亲人和外人、朋友和敌人，能够避恶趋善。一点没错，身体的每个部位都有适当且不可或缺的功能，脚能行走、奔跑以及其他以腿为工具的活动，手能干活、给予并接受东西，眼睛可以说有一种共同的价值，使这些肢体和其他所有部位得以顺利发挥自己的功能。对这一事实的最有力证明就是瞎子。瞎子不能正确使用手、脚，从而证实过去称他们为无能者②与其说是一种谴责，不如说是一种

---

① 这是大家熟悉的哲学三分法。
② 即在雅典法里。

同情。一旦眼睛被毁坏了，身体的功能不只是被损害，而是完全消失。在听力上我们也同样看到非常奇异的现象。我们用听觉器官分辨音调、韵律、节奏，再由它们分辨和弦结构和协和音程，音乐的各种类型、体系以及所有元素；还有，分辨各种固定的讲话风格，法庭上的讲话，元老院里的讲话，歌功颂德的讲话，以及历史叙述、对话交流、生意谈判——我们与那些一次一次接触的人必然要遇到的事——所使用的语言。我们可以概括地说，声音具有双重功能，可以言说，也可以歌唱。这两者在耳朵看来都对灵魂有益。因为两者都是药剂，使人健康，保护生命。歌曲以其优美的旋律治愈我们心里的情欲，控制不稳定因素，以其悦耳的音调消除不协调的部分，以其有规律的节拍遏制无节制的因素。这三者每一个都包含很多不同形式，如音乐家和诗人所证实的，那些受过良好教育的人必然对它们有根深蒂固的信念。讲话能遏制并阻止向恶的冲动，能使那些被愚蠢而痛苦的念头支配的人恢复健康。它对温顺听话的人比较柔和，对桀骜不驯的人就较为猛烈，因而成为最大益处的源泉。

63. 这就是信奉心灵的人和信奉感觉的人的论证思路，他们把神性分别归于各自的偶像，因专断忘了真正存在的神。因此摩西合乎自然地要把他们全都赶出神圣会众之外，不论是那些废除形式的人——他们被称为"碎裂的人"，还是那些完全否认神的人，这些人他冠以恰当的名称"阉割的人"，那些传讲敌对的多神理论的人，他称之为"娼妓的孩子"，最后是专断的人，一方把理性神化，另一方把各种感官神话。最后这类人追求的是同一个目标，只是在实际目标上受不同计划的影响，无视独一、真正存在的神。而我们这些摩西的学生和门徒，不会放弃对存有的追寻，主张认识他乃是最高的快乐。这也是永久的生命。律法告诉我们，"凡专靠耶和华神的人，全都存活"①，就此制定了一条充满智慧的重要理论。一点没错，不敬神的人，灵魂是死的，惟有那些在属神之族里担当侍奉的人是活的，因为神是惟一的是（IS），而这样的生命能永远不死。

---

① 见《申命记》四章4节。原意是说，凡随从巴力毗珥的人都除灭了，惟有专靠耶和华神的人，今日全都存活。

论特殊的律法

第 二 卷

论十诫之三诫总法下的特殊的律法，这三条总法是第三条关于守信誓的职责，第四条守安息日，第五条孝敬父母。

1. 在前文中我们详尽讨论了十诫里的两诫，一诫禁止认信别神，另一诫禁止敬拜人手所造的任何作品。我们还描述了可以适当地归在各条总法的特别条例。现在我们要讨论十诫中的另外三诫，同样也把那些可以归到它们名下的特殊的律法添加进来。

三条诫命中的第一条是禁止我们妄称神的名。它的意思是说，好人的话就应当是誓言，稳定可靠，忠贞不渝，完全没有虚假，牢固建立在真理之上。即使情势所需，我们必须起誓，这誓言也要指着父亲、母亲起。他们若是活着，就以其健康和幸福起；若死了，就以其记忆起。可以说，父母是神圣权能的复制和形象，因为他们把非存在者引入存在。我们在律法书读到，我们最初的创建者特别以其智慧而受人敬佩，其中有一位[1]就指着对他父亲的敬畏起誓。我想，记载这一事实是为了子孙后代的利

---

[1] 即雅各，见《创世记》三十一章53节。"敬畏"实际上是指（见42节）以撒对神的敬畏。而斐洛显然以为这是指雅各自己对以撒的敬畏。

益，教导他们必不可少的一课：应当以适当的方式孝敬父母，把
他们作为恩惠者爱戴，作为自然指定的统治者敬畏，不可轻易尝
试使用神的名字。有些人即使在不得不起誓的情形下，也对起誓
表现出勉强、迟缓、畏缩，不仅在观众中产生疑虑，甚至在那些
宣誓的人中也引起不安。这些人是值得称颂的。他们习惯性地说
"是，指着——"或者"不，指着——"①，但破折号后面不添
加任何内容，以这种突然中断的方式表明，实际上没有起誓，
但已有明确的誓言意义。当然，如果愿意，人也可以在"是"
或"不"后面加上什么，不是最高贵、最可敬、最原初的原
因，而是地、太阳、星辰、天、整个宇宙②。这些事物配得最
崇高的敬意，因为它们在被造时间上优先于我们，而且根据造
它们的造物主的旨意，将永远保持同一，不因时间的流逝而
改变。

2. 然而，有些人却显得极其轻率，不经思考，他们略过所
有这些造物，话语直接指向万物之造物主和父，从不停下来考察
一下地点是否神圣，场合是否适当，他们自己在身心上是否洁
净，事务是否重大，目标是否必须。恰如习语所说的，他们以未
洗净的双手③，酿造出一个污浊不堪、混合一切的大杂烩，似乎
大自然所赐的语言天赋，他们可以毫无节制、不加约束地用于非
法目的，然而，那个最卓越的工具、能发出清晰声音和话语——
就是那些给人类生活带来巨大好处，创造友谊和团契的话语——
的器官，原本应当完全用来把荣耀、威严、祝福归于创造了万事

---

① 关于省略式的起誓，见柏拉图《高尔吉亚篇》466E，阿里斯托芬《青蛙》
1374。注释家认为第一个例子是体现敬虔，但这与柏拉图在别处甚至在这篇对话里
使用诸神名字的意图恰好相反，阿里斯托芬也没有这样的动机。

② 比照《马太福音》五章 34 节以下。

③ 《伊利亚特》vi. 266："我害怕以未洗净的双手向宙斯洒祭酒。"

万物的首因。事实上，他们的不敬是如此之大，甚至在任何并无把握的问题上，都把至大无比的头衔挂在口上，毫无廉耻地使用一个又一个名称，把它们全都堆砌在一起，以为不断地重复一连串誓言就能保证他们的目标确凿可靠。真是愚蠢至极的幻想。因为在明智的人看来，动辄起誓不能证明你有美好信心，只能表明你毫无忠信。

3. 若是有人完全出于情势所迫，不得不以某种事物起誓，只要不是律法禁止的，他应当恪尽所能，想尽一切办法起好誓，并且不能让任何事物阻碍他实施他的决定，只要他是在理性的、正常的心理状态下起的誓，而不是因凶残的习性、炽热的渴望或难以控制的念头而处于疯狂状态，自己也不知道自己说了什么。做了什么的情况下起的誓。试想，还有什么比终身坚持诚实为人，再让神作我们的见证更好的呢①？因为誓言不过就是求神在某件有争议的事上作证，而求神作一个假见证，乃是极其渎神之事。这样做实际上无异于直接说——尽管他看起来并没有说一个字——"我拿你作为我恶行的掩护。我不好意思显现为罪人，求你做我的同谋；求你为我的罪行负责，而不是让我自己负责。因为对我来说，作了恶，但不被看作是恶棍，这非常重要，而你不在意众人的意见，也不担心人们是否赞美颂扬你。"这样的话或念头简直不敬到了极点。惊闻此言，谁不会义愤填膺，不仅全然毫无恶意的神如此，凡对美德之滋味略有所知的父亲，甚至陌生人都会愤怒。

所以，如我所说的，一切誓言，只有当它们是关乎可敬的

---

① 合理的含义是，有神作我们的见证能提升谨守真理的卓越性。但是这与他所说的完全反对起誓的话相矛盾。也许在这个句子里他暂时从誓言转向许愿，即从"指着"神起誓转向"向着"神起誓。

事，有益于提高公共事务或私人事务上的行为，顺从于智慧、公正和公义的引导，才能成为好的誓言。

4. 在这样的引导下，还可以许完全合法的愿，感谢大量恩福，或者是目前拥有的，或者是将来可望的。但是如果起誓的目的与此相反，那么信仰禁止我们将它们付诸于实施。有些人随意起誓，说要偷盗、渎神，或强奸、通奸，或攻击、杀人，或者其他类似的罪行，并付之于实施，毫不考虑他们所谓的要信守誓言只是借口，似乎不守他们的恶誓倒比不做这样的恶行更糟糕，更不能令神悦纳。我们祖先的律法和古人所确立的律例规定了公正和各种美德，而所谓的律法和律例不就是大自然的圣言吗？它们拥有内在固有的稳定性和不变性，这使它们等同于誓言。凡因为发誓要做恶事而做了恶事的，可以确定地说，他的行为不是守信的行为，而是背誓行为，这誓是应当尽心尽性遵守的誓，是大自然印在公正而卓越之事上的记号。人若是为根本不应说出口的、不正当的目的起誓，然后做出违背律法的行为来，那就是罪上加罪。因此，他应当克制自己不做恶行，同时祈求神，求神让他分有仁慈的大能，宽恕他起了如此鲁莽的誓。人既能解除一半的负担，却要选择双倍的灾难，这岂不是全然愚蠢和弱智吗？

不过，有一些人，或者因为极端乖僻的性格使他们的本性里丧失了友谊和同情感，或者因为被愤怒控制——愤怒就像严厉的女主人一样支配他们——用誓言来确立他们的凶猛习性。他们宣称，他们不会接纳如此这般的某某人与他们同食、同住，或者说，他们不会给予如此这般的某某人任何帮助，也不会从他那里接受任何东西，直到他生命终结。他们有时还在那人死后实施报复，留下指示，不允许按仪式埋葬他的尸体。对这样的人，我要把对前一类人的忠告给予他们，即他们应当祷告和献祭，祈求神息怒，从他获得他们所需要的东西，即医治他们灵性上的疾病，这种病靠人的力量是不可能治好的。

5. 还有一些人，那种因傲慢而自视甚高的自夸之人，他们因追求高位，就决心无论如何也不能与节俭这种真正有益的生活方式扯上关系。事实上，如果有人指责他们，希望遏制他们毫无约束的欲望，他们就把这种告诫当作侮辱；他们既追求奢侈的生活，就漠视告诫者，把可敬而富有极高价值的智慧教导看作可笑的东西加以嘲弄。倘若他们恰好有某种丰富的资源和生活资料，可以大肆挥霍，就发誓要如何如何使用、享受这些使他们可以随意挥霍的财富。这里有一个例子可以说明我说的意思。有一个腰缠万贯的人，过着挥霍无度的生活，不久前一位老者，我想应该是他的亲戚，或者是家里的一位老朋友，批评他的行为，告诫他要改过自新，为人处世要严谨一点，认真一点。他对这种批评极为反感，以发誓作出回应，说只要他手头有收入和钱财，就绝不会采取节约措施，不论在城镇，在乡村，不论在船上，在路上，而要随时随地炫耀他的财富。很显然，这与其说是炫耀财富，不如说是暴露其傲慢和放荡。

然而，直到今天，在那些位高权重的人中间，还有为数不少的人，尽管拥有大量积累起来的财富和资源——在他们，财富就像是从一个永恒的源泉源源不断地流出来——但使用这些东西时仍然常常像我们穷人使用它们一样。他们的杯是土制的，面包是一串串烤的，副食是橄榄、奶酪、蔬菜；夏天穿轻薄衬衣，束腰带，冬天穿厚实、防裂的斗篷。地板常常就是他们的床架，什么象牙的、龟甲的、金制的床与他们无关，什么绫罗绸缎，紫色外袍，精制的蜂蜜蛋糕，满桌的美味佳肴，统统与他们无关。在我看来，这原因不只是因为他们得福于良好的本性，还在于他们早年一直受教于正确的训导。这训导教育他们要重视人的利益胜过统治者的利益。它使自己居住在他们心里，几乎没有哪一天不提醒他们纪念共同的人性，使他们脱离骄傲自满、自以为是的念头，降低他们自高自大的程度，用平等来医治他们的不平等。因而他们使自己的城邑变得繁华而富裕，有序而和平；不是从城邑夺走哪样美好之物，而是把所有好的东西白白地、毫不吝惜地、慷慨给予城邑。这些以及诸如此类的行为就是高贵之人的行为，真正意义上的统治者的行为。

而那些被变化无常的命运吹进富有行列的新贵的行为却大相径庭；他们对有眼睛能看见的真正财富①一无所知，甚至从来不曾梦想过，这种财富的实质就是完全的美德，以及与它们相一致的行为；他们所遭遇的②是盲目的财富，并把这种财富作为自己的支撑，这样，他们必然看不见眼前的道路，就离开正道，误入无路的荒野，崇敬根本不值得真正崇敬的东西，对自然要求他们尊敬的事物却嗤之以鼻。这样的人，若是起了不合时宜的誓言，圣言必给予严厉的责备和谴责。他们几乎不能得到洁净和医治，甚至连本性仁慈的神也认为他们不配得到他的宽恕。

6.③ 按律法，童女和妻子不可完全掌控自己所许的愿。律法把童女交给父亲监管，规定由丈夫判断妻子所起的誓是应当视为有效，还是应当取消。这显然是合理的。就前者来说，由于童女还年幼，不知道誓言的价值，所以需要别人为她们作出判断；就后者来说，她们缺乏理性，常常起对自己的丈夫没有好处的誓；因此，律法赋予丈夫信守或取消诺言的权力。④ 而寡妇没有人来

----

① 见"特殊的律法"一卷 4 节第二段关于能看见的财富和盲目的财富的论述。
② 或者"被绊倒"，或者包含一个瞎子与另一个瞎子相撞的意思。参"瞎子能给瞎子领路吗？"
③ 《民数记》三十章 4 节以下。
④ 《民数记》三十章 9 节以下。

为她们斡旋，没有丈夫的斡旋，丈夫已经去世或弃她而去，父亲也不会来干预，她们既然出嫁，找到新家，就已离开父亲而去，所以她们不可轻易起誓。一旦起了誓，就无法撤销，因为她们没有保护者，所以必然如此。

①若有人知道另一人发假誓，但碍于友谊或害羞或恐惧，而不是出于敬虔，没有告发他，使他受到审判，那他应受到与发假誓者同样的惩罚。因为把自己置在作恶者之列，就等同于作了同样的恶行。关于对作伪证者的惩罚，有的源自神，有的出于人。最高最大的惩罚出于神，他对这样的不敬绝不怜悯，而让作恶者永远处于几乎令人绝望的不洁之中。我想，这是一种公正而适合的惩罚。试想，他既无视神，神就反过来无视他，以其人之道，还治其人之身，这有什么稀奇的？人所给的惩罚措施与此不同，或治死或鞭打②。敬虔之心极为炽热的更好一类人主张死刑，而那些愤慨之情不那么严重的人主张由国家下令在公众场所当着所有人的面鞭打冒犯者。事实上，除了对奴性十足的人之外，鞭打与死刑是同样严厉的惩罚。

7. 这就是从字面对这些条例的主旨和概要的解释③。我们也可以按寓意解释这些部分，从某种比喻意义上研究它们。我们应当知道，自然的正确推理既有父亲的功能，也有丈夫的作用，只

---

① 《利未记》五章1节。修订本"若有人因听见求告（钦定本'发誓'）的声音而犯罪，他本是见证，却不把所看见、所知道的说出来，这就是罪；他要担当他的罪孽。""求告"的意思显然就是以神的名庄严地祈求作证（如结婚公告）。斐洛把"求告"的希腊文理解为"发（伪）誓"。

② 摩西五经里没有规定对假誓的明确惩罚，即不同于一般假见证的惩罚措施。

③ 以下的寓意解释只适用于第6节的第一段，不适用于第二段。这一段是否放错了地方？讨论第三条诫命的其余部分主题是许愿，与起誓完全不同，突然转到发假誓的问题显得非常不顺当。

是两者所包含的孕育过程各不相同。它有丈夫的功能是因为它把
美德的种子贮存在灵魂里，就如同藏在肥沃的田地里。它有父亲
的作用是因为它的本性就是生育好的意图和高贵而可敬的行为，
然后以教育和智慧所提供的丰富的真理之水养育它的子孙。心灵
一方面如同一位童女，另一方面类似于守寡或婚配的妇女。作为
童女，它保守自己的纯洁，不受邪恶的情欲、享乐、欲望、忧愁
和恐惧的败坏。生育这童女心灵的父对它具有权威。但是当它如
同妻子，把有效力的推理作为相称的配偶，与它同住，那推论就
许诺对它负责，像丈夫一样把最高尚的思想注入它里面，使它受
精。而灵魂若是丧失了与正确推理的天然纽带，或者与正确推理
的婚姻纽带，就失去了一切最优秀的东西，被智慧抛弃，因为它
选择了一种有罪的生活，这样的灵魂必被它作出的导致自己毁灭
的决定所缠绕。它没有任何方法来消除自己的过错，没有智慧的
推理或者作它的丈夫同住，或者作它的父亲和生育者。

8. 论到那些献祭的人，不仅献上他们的财产或部分财产，
还献上他们自己的人，律法规定一个估价的天平，毫不考虑美
貌、地位或诸如此类的因素，所有人都一视同仁，惟有男人与女
人有分别，孩子与成人有不同。它规定，从二十岁到六十岁的男
人，要估定价银二百德拉克马①，女子一百二十德拉克马；从五
岁到二十岁，男子为八十，女子为四十德拉克马；从婴儿到五
岁，男孩为二十，女孩为十二德拉克马，至于年龄超过六十的老
人，男子为六十，女子为四十德拉克马。所有男人和所有女人都

---

① 英译本"五十舍客勒"，七十子希腊文本"五十双德拉克马"。确切地说，
也就是一百德拉克马。但是斐洛根据通常的估价，认为双德拉克马等于半个舍客勒。
见《马太福音》十七章 24 节，基于《出埃及记》三十章 13 节论到的圣殿税。约瑟
夫在《犹太古史》第三卷 195 里也说，舍客勒等于四个雅典德拉克马。本节完全遵
循这一比价。

平等估价①，一个年龄一个价。这一规定有三个最可信的理由：首先，因为一个人所许的愿的价值等同于或类似于另一人的，不论它是重要的大人物所许的，还是贫穷的小人物所许的；其次，让信奉者像奴仆那样，依据其身体是否健康，形象是否俊美来估价，或者估出一个很高的价，或者相反估出一个很低价，这显然是不适宜的；第三，也是最令人信服的一个理由，在人看来不平等的，在神看来是平等的，这是十分可敬的观点。

9. 这些就是律法书上关于人类所定的法规。关于牲畜，我们有以下法条②。人若是从家畜里挑出一只，且是三类可用于献祭的洁净牲畜中的一类，或是公牛，或是绵羊，或是山羊，就必须献上那只牲口，不可以好的换坏的，或者坏的换好的。因为神所喜悦的不是动物的肥胖或油脂，乃是奉献者无瑕的心意。如果他确实要更换，就必须献上两只，而不是一只，包括原物和替换物。如果他所许的牲口是不洁净的，就必须把它拿到最受尊敬的祭司③面前，祭司必须正确估价，不可超出它应有的价值，然后添加那个价值的五分之一，这样，如果必须拿洁净的活物作祭，而不是这只不洁净的牲口，那么所献上的祭品不可少于所估的当有价值④。再者，这样做的意图是要让信奉者为自己的错误感到窘迫，因为他不假思索地许了一个愿，以为不洁的动物在这个场合是洁净的。这种错误很可能是由于某种对他产生了极大影响的心理上的失常造成的。如果他献上自己的房子，同样应当让祭司

---

① 即不考虑其他因素，如以上所提到的美貌、地位等。

② 《利未记》二十七章 9—13 节。

③ 《利未记》里只说"祭司"。

④ 这一法规的含义似乎是说，如果按法律不能献这活物，它的主人可以按祭司所定的价格把它出卖，然后献上所卖价钱，但是如果他要赎回，就必须另外再付五分之一价钱。这里显然没有考虑提供洁净活物取代不洁净之物的问题。

来估价，但不同的购买者所要支付的数额各不相同。① 如果许愿者本人决定赎回房子，他必须多付钱，外加五分之一作为对两件坏事的惩罚：一件是轻率，另一件是占有欲；前者表现在轻率许愿上，后者表现在对已经交出的东西想重新拥有。如果购买者不是原主，只要支付应付的价钱，不必额外加价。信徒不可在履行誓愿上耽搁很长时间②。假若我们对待人时尽力预先兑现我们的许诺，而对待无所缺乏、无所需要的神时，却不按指定的时间偿还，这岂不是奇怪的矛盾？这样的迟缓和拖延，我们岂不证明自己犯了最大的罪，鄙视神？因为我们必须认为侍奉他乃是幸福的开端和成全。关于起誓和许愿的话题就谈到这里。

10.③ 下一个总法是关于圣七日。这一总法包括了大量极其重要的问题，各种不同的节日；第七年释放生来原是自主人，但由于时势逆境沦为奴仆的人；债主向负债人显仁慈，免了同胞所欠的债务，这也是第七年的规定；每隔六年要让土地休耕，不论低地或高地，让土壤恢复肥力；还有关于第五十年的律法规定。只要叙述这些律法，无须作出特别努力，就足以在美德上产生天然的完全，使悖逆、顽固的人变得有些顺服。

关于七在数字中所扮演的角色，我们在早些时候已经作过详尽论述，讨论了它在十里面所拥有的属性④，它与十本身的密切关联，以及与四——它是十的起因和源头——的关系⑤。我们还

---

① 《利未记》二十七章 14、15 节。

② 《申命记》二十三章 12 节："你向耶和华你的神许愿，偿还不可迟延。"下面的话似乎是说，我们常常预先支付给人，因为我们知道他们需要。神诚然不需要我们的支付，但这不应当使我们对神还不如对人那样尊重。

③ 这里开始对第四条诫命的具体阐述。

④ 或者"在最初的十个数字序列里"。

⑤ 7 与 4 的"亲属关系"在于 4 + 3 = 7；4 是 10 的源头，因为 1 + 2 + 3 + 4 = 10。

表明从一连续加到七就得二十八①，一个完数，等于它的各因数之和；另外还表明，一个几何级数可以同时产生一个平方和一个立方②，此外通过研究还可以揭示出其他许多美妙的结论。在这些数字上，我们不可逗留在眼下的接合点上，而要考察呈现在眼前的囊括在总法下的每个特殊的主题，从第一个开始，而第一个主题，如我们看到的，就是节日。

11. 律法书里记载的节日共有十个。第一个是每天的节日，提到这一个可能会使人略感吃惊；第二个是每隔六天之后在第七天守的节日，希伯来人用母语称之为 Sabbath，即安息日。第三个是月朔节，就是月亮和太阳会合之日。第四个是逾越节，希伯来人称为 Pascha。第五个节日要献上第一个禾捆，就是圣禾捆节。第六个是除酵节。然后是真正的第七个节日，称为七七节③。第八个是圣一月一日（吹角节），第九个是斋戒日（赎罪日），第十个是住棚节。就此终结全年的节庆，因而是以完数十为终点的。我们必须从第一个节日开始谈起。

12. 律法记载说，每一天就是一个节日④，这就使律法与遵循本性及其各种规范的义人无可指责的清白生活相对应。只要恶习没有控制并支配我们里面追求真正有益之物的思想，没有把它

① 即 $1+2+\cdots\cdots+7=28$。它的各因数 1、2、4、7、14 相加也等于28。
② 比如 $64=4^3$ 和 8^2，$729=27^3$ 和 9^2。
③ 即它不仅在节日表上排位第七，其名称也从这个数字而来。
④ 每天都是节日的观念出于《民数记》二十八章和二十九章。在二十八章2节里我们读到"献给我的供物，……你们要按日期献给我"，等等，然后列出了各种各样的祭品。这一清单从每天的献祭开始，与本文中所列的顺序相同，惟有一点例外，就是没有提到禾捆节。斐洛利用《民数记》里的线索加强这样一个观点，惟有智慧人才能守节日。把禾捆节包括在内，显然是为了凑成完数十，不过，他也可以把"圣筐节"包括在内，得到完数十。见34节。

们从各个灵魂驱赶出去；换言之，只要美德的力量完全保持着未被击败的状态，从生到死的生命时段才可能是一个连续的节日，各家各户、各城各镇都安居乐业，充满各种美好事物，周围的一切都安宁平和。事实上，人们——男人和女人都一样——总是想方设法彼此侵犯，相互攻击，这就使原本连绵的这种怡人快乐出现了裂缝。举一个例子可以清晰地证明我所说的话。凡践行智慧的人，不论在希腊，在野蛮地土，过着纯洁无瑕、无可指责的生活，既不会做不义之事，也不会报复不公之事，对好事者一族避而远之，不去他们所出没的场所，诸如法庭、会议室、集市、聚会以及一般的草率之人汇集或聚合的地方。他们自己的志向是寻求和平的生活，避免争战。他们是最遵守自然以及它所包含之一切的人；地、海、气、天和居住其间的形形色色的存在物都是他们研究的资料，因为在心灵和思想上他们分有太阳、月亮的行程和其他恒星、行星的有序进程。虽然他们的身体牢牢地根植在地上，但他们的灵魂插上了翅膀，好叫他们穿越高空，获得对居住在那里的权能的完全沉思。这是真正的"世界公民"理应拥有的，他们把世界看作一个城，把智慧的朋友作为它的公民，按美德登记入册，这个宇宙共和国的领导权就交在美德之手。

13. 这样的人充满了高贵品质，养成习惯，能无视身体上的或外在事物的苦难，训练有素，能对无关紧要的事物真正漠然置之，得到装备，能抵御享乐、淫欲，始终渴望胜过一般的激情，懂得如何使用各种方法挫败那些激情积聚起来针对他们的可怕威胁，任时运之风吹拂，绝不改变立场，因为他们已经预先估计到它攻击的力度；再大的灾祸，只要预先采取措施，就会变轻，因为心灵不再在事件中发现新奇的东西，并感知它，而是对它无动于衷，觉得它很可能是某个陈旧而熟悉的故事——我们得说，这样的人处在自己美德的喜乐之中，必然使自己的整个生活成为一次节日。这样的人在城里实在已是少得可怜，就像智慧的余烬还在闷烧，免得美德完全熄灭，在我们人类中消失。但是，只要各地的人都能像这些极少数人那样思想和感受，成为自然原本要求他们成为的样子，所有人成为没有罪过、无可指责、热爱健全理智，喜欢高尚的道德品质的人，只因它本身而喜欢它，把它看作惟一真正的善，其他各种善只是奴仆和臣宰，服从于它们的权威，那么各城就必充满幸福，完全摆脱一切导致忧愁和恐惧的原因，装满产生喜乐和福祉的事物，于是每个季节来临时就有充分的理由过快乐的生活，一年到头就是一个节日。

14. 因此，按着真理的审判，没有一个恶人能过节日，哪怕一瞬间也不可能，因为意识到自己行了恶，这种罪恶感折磨他，使他心里沮丧不已，即便他假装脸上挂着笑容，心里也没有喜乐。恶人哪里能找到一个真正喜乐的季节？他的每个计划都是作恶，生命伴侣就是愚蠢，他的一切器官，舌头、肚腹、生殖器官都与合宜之事作对。就舌头来说，他不假思索地脱口说出要求保持沉默的秘密之事；出于贪婪，他毫无节制地填塞肚腹，吃各种美味佳肴，喝大量烈性美酒；至于第三者，他滥用它们追求可憎的淫欲和一切律法都禁止的各种交媾。他不仅狂热地侵犯别人的婚床，还扮演鸡奸者，强迫作为自然性别的男性自我贬损，转变为女性，只是为了纵容污浊的、可咒诅的色欲。因此之故，伟大的摩西看到属于真正节日的美是多么宏大，认为它的完全超出人性的领会能力，所以把它献给神，说这是"主耶和华的节日"。当他想到我们人类的境况是如此可悲而可怖，由灵魂里的贪婪和身体上的软弱所产生的恶简直数不胜数，再加上时运变迁，邻人与邻人之间彼此攻击，相互造成同时也遭受无穷无尽的不当之事，想到这些，他禁不住怀疑，人既在如此广泛的事务之海中颠簸，不论是否出于自己的意愿，都无法找到安详和平或者远离危

险的生活港湾，那么是否还有人能真正的拥有节日——不是这个
词通常意义上的节日，而是真正意义上的节日；真正的意义就
是，在沉思世界和它的内容中，在遵循自然，使言语与行为一
致，行为与言语统一中找到喜乐和节庆。因此，有必要宣告，节
日只属于神，惟有神是快乐、幸福的，远离一切邪恶，充满全然
的善，或者按真理的说法，毋宁说，他本身就是善，他把个别的
善大大地撒播在天上和地上。

　　因此，古代有位富有智慧的妇人，当她内心的情欲平息之
后，就发出笑声，因为她心里有喜乐，充满她的肚腹①。但是当
她考虑这个问题的时候，认为喜乐完全可能是神独有的财产，她
却误以为自己拥有超越于人的能力的幸福状态，岂不是犯罪，所
以她就感到害怕，就否认她心里笑了，直到她的疑惑得到解除才
释然。因为仁慈的神借一个神谕解除了她的恐惧，这神谕吩咐她
承认自己确实笑了，由此使我们知道这样的教训，喜乐并非完全
与造物无关。喜乐有两种：一种是纯粹的、完全纯洁的，不包含
任何与其自身本性相反的东西。这种喜乐属于神，不属于别的存
在；另一类从它而来，是混合的河流，掺和了少量忧愁的支流，
只要这种混合物保持这样的构成，即愉悦的成分比不悦的成分
多，智慧人就把它当作最大的恩赐领受。这个问题就讲这么多。

　　15. 这第一个节日是连绵不绝，无始无终的。第二个要守的
节日是圣七日，每隔六天就过一次。有些人看到它非同寻常的贞
洁，就给它取名为童女②。他们还称她为无母之子，是由宇宙之

---

　　①　见《创世记》十八章11—15节。关于撒拉的笑、她对此的否认以及对她否
认的回答"你实在笑了"，已经在《论亚伯拉罕》36节第二段里作了解释。"她内心
的情欲已经平息"是斐洛对11节"撒拉的月经已经断绝了"作出的通常解释。

　　②　见"论十诫"21节第一段。

父单独生育的，这是与女性无关的只有男性的理想生育形式。它是数字中最有男子气概、最勇敢刚强的数字，天生就赋予了主权和领导地位。有些人从它显现在感觉领域的迹象判断它具有概念本性，就给它取名叫"时节"（season）①。因为七是在感觉世界里位居最高的一切现象的共同因数，以适当顺序完成年岁的过渡和季节的循环。比如七大行星，大熊星、昴宿星、月亮的盈亏循环，还有其他天体和谐而宏伟的运行，难以用言语描述。但是摩西从更高的视角给它取名为完成和完全，因为他规定，六是使宇宙各部分形成的数字，七是它们得以完全的数字。六是奇偶并存的数，由两个三构成，有偶有奇，偶数部分作为它的阳性元素，奇数作为它的阴性元素，这两种元素，根据永恒不变的自然律法，就是生成之源。而七是个全然非复合的数，满可以恰当地称之为六的光。因为六创造的事物，七显现为成全，岂不可以恰当地称之为世界的诞生日？也就是父的完全之工，由完全部分构成的工，在七上面显现为它本真的样子。

在这一日，我们要停止一切的工。律法这样说不是为了教导偷懒，相反，它常常教人忍受艰辛，激发人劳苦，鄙弃那些荒废时间的人，所以，明明白白地指示要在六天里尽心做工。它的目的毋宁说是让人在连续不停、没有中断的劳作中喘口气，轻松一下，借着某种有规则的、适当的恢复体系使身体恢复元气，使人重新振作精神，再去从事原来的活动。稍作休息不仅能使普通人，也能使运动员积聚力量，以更大的潜力迅速而耐心地担当立在他们面前的每个任务。再者，他虽然禁止第七日有任何身体上的劳作，却允许人从事更高的活动，即研究美德学问之原理的活动。律法吩咐我们要花时间研究哲学，从而提高灵魂和统领的心

---

① 把这个词用于数字七，就像其他名称一样，是毕达哥拉斯主义的。如斐洛这里所理解的，我们可以说，它被人格化了，代表事件发生的一定顺序。

灵（dominant mind）的素质。所以，各城在每个安息日都有成千上万教授智慧、自制、勇敢、公正和其他美德的学校开放，求学者坐得整整齐齐，安静地竖起耳朵，全神贯注地聆听，如饥似渴地吸取老师的话，同时油然产生一种特殊的体验，引发出最好的、肯定有益的、必使整个生活变得更加美好的东西。在所学的大量个别的真理和原则中间，有两条大纲几乎比其他所有理论都要重要：一条是对神尽职，表现为敬虔和圣洁；另一条是对人尽职，表现为仁慈和公正。每一条都可分为许多分支，全都大受赞美。这些事物清楚地表明，摩西不允许那些使用他的神圣指示的人在哪个时节懒惰不动。但是既然我们是由身体和灵魂构成的，他就分派给身体特定的任务，同样给灵魂应得的分，他真诚地希望这两者能够等候相互换班。当身体做工时，灵魂就享受休息；当身体休息时，灵魂开始做工。这样，生活的最佳形式，理论的和实践的，彼此轮换，交替做工。实践生活分到六这个数字协助身体，理论生活有其追求知识和心灵的完全。

16. 这一日不可在任何地方生火[①]。火被认为是生命的源头和起点。没有它，生存所需的必要条件没有一个能实现。因此禁止使用技艺中所需要的最主要也是最早的工具，尤其是那些机械工具，就是为那些特定形式的侍奉所需要的东西设立了一道屏障。[②] 但是可以看出，他进一步的规定似乎是为拒不听从他的诚命的更为不顺服的人立的，因为他不仅要求主人在安息日停歇一切工，也允许男仆和女仆停工休息，告诉他们这样一个信息：每隔六天，他们就得到安全保障和差不多完全的自由，从而既教给主人也教给仆人可敬的一课。主人必须习惯于自己做工，不可等

---

① 《出埃及记》三十五章 3 节。
② 此段见《出埃及记》二十章 10 节。

着仆人来帮助和照料①。这样，万一人事变迁，出现艰难时世，他们也不至于因不熟悉劳务而一开始就丧失信心，对完成眼前的工作感到绝望，而是能更加灵活地利用身体的各个部位，显得精力充沛，轻松自如。另一方面，仆人也不该不抱更高的盼望，而应在六日之后所得的放松之中发现自由的余烬或火花，期望在他们继续尽心尽职地做工之后能获得完全的自由。主人偶尔屈尊做做奴仆的工作，而奴仆也偶尔享受豁免权，不用做工，这样一来，人的行为必会向美德的完善跨出一步，因为此时表面显赫者和卑贱者都会想到平等，彼此偿还各自所欠的债。

当然，律法立的安息日不只是为仆人，也是为牲畜，尽管两者之间完全可能有分别。因为仆人本性上是自由的，没有人生来就是奴仆，但非理性的动物原本就是为人所用，服侍于人，因此属于奴仆。然而，虽然它们的职责是背负担子，为主人受累劳作，它们同样在第七日得到休息。没有必要一一检查其余名单，就是牛②这种最有用，在人类生活中最必不可少的牲口——即当土壤预备播种时需要牛来耕犁，当禾捆收割之后需要扬谷时，也要靠牛来打谷——也要放下轭，享受世界的生日。这圣洁的日子所扩展的影响力是如此广泛。

17. 他给予第七日的崇敬非常之大，其他凡是分有这个数字的性质的，都得到他的尊重。于是他立下条例，规定在第七年取

---

①　这似乎与前述的话及诫命本身"这一日你和你的儿女、仆婢、牲畜……无论何工都不可做"相矛盾。斐洛的意思也许是说，有些需要必须引起注意，如果这种注意是自己给予的，那就不是诫命意义上的做工，如果是别人给予的，就是做工。现代严守安息日的人很可能也是这样认为的。

②　《申命记》里的第四条诫命有（五章14节）"你的牛、驴、牲畜……无论何工都不可做"的话。

消一切债务①，既作为对穷人的救助，也是对富人的正式要求，要求他们显出仁慈之心，把自己的东西分一些给穷乏之人，以便在灾难临头时也可指望自己得到同样的善意。人事变迁无常，时起时落，生活并不总是停泊在同一个港口，倒像一阵无定的风，不经意中就转向了相反的方向。最好的方法应当是债权人宽宏大量，免了一切债务人的债，但是他们并不都能做到如此宽宏大量，有些人守财如命，或者并非非常富裕，所以他规定，他们也当作出一定贡献，献出这一部分不会给他们带来任何痛苦②。他不允许他们向自己的同胞追讨钱，但允许向其他人要求归返应得的份③。他区分了两者，把前者适当地称为弟兄，表明对那些本性上是他弟兄的人和同为继承产业的人，谁也不可吝惜自己的东西。那些不属于同一族的人，他称为外邦人。这非常合理。既是外人，就没有伙伴关系，除非借着卓越的美德，把这种关系转变为亲属纽带。因为有条普遍的真理说，共同的国民身份依赖于美德和把道德之美作为惟一善的律法。

再者，放债取利是该受指责的行为④，因为借钱的人不可能有非常多的生存之道，显然是捉襟见肘才会借钱，他若是在偿还本金时还得付息，岂不是必然陷入更加窘迫的境况？人若想从放贷中获利，就无异于没有意识的动物，因设置在眼前的诱饵而遭受更大的损失。尊敬的放贷者，我问你，你既没有伙伴的感情，为何要假装有伙伴的行为？为何外表上显出友善、仁慈的样子，行为上却暴露出非人、野蛮的兽性，追讨利息，还常常要求双倍

---

① 见《申命记》十五章1—3节。

② 见《申命记》十五章10节"你心里不可愁烦，因耶和华你的神必……赐福与你"。

③ 《申命记》十五章3节。

④ 《出埃及记》二十二章25节，《利未记》二十五章35—37节，《申命记》二十三章19节；在最后一段经文中，向外邦人放钱取利是允许的。

偿还，使穷人陷入更大的穷困深渊？因而，你贪求更大的利益，却连本金也一同丧失，此时没有人会同情你；相反，众人都兴高采烈，叫你敲诈勒索者、唯利是图者，以及其他类似的称号，你这潜心等候别人的不幸，把他们的厄运看作你自己的好运的人。曾有话说①，邪恶没有一点视力，同样，放贷者也是瞎子，对偿还的时间毫无洞见。他出于贪婪期望获得的利益，即使不是完全不可能，也几乎是不可能获得的。这样贪财的人，完全可能受到惩罚，只得到他所给予的东西，叫他知道不可拿别人的不幸作交换，以不正当手段致富。借用人应当享有律法上的仁慈，既不付单息，也不付复息，只要偿还本金。就后者来说，如果有机会，他们也会亏本借钱给现在借贷给他们的人，以同样的帮助回报先前给予恩惠的人。

18. 这类条例之后，他制定了一条通体都散发出友善和仁慈的律法②。他说："你弟兄中，若有一人被卖给你，让他服侍你六年，到第七年就要任他自由出去。"这里，他再次使用了同胞弟兄这个词，借此名在主人灵魂里悄悄播下他与这个受他掌控的人有亲密关系这样的思想。这条例要求他不可鄙视此人如同陌生人，而要在圣言所显示的教训下激发一种初级的亲属感，从而对他走向解放获得自由不可有任何怨恨。因为在这个位置的人，我们虽然看到他们被称为奴仆，实际上是做服侍工作以谋取生活所需的工人③，尽管有些人可能会叫嚣自己对他们有怎样绝对的支

---

① 出处不明。

② 见《申命记》十五章12节，紧接在上面所讨论的那段经文之后。就此而言，禁止高利贷的讨论有点离题。《出埃及记》二十一章2节也强调了为奴仆的期限，但"弟兄"这个词的使用表明他想到的是《申命记》。

③ 或者"受雇的工人"、"挣工钱者"。这个词不只是表示职业，而是一种明确的身份，高于"doulos"，但低于其他公民。

配权。① 我们必须重述律法书里的这些杰出规定，压制这些人的狂妄凶残。我的朋友，你称为奴仆的人只是受你雇用的人，他本人也是一个人，归根结底是你的同种人。再进一步说，是与你同个民族，也许还是同个支派、同个分区的人，只是实情所迫才沦为奴仆，接受现在这种装束。那么，从你心里去除那种邪恶而有害的东西——傲慢。对他要如对你雇用的仆人，在你所给和所取的事上都要如此。至于后者，他服侍你不会有一点迟疑，任何时候、任何地方都会毫不拖延，还未等你开口吩咐，就预先热烈而迅速地执行你的命令。你必须给他食物、服饰作为回报，关心他的其他需要。不可给他上轭，像管非理性的牲口一样管他，也不可把太重太多的担子压在他身上，使他力不从心；不可辱骂他，也不可用威胁和恐吓拖垮他，使他陷入悲惨的绝望状态；相反，要按照常规律法给他时间和地点休息。"凡事不可过分"在任何情况下都是一条极好的格言，尤其适用于主人和仆人之间。② 无论如何，当你得到他的服侍满了所规定的期限，就是六年，当真正神圣的数字第七年来临，你要任他自由出去，因他原本就是自由的，所以我的朋友，要毫不犹豫地放他走，并且为你有机会对最高贵的造物人给予最大的利益而欣喜。对奴仆来说，没有比自由更大的恩惠了。③ 也要高高兴兴地从你的各样财产中取出一些送他上路，使你的善行得圆满。他离开你家时，你没有让他身无分文，而是给他装满生活所需的各样资料，这是你的一大美德。否则，同样的事还会发生。他可能因匮乏陷入先前的痛苦窘境，因缺乏生活来源再次被迫沦落为奴仆，你给予他的恩惠也就可能荡然无存。关于穷人就谈到这里。

---

① 这里至本节末是对《申命记》十五章 12—18 节的布道。
② 见《申命记》十五章 18 节："你任他自由的时候，不可以为难事。"
③ 同上书，13 节："你任他自由的时候，不可使他空手而去。"

19. 接下来的诫命规定第七年要叫地歇息，不耕不种①。这里有几个理由：首先，他希望在所有以时间衡量的系列里，即在日、月、年里，都尊崇七的位置，每个第七天是圣的，如希伯来人所称的，是安息日；正是在每年的第七月有一年中最主要的节日，因而很自然地，第七年也被标出来分有属于这个数字的一份尊荣。还有第二个理由。他说，不要完全受制于钱财，而要主动忍受一些损失。这样，即便出现意外的损失，也会觉得容易承受，而不会把它看作某种陌生的、异己的灾难而怨恨，陷入绝望。有些富人非常懦弱，一有不幸降临，就悲痛、灰心，好像失去了全部财产。而摩西的跟随者，全都成了他真正的门徒，从幼年时期就在他优秀的体制中得到训练，甚至让最肥沃的地休耕不种，使自己习惯于镇静地忍受匮乏，通过学习宽宏大量的教导，主动而有意地让财富，甚至是确定无疑的财富之源从自己手中失去②。

我想，还有第三个启发，即人要绝对禁止把难以承受的担子压在别人身上。试想，地不可能有任何痛苦或喜乐的情感，尚且规定要让它的各部分得到休息，更何况人呢？他不仅有感觉，这是包括非理性动物在内的所有动物共有的，此外还有理性这种特殊的恩赐。有了理性，艰辛和劳作所产生的痛苦情感就会在心理图像上打下烙印，留下记录，比单纯的感觉要鲜明得多，因而人岂不更应当得到休息！让所谓的主人停止把严厉、几乎难以忍受的命令强加给他们的奴仆，过分使用会使他们的身体垮掉，迫使灵魂在身体之前崩溃。你要毫不吝啬地调整、缓和你的命令。其结果必是，你自己可以享受悠闲，只需给予适当的关注，而你的仆人必欣然执行主人的命令，尽心完成自己的任务，不会因疲劳

---

① 见《出埃及记》二十三章 11 节，《利未记》二十五章 2 节以下。

② 让地休耕教导穷人忍受匮乏，富人自愿献出财富。

过度，似乎劳作使他们过早地跨进了老年——我们实在可以这么说——只能服侍很短的时间，一下子就丧失了劳动力；相反，他们将尽可能延长青春年限，就像运动员一样，不是指那些把自己养成一身肥肉的人，而是那些"洒尽汗水"① 定期训练自己，以获得生活所需的有用之技的人。

同样，城里的统治者也不可用沉重而频繁的税赋和劳苦折磨他们。这种统治者一方面装满自己的金库，另一方面在囤积钱财的时候也积聚粗鄙的恶习，玷污整个市民生活。他们故意选择最残暴无情、毫无人性的人作收税官，把资源放在这些人手上，使其做出过分之事。这些人除了本性残暴之外，还享有从主人的指示所得的赦免权，他们决心每个行为都要迎合主人的喜好，令他们快乐，于是无恶不作，没有哪种严厉的惩罚不尝试，不论其有多野蛮，从来不知道怜悯与温和，连做梦也不曾想过。因而他们在执行收税指示时，造成了普遍的混乱，破坏了一切秩序，他们不只是向受害者的财产强征杂税，还侮辱他们的身体，对之蹂躏、强暴，想出种种极端残忍的折磨方式。

事实上，我听说过这样一些人，他们怀着变态的疯狂和残忍，甚至死人也不放过，这些变得极端兽性化的人，胆敢鞭打尸体。当有人指责这种非同寻常的野蛮行径，连死人也不放过——死原本就是摆脱一切灾难，并且实在是一切不幸的"终止"，以求身体免于侮辱，然而它们如今不只是受到侮辱，不仅没有得到正常的埋葬仪式，反而忍受暴行——他们所采用的辩护比指控更恶劣。他们说，他们这样凌辱死的，不是为了侮辱无知无觉之尘土这种毫无意义的目的，而是为了激发那些与他们有亲缘关系或某种朋友关系的人的同情，从而促使这些人把朋友的尸体赎回

---

① 暗指柏拉图《斐德若篇》239C。斐洛用来指忍受艰苦的一般人，在他看来这些人是真正的运动员。

去，他们支付的钱财就是最后的礼物。

20. 多么愚蠢啊！我要对他们说，愚蠢的人哪，你们所教导的，你们自己岂不是先学过的吗？你们既然在自己心里剔除了一切友善和仁慈的情感，岂有能力诱导别人显示怜悯，更何况还在他们面前施展最残暴的行为①？你们竟做了这样的事，尽管你们并非没有忠告者，尤其是我们的律法，我们的律法甚至让地从每年的劳作中得到松弛，给它一个休耕不种的时期。这地，表面看是全无生命的东西，其实却处于一种回报状态，它白白得到的恩惠，现在急于要回报偿还。因为第七年的豁免，整整一年的休耕，完全自由的休息，使它在来年变得非常肥沃，从而比以往年份结出两倍甚至更多倍的果实。我们也可以看到，教练在对待运动员他们的学生时也采取非常相似的方法。他们先是给学生不间断地上课训练，但在他们精疲力竭之前，必会让他们轻松一下，给他们一段有生气的新生活，不仅中断艰苦的训练本身，还改善常规的饮食，减轻艰辛程度，使灵魂愉悦，身体适宜。我们不可猜想，本应严格要求的专业教练这里怎么成了怂恿松懈和奢侈的老师；他们是根据一种科学方法使已经强壮的变得更加有力，使精力更加充沛，因为劳逸结合。张弛有度可以产生一种平衡。这一真理我是从永远不会出错的自然智慧中学到的，自然知道我们人类已经变得多么劳累和疲乏，就把我们的时间分为白昼与夜晚，把醒的时间分给白昼，睡眠时间分给夜晚。因为她是最精心的母亲，最担心她的孩子们会筋疲力尽。白天，她唤醒我们的身体，激发它们履行各种职责，谋取生活所需，责备那些终日好逸恶劳、奢侈逸乐的人。但到了夜晚，她发出召回号角，如在战争

---

① 即，斐洛认为收税官教导死者的亲人们应当显示怜悯，这是他们没有能力做到的，因为他们自己完全没有怜悯的概念。

上那样，召呼他们休息，照料自己的身体。人们搁下从早到晚压在他们身上的一切令人痛苦的事务担子，回到家里，开始休息，在沉沉睡眠中把白天的困苦烦乱置于脑后，然后疲劳解除，精力恢复，各人急切地渴望从事自己所熟悉的工作。这是自然分配给人的双重过程，即睡眠和清醒，通过这种活动和休息的交替轮换，他们身体的各部分变得更加灵活和敏捷。

21. 制定我们律法的先知在宣告每隔六年地要歇息、农夫要停工时，心里所想到的就是这些考虑。不过，他制定这一条例不只是基于我所提到的原因，也感动于惯常的仁慈，他的目标就是把这种仁慈注入律法的每一部分，从而使阅读圣经的读者对良善的、像邻居一样亲切的习俗留下深刻印象。因为他禁止他们在第七年封闭任何田地①。所有橄榄园、葡萄园都要敞开大门，其他田产也要如此，不论是种五谷的，还是种果树的，让穷人自由使用田地里自然长出的果实，即使不能比主人优先使用，也完全可以与他们同样使用。由此，一方面他不允许主人们做任何耕耘之工，因为他希望避免给他们这样一种痛苦的感觉，即他们承担了花费，却没有获得收益；另一方面他认为，无论如何穷人在这一年应当把看起来属于别人的东西当作自己的东西享用，使他们不至于穷困潦倒，遭人羞辱，或者沦为乞丐。我们炽热的心岂不是热烈地向往充满仁慈之情的律法？它教导富人要慷慨地捐献，拿出自己的所有与别人分享，鼓励穷人不要总是奉承富人，对他们卑躬屈膝，似乎惟有祈求于他们的施舍才能弥补自己的缺乏，其实他们也可以不时地声称拥有果实的财富之源；这些果子，如我所说的，是未经耕耘长出来的，他们可以当作自己的食物。

---

① 《出埃及记》二十三章11节。《利未记》二十五章6、7节说，地在第七年所出的，是给家里人当食物的。

寡妇孤儿以及其他因为收入没有盈余而被忽视、无人理睬的人，此时却拥有这样一种盈余，并发现自己借着神的恩赐突然变得富足，因为神鼓励他们在七这个圣数的支持下与主人同享出产。事实上，所有的畜产业者都可以赶出自己的牲畜放牧，可以挑选草肥水美、特别适合牲畜的草地放牧。所以他们充分利用自由时期所保证的豁免权，不论主人多么吝啬，也不能干扰这种权利。他们受到一种非常古老的习俗的影响。这种习俗经过长期践行，习以为常，已经获得自然本性的稳固地位。

22. 他确立了节制和仁慈的这一首要根基之后，就在它上面加立七七四十九年的数字，并把第五十年分别为圣①。他把这一点作为许多特殊的律法的主题，除了与其他安息年共同的规定之外，另外的规定也都非常杰出②。第一条规定如下。他认为转让的地产在这一年应当物归原主，以便保障分配给家庭的东西不流失在外，好叫凡分得财产的人没有谁完全丧失这种赠物③。由于人时时会遇到逆境，有些人不得不卖掉自己的财产，所以他为这样的人提供适当的需要，同时采取措施防止购买者受骗。也就是说，允许卖主出售财产，但必须非常清楚地告诉买主交易条件。"不是按完全所有权的价值支付，"他说，"只是按固定的年数支付，不超过五十年。"因为这买卖不是代表不动产，而是代表收成，这出于两个非常具有说服力的理由：其一，整个国家被称为神的产业④，让神的财产登记到另外的主人名下，这是违背信仰的；其二，每个物主都注定分有自己的一个分，若剥夺他的这个

---

① 关于禧年，见《利未记》二十五章 8 节至章末。

② 如果分析得没错，出处可能是《利未记》二十五章 11 节，其中复述了安息年的条例，也提到释放奴仆和免除债务。

③ 《利未记》二十五章 14—16 节。

④ 《利未记》二十五章 23 节。

分，有违律法的公正观。因此，任何人若在五十年结束之前有办法拿回自己的财产，或者他的直系亲属能这样做，立法者敦促他要想方设法以他出售时所得的价值收回地产，但不可使那在他困窘时帮了他的买主吃亏。另一方面，他同情穷人，向他显怜悯，使他收回他原初拥有的额外财富，但许愿献出的田地除外，因为既是许了愿的，这地就属于奉献的祭品了①。宗教不允许这一节期影响奉献祭品的有效性，因此律法规定这样的地产应当要求适当的价格，不可对信奉者作出任何让步。

23. 这些是关于土地这种财产的条例。关于房产有不同的规定②。有些房产属于城邑，在城墙里面，有些是在城墙外面乡村的农舍。于是，律法允许后者随时可以赎回，并且规定，到了第五十年还未赎回的，都应归回原主，不必对前主有任何补偿，如对不动产的处理那样，因为农舍就是不动产的一部分。至于城里的房子，在一年时间内卖主可以赎回，但过了一年，就是绝卖，归于买主，免得他因第五十年普遍的豁免而蒙受什么损失。他的理由是，他希望给新来者一个基础，使他们也感到自己牢牢地扎根于这个国家。由于他们没有分得土地，地产分配时他们没有被算在内，律法就把房子分给他们作为酬金，热切希望那些向律法恳求的人、祈求保护的人不至于像浮萍一样无根漂荡。因为当土地按着支派分配时，城邑未被划分，甚至根本还没有建起城邑的形式，居民就在乡村的外屋居住。后来他们离开这些建筑聚集到一处，在多年的来往中集体感、友谊情很自然地越来越强，于是他们就建造房子毗邻而居，从而形成了城邑。他们就把这些地方分给新来者一份，如我所说的，免得他们觉得自己被排除在外，

---

① 《利未记》二十七章16—21节。
② 《利未记》二十五章29—31节。

无论在乡下在城邑都没有财产。

24. 关于分别为圣的支派的律法如下①。看护圣殿的人，律法没有分给他们一分地，认为他们所得的初熟土产足以维生，但分给他们四十八座城邑居住，每座城前面有两千肘尺的空地。这里面的房子并不像其他在城墙里的房子那样，如果卖主在一整年内找不到赎回的方法，就永归买主，而是在任何时候都可以赎回，就像一般人可以随时赎回村庄的房子，利未人的住房与此相似。因为这些是他们在那块地应得之分的全部，所以他认为他们一旦得到就不可夺走，就像人分得农庄的房子，就永远属于他们一样。关于房子的话题就谈到这里。

25. 关于债权人和债务人、仆人和主人之间的关系，也制定了与以上所述类似的条例②。债权人不可追讨同胞的利息，只能收回所付的本金。主人对所买的奴仆要如同雇用的仆人，而不是天生的奴仆，只要能付赎金，就要当场保证他们获得自由，或者以后在必要的时候，比如从他们开始为奴算起第七年，或第五十年到来时，任他们自由出去，就后者来说，即使人已到垂暮之年，哪怕只有一天，也要给他自由。因为禧年被认为是赦免的时间，事实也是如此，所有人都撤销以前的买卖，恢复过去的繁荣。不过，律法确实允许从别的国家购买奴隶③，原因有二：第一，同胞与外人之间应该有分别；第二，他的共同体里不应完全排除家仆的职责，那是最必不可少的财产。因为生活中有许多情形都是需要奴仆的服侍的。

---

① 《利未记》二十五章 32—34 节。
② 《利未记》二十五章 35—41 节。
③ 《利未记》二十五章 44 节。

①父母的继承人应是儿子②；没有儿子，就归给女儿。因为正如在自然中，男人优先于女人，同样，在亲属关系上，儿子也应优先继承财产，填补死者留下的空位。凡是人或地上生的，都不可能不朽，这是一条不可避免的法则。如果留下的是未嫁童女，没有嫁妆，父母活着时没有给予她们任何类似的财产，那么她们应与男丁有同等的继承权。保护这样的孤女，指导她们的成长，提供她们的生活需要以及少女应有的教育，这些职责应由最高地方长官来负责③；到了一定时候，还要安排适合的婚姻，根据功德、经全面考察挑选夫婿。如果可能，丈夫应当是女孩的本家，出于同一家族。这一条若办不到，至少也要出于同一区，同一支派。否则，与别的支派通婚，作为嫁妆所给予的分就被转移到其他支派；财产应当留在原初基于各支派所分配给他们的地方④。如果死者没有子女，就由兄弟来继承，因为在亲属表上除儿子和女儿外，排第二位的就是兄弟了。如果死者没有兄弟，继承权必须传到父亲这边的叔伯。如果没有叔伯，就传到姑母，然后是其他亲属中关系最近的人。如果亲属极少，没有血亲还活

---

①　从这里直到这一节末似乎完全放错了地方，与这里的思路毫无关联，因为他一直在谈论安息日、安息年，再谈到禧年，以及关于后两者的法条。Cohn 认为可以在《利未记》二十五章 46 节找到一个关联，那节经文允许购买外邦奴仆，然后说"你们要将他们遗留给你们的子孙为产业。"果真如此，那么几乎无可置疑，如 Cohn 所说的，必是遗漏了某个承上启下的句子。

②　见《民数记》二十七章 8—11 节。参《摩西生平》二卷 44 节。

③　斐洛作出这一论述，事实上所阐述的这整段话都没有什么圣经典据，完全是他基于雅典法（或亚历山大里亚法？）引出他自己认为公正的观点。斐洛这里的话很难与三卷 11 节统一起来，因为那里说，娶孤女的请求要向"兄弟、监护人或其他对她负责的人"提出。

④　见《民数记》三十六章 6 节以下。如果可能，她们应当嫁入本家，这一点并没有明白点出，但完全可能从 11 节推演出来，其中说到西罗非哈的女儿都嫁给了她们伯叔的儿子。

着，就由支派来继承①。在某种意义上，支派是更宽泛、包容一切的亲属。

　　然而，某些质问者提出的一个问题不容忽视。他们问，律法在论到继承条例时，提到各个层次的亲属、同区域人、同支派人，惟独没有提到父母，这是为何？父母岂不是孩子的自然继承人，就如孩子自然继承父母的遗产？尊敬的先生，回答是这样的，律法实际上是神赐予的，总是期望遵从自然过程，所以坚持不可引入任何不吉利的念头。父母祈愿自己死了之后，他们所生的孩子还活着，能继承他们的名、种和财产，但是他们死敌的咒诅却正好相反，惟愿儿女都能死在父母之前。只是立法者不愿意明白地说出白发为黑发送葬这种不合时宜的事，整个宇宙的秩序是和谐一致的，但这种事是不和谐音，因此他没有规定父母应当继承儿女的财产，既是出于必需，也是为了得体。他知道这样的事与常规的生活轨道或自然不相协调，所以，他避免用赤裸裸的词指定父母继承死去子女的财产；否则，把如此令人不快的权利授予他们，岂不如同在他们的伤痛上撒上污泥，或者在他们的不幸中撒上盐巴？于是，他采用另一种方式表达他们的物主权，是对巨大伤害的一种简单特效药。是什么方式呢？他宣称父亲的兄弟是侄子的继承人；叔伯有这种特权无疑是因为父亲的缘故，除非有人愚蠢到以为一个因 B 而尊敬 A 的人会故意不尊重 B。那些对朋友的熟人殷勤相待的人，难道会怠慢自己的朋友吗？事实岂不是这样，尊敬朋友的这些熟人的，必也尊敬朋友？根据同样的原则，律法既提名父亲的兄弟——鉴于他与父亲的关系——分有继承权，岂不更认定父亲有继承权？当然鉴于以上所述的理由，它确实没有使用这样的话，但以一种比语言更公认的力量表

---

　　① 《民数记》二十七章里没有说到这一点。很可能是从律法的意图推导出来的，因为律法禁止产业从这支派归到那支派（三十六章9节）。

明了这样的意思，立法者的意图是显而易见的。

　　长子与他弟弟们的分成并不同等，律法判给他的是双份①，一个理由是他的父母在生他之前，只是丈夫和妻子，由于这头生子，使他们成了父亲和母亲；另一理由是，正是他们的长子在与他们说话时开始使用父亲母亲这些名称；第三个理由最重要，孩子们还未出生之前，家里没有血脉，有了孩子就有了人类存续的果子，这种存续播种在婚姻里，结果在孩子的诞生上，起于长子。我想，出于这样的原因，那些行为举止显得如此残酷无情的仇敌，他们的长子一夜之间就被杀光，如圣经告诉我们的，而我们国家的长子分别为圣，献给神作感谢祭。对仇敌，就应当给予沉重的打击，使他们不可能得到任何慰藉的打击，也就是毁灭他们的长子，而对神，成就救恩的神，要献上那些孩子中的头生作为初果，表示尊敬。

　　但是有些人娶妻生子之后，就忘了原本知道的自制，毁在放荡的暗礁上。他们沉迷于对其他女人的疯狂情欲，虐待那些迄今为止一直属于他们的人，恶待与她们所生的孩子，似乎不是他们的父亲，而是他们的叔伯，像继母一样对第一个家庭不仁不义，把他们自己和他们的所有全都献给第二个妻子和她们的孩子，受制于最恶的情欲，奢侈淫乐。对这样的淫欲，若是可能，律法必会毫不犹豫地加以遏制，阻止他们进一步嬉戏、沉迷，但是要医治被煽动为兽性的狂热非常困难，甚至是不可能的，所以它任父亲如同患了不治之症的人一样自行灭亡，但并不漠视因他追求别的女人而受到侮辱的妻子所生的儿子，规定这儿子要在弟兄们的分配中得双份。这有几个理由：首先，惩罚罪犯，强迫他善待他原本打算恶待的人，使他无法贯彻判断失当的意见。为此，它把益处授予可能在他手上受损的人，并且担当父亲的角色。就长子

---

① 这话基于《申命记》二十一章 15—17 节。

来说，亲生父亲已经抛弃了这一角色。其次，它对遭受不公正的受害者显示怜悯和同情，使他们得以分有如此给予的恩惠，从而摆脱令人痛苦不堪的困境。我们会很自然地认为，儿子得到双份利益所感到的满足，也为母亲所分享。事实上，律法不让她和她的家完全受制于仇敌，这种人性化的规定使她大受鼓舞。还有第三条理由。它天生就有一种公正判断的能力。考虑到父亲已经把自己的财富慷慨地赠给所爱妻子的孩子，因为他爱他们的母亲，而对所恨妻子的孩子，由于对他们母亲的恨恶，他全然不考虑他们的利益。这样，前者甚至在他有生之年就继承了多于他们应得的一份，而后者很可能在他死后也无法从整个遗产中分得一点利益。因而，它规定，被弃妻子的儿子应有长子的特权，得双份遗产，以便平衡两个家庭之间的遗产分割①。这些问题就谈到这里。

26. 按以上所述的顺序，我们记载的第三种节日是月朔，现在我们要加以解释。月朔，或月初，即日月两次相合之间的时间，其长度在天文学上已经有准确的估算。月朔在节日中占有一席之地出于许多原因。首先，因为这是月的开端，而开端，包括数字上的和时间上的，都是值得尊敬的。其次，因为当这个时间来临时，天上的一切没有一个不发亮的，因为日月相合时，月亮被太阳盖住，看不见，面朝地球的一面就变成黑暗，而到了新月时，它又重新发出天然的亮光。第三个原因是，那时，更强更有能力的元素为较小较弱的一方提供所需要的帮助。因为正是在那时，太阳开始照射月亮，我们看见这光，看见月亮显现出它自己的美丽。可以肯定，这显然是教导友善和仁慈之课，吩咐人绝不可吝啬自己的美物，而要效仿天上幸福、快乐的存在者，从灵魂

---

① 即，维护长子的权利，也就维护了前妻整个家庭的权利。

里剔除嫉妒，把自己的所有全都展现给众人，把它看作是共同的财产，白白给予配得者。第四个原因是，月亮穿越黄道带所用的周期比任何天体都要短。因为它完成那一循环只要一个月时间，因而它环行的末端——当月亮终结环行回到起点——受到律法的尊重，律法就宣告那天是节日。这再次教导我们一个可敬的教训，即在生活中，我们应当使结局与开端对应。只要我们使基本的欲望控制在理性之下，不让它们像没有牧人的牲畜一样造反、骚乱，就必能做到这一点。

至于月亮对地上万物的作用，没有必要详述，证据非常清楚，一目了然。当月满时，江河和泉流涨起；月缺时，江河的水又落下。它的变相导致海洋在落潮时收缩下降，然后突然回潮汹涌澎湃，使空气随着天空的变化而变化，或清晰，或多云，也经历其他种种变化形式。各种果实，包括地里种的五谷和树上结的果子，照着月亮的循环渐渐成熟，这种循环养育并催熟了万物，使它们在露水与和煦的微风中成长。但是如我所说的，现在不是对月亮大唱颂歌、记载并概括它对地上生物和其他一切之作用的时候。正是出于这些或者类似的原因，月朔受到尊敬，在各节日中获得一席之地。

27. 月朔之后的第四个节日称为逾越节①，希伯来人用方言叫它 Pascha。在这一节日里，从中午直到黄昏，全体百姓，不论老少，都要献上无数祭品，为那特定的日子举祭，以尊荣祭司之职②。因为在其他时间，祭司按着律法规定，执行公共祭祀和由

----

①　斐洛对这一名字不是追溯到灭命天使越过以色列人的门（《出埃及记》十二章23、27节），而是指以色列自身越出埃及，就是身体的预象，毫无疑问也是指越过红海。

②　见《论摩西的生平》第二卷41节："在这个月，大约第十四天……每个人为自己并用自己的双手献上自己想献的祭"。

个人献的祭，但在这一时刻，全民都举行神圣仪式，以洁净的双手和完全的豁免权履行祭司之职。这样做的理由如下：这节日是一种提醒和感谢，纪念以色列人顺从赐给他们的神谕，作出二百多万①男女迁出埃及的伟大创举。当时，他们离开了一片充满暴行、奉行排外政策的土地，更糟糕的是，那个地方把属神的荣耀归与非理性的受造物，不只是归与家养的牲畜，还归与野兽。他们当时是多么喜乐，满腔热情，急不可待地要表达自己的热心，就很自然地不等祭司来就开始献祭②。当时这一习俗出于自发、本能的激情，后来得到律法认可，规定每年一次过这一节日，提醒他们要履行感恩之义务。研究一下古代历史就可以发现这些都是事实。

不过，对那些习惯于把字面史实转变为寓意解释的人来说，逾越节暗示的是灵魂的洁净。他们说，热爱智慧的人一心一意要跨越身体和情欲，这两者都像湍流一样，若不筑起美德原则之堤遏制汹涌的洪流，它们就会淹没他。在这一日，每户人家的住宅都被授予殿的外形和尊严，然后杀了祭品，布置合宜的节日膳食。客人都受了洁净礼，坐在宴席上，但这宴席不同于其他节日聚会，没有美酒佳肴放纵肚腹，而是以祷告、圣歌以及祖先流传下来的习俗来庆祝节日。这个民族节庆所定的日子非常值得注意，那是此月的十四日，一个由两个七相加所得的数字，从而表明一个事实，在任何值得尊敬的事上，不会没有七的影子，它总是带头给予威望和尊严。

---

① 见《出埃及记》十二章 37 节："除了孩子，步行的男人约有六十万。"《民数记》十一章 21 节也说"步行的男人有六十万"。"六十万男人再加上妇女和孩子，至少有二百万人口"（Driver, ad loc.）。

② 认为这节日创立于出埃及之后，这一观点自然与《出埃及记》十二章的记载完全不同，那里说把祭物的血抹在门框上，以避开灭命天使。

28. 他把另一个节日与逾越节连在一起，那个节日所吃的食物是不同的，我们平时不太吃，就是未发酵的饼，所以这节就叫无酵节①。这可以看作是出于两点考虑，一点是本民族特有的，指刚刚提到的全民迁移，另一点是普遍的，遵从自然的引导，与普遍的宇宙秩序相一致。要表明这一论断是完全正确的，我们需要作些考察。按阳历说，此月排在第七，但在重要性上属于第一，因而圣书里就把它算作正月②。我想这原因必是如下。春分时，我们看到一种类似于这个世界被造的第一纪元的样子和景象。当时，各元素被分离，并被置于和谐秩序之中，这种和谐秩序既是各元素自身的，也是彼此之间的。天上装饰着太阳、月亮，其他星辰——包括恒星和行星——的有序运动和环行。同样，地上装饰着各类植物，无论高地、低地，只要土深地肥，就成为一片丰饶、翠绿。所以，神每年都把春天这个万物生长、欣欣向荣的季节陈列在我们眼前，提醒我们纪念这世界的受造。由此而言，律法有充分的理由把它作为第一个月，因为在一定意义上，它就是最初起源的一个像，从那源头复制而来，就像原型之印章留下的印记。而秋分这个月份，虽然按阳历算是第一个月，在律法上却不称为正月，因为那个时候，所有果实都已经收割，树叶开始凋零，所有春天盛开的花朵已经被夏天的太阳烤焦，在秋天干燥的气流中逐渐枯萎。这样说来，把"第一"之名给予一个无论高地和低地都一片萧瑟、成为不毛之地的月份，在他看来是完全不适合、不协调的。因为作为第一和领头的事物应当与一切最美好、最令人向往的事物，具有源源不断的生命力，使动物、果实、植物都大大增加

---

① 无酵节紧跟在逾越节之后，但通常不同于逾越节。见《利未记》二十三章5节以下。

② 见《出埃及记》十二章2节。

的事物相连，而不是与毁灭的过程及其暗示的黑暗念头相连。这节日始于月半，十五号，就是月圆的日子，特意选择这一日是因为那时全然没有黑暗，万物都被持续照亮，太阳从早晨照到傍晚，月亮从傍晚照到早晨，同时星辰彼此让路，没有任何阴影罩在它们的明亮光体上①。

另外，这节日要守七天，表明这个数字在宇宙中拥有优先性和高贵性，指出凡使人精神愉悦、使公众喜乐、感恩于神的事，都应伴随着关于圣七这个数字的纪念，神有意使这个数字成为人类一切好事的源头和源泉。七天里有两天，即第一天和最后一天，被分别为圣。由此他给开端和结局一种自然优先权；但他也希望在居间者与两端之间设立一种和谐，如乐器上和谐音阶。也许他还希望使这一节日与连接第一天的上个节日以及连接最后一天的下个节日协调起来。这两者，第一天和最后一天，除了自身的属性外，每一者都还有另一者的属性。第一天是这一节日的开端，也是前一节日的终结，第七日是这一节日的终结，也是下个节日的开端。因此，如我前面所说的②，高贵之人的整个生活就可以被认为等同于一个节日，一个剔除了忧愁、恐惧、欲望以及其他激情和灵魂疾病的人所过的节日。

饼之所以是无酵的，或者因为当我们的祖先在圣灵的指引下开始迁移时，非常紧迫，只带上了未发酵的面团③，或者因为在那个季节，即春季，就是守节的季节，谷物还没有完全成熟，田地还处于抽穗阶段，还没到收割时候。正是这种果子的不完全——尽管它不久就会完全成熟，但仍然属于将来的果子——他

---

① 若不是文本有明显的错误，这个句子很难理解。在月圆之夜，星辰不会彼此让路。这样说很可能是为了强调月亮的光。

② 前面13节。

③ 见《出埃及记》十二章34、39节；《申命记》十六章3节。

认为恰恰可以与无酵的食物相媲美，因为后者也是不完全的，从而提醒我们要怀有令人宽慰的盼望，自然确实拥有大量我们所需要的事物，她已经为人类预备了每年的礼物。圣经解释者的另一种说法是，未发酵的食物乃是自然的恩赐，而发酵则是人工行为。人们渴望去除大麦的粗糙，使口味适宜一点，在不断试验过程中学会了通过技艺把自然生产的粗糙的东西变得精细。所以，如我所说的，春季的这个节日是叫我们纪念世界的受造，而它最初的居民，第一代或第二代的大地之子，必然使用宇宙所赐的原汁原味的礼物，因为那时享乐还未成为主宰，所以他规定此时要使用与季节完全相宜的食物。他希望每年重新点燃远古时代那种庄重而简朴之风的余烬，利用节日聚会的闲暇对古代节俭而经济的生活方式表示敬佩和尊重，并尽可能使我们今天的生活效仿遥远过去的生活。我们看到，圣桌上摆列十二个饼①，对应十二个支派，这一点尤其为以上这些话提供了保证。这些饼全是无酵的，是原汁原味没有混合的最明显例子，为享受而备的人工技艺在做这些饼时全无用武之地，它们是全自然的，除了必不可少的用途之外，不提供别的享受。这个话题就说到这里。

29. 在这一节日里另有一个节日紧跟在第一天之后。它被称为"禾捆节"②，之所以得这名称，是因为它的仪式是拿一个禾捆作为初熟的庄稼放在祭坛上，既是赐给以色列人的土地上产的初熟庄稼，也是整个大地产的初熟庄稼，所以它既是特别为了这个民族的目的，也是一般的为了整个人类的目的。究其原因，是

---

① 见《利未记》二十四章 5 节以下。

② 见《利未记》二十三章 10 节以下；关于"紧跟在第一天之后"，见《利未记》二十三章 11 节；七十子希腊文本"第一天早晨"；希伯来文本"安息日的次日早晨"。

这样的①：犹太民族之与整个人类，就如同祭司之与这个国家。一点儿没错，这圣职属于以色列是因为它履行一切洁净仪式，在身体和灵魂上都遵守神圣律法的命令，克制肚腹及其以下部位……的享乐，使理性引导非理性的感觉，还遏制、主宰灵魂里狂野而放纵的冲动，有时候用温和的抗议和贤明的告诫，有时候则通过更为严厉、更富强制性的谴责，利用对刑罚的恐惧，把刑罚作为一种威慑力量。

当然，按真理的论断，不仅律法在一定意义上是关于这一圣职的教导，不仅遵循律法的生活必然带有祭司或者更确切说大祭司的性质，还有特别重要的另一点。别的城邑敬拜的神有男神、女神，数量上没有限制，可以无限多，是一伙诗人和广大民众的虚妄幻想之物。对他们来说，追求真理是困难重重的事，完全不是力所能及的。然而我们发现，并非所有民族都有同样的神；相反，不同的民族崇拜、敬重不同的神。对于别人的神，他们根本不当作神看待。他们认为其他人接受那样的神是儿戏、笑料，指责那些敬它们的人愚蠢至极，没有正常的思维能力。但是，如果所有希腊人和野蛮人一致承认的神是存在的②，他是诸神和人类

---

① 或者"这是根据以下事实"等等。关于以下陈述参一卷 17 节第二段，只是在那里，是大祭司为世界祷告，而不是犹太民族。Heinemann 指出，有一点很奇怪，以下阐述强调犹太人的世界祭司身份，却与相对不那么重要的禾捆节仪式联系起来，更何况斐洛在《论梦》第二卷里已经规定，这禾捆必须是从圣地取来的。然而，这禾捆实际上是整个收成中的初果，这节是在七七节和住棚节里过的。斐洛并不是根据仪式论证世界祭司身份，而认为它作为一个事实表现在：（1）以色列对神圣律法的遵守；（2）它独特的一神论，并由此指出，禾捆祭以及隐含表明的其他感恩祭都具有世界性。他把这一论证用于第一例子并非不合理。

② 这是值得注意的声明，其含义不太可能指别的，就是指所有人都承认有一个创造主。在这样一个一般性的声明中，他可能忽视了无神论者，但这话也很难与其他地方关于多神论所说的话相吻合。或者他是认为所有的神学家都像希腊人和罗马人那样承认有一位神在其他一切之上？

的至高父，整个宇宙的创造主，他的本性是无形体的，不仅眼睛不能看见，心灵也无法洞悉，同时又是每个研究天文学和其他哲学的人渴望探求的问题，并尽一切可能寻找有助于他认识这个问题、对之有用的方法——那么，所有人都应当信靠他，不可引入新的神，像木偶一样表演的神，来接受同样的敬拜。当其他人在至关重要的问题上犯了错的时候，确凿的事实是，犹太民族纠正了他们所犯的过错，他们不考虑一切被造之物——因为它们既是受造的，就必然要灭亡——而选择了侍奉非受造的、永恒的那位，首先因为它的卓越，其次因为献身并依附与长者胜于幼者，统治者胜过臣服者，创造者胜过受造者。因而，看到有些人竟然指责这个对世界各地的所有人表现出如此深刻的友谊和善意的民族是非人道的。残暴的，真令人吃惊万分，它通过祷告、节日和初熟果子的献祭，为整个人类代求，代表那些逃避这种侍奉的人——这原是他们应当做的事——也代表它自己向真正存在的神表示敬意。

　　关于这一为全人类献上感恩的节日就讲到这里。至于这个民族特别献上感恩也有许多理由。首先，因为他们不再永远在岛屿和大陆上四处流浪，作为外乡人和流浪汉住在别人的家园，遭受指责，说他们伺机夺取别人的财物。他们也不会因缺乏购买力而只能在这个大国暂借一隅居住，而是获得了土地和城邑作为自己的财产，在这产业上他们是作为长期固定的居民居住，因此把献上地里出产的初果作为一项神圣的使命。其次，赐给他们的这块土地并非被人遗弃、无足轻重的土地，而是肥沃之地，非常适合饲养牲畜，结丰硕的果子。在这块地上，没有哪个地方的土壤是贫瘠的，即使看起来似乎是多石或坚硬的地方，也有非常深厚的软矿脉交叉，丰富的含量适用于孕育生命。此外，他们所得到的也不是无人居住的土地，而是曾容纳一个人口众多的民族，各大城邑也曾住满身强体壮的公民。只是这些城邑如今已成空城，整个民族除了一小部分外，已经消失不见，部分是因为战争，部分是因为天谴，这是由于他们奉行奇异怪诞的邪恶习俗和可憎的不敬行为，企图颠覆自然法则而造成的。由此教那些取代他们进城居住的人从别人的厄运中吸取教训，从别人的历史中学得教导，如果他们效仿恶行，就必遭受同样的命运，如果尊敬美德生活，就必拥有指定给他们的产业，不是作为定居者，而是作为本地人。

我们表明了禾捆节既是本民族自己地里出产的一个祭，也是全地献上的祭，为本民族和整个人类渴望享有的丰产和富裕献上感恩。但我们不可不注意，这祭品代表着许多大有益处的事物。首先，叫我们纪念神，我们还能找到比之更好的事么？其次，叫我们回报他这丰收的真正原因，这是完全应当的。因为农夫的技艺所产生的结果微不足道，不过是拉出犁沟，挖掘或围住植物，加深沟渠，修剪多余的生长物，或者其他类似的工作。而自然对我们的恩赐是必不可少的。极其有益的，肥沃的土壤，有泉源、江河、冬蓄春流之水灌溉的田地，合时节的雨水，恰如其分的空气给我们带来真正催生生命的气息，无数种类的庄稼和植物。所有这些哪一个是由人发明的，或由人产生的？没有，正是自然，它们的父母，把她自己的所有财产毫不吝啬地分给人，认定他是必死动物中最大的生命物，因为他分有理性和智慧，选择他为最相配者，邀请他分享她的所有。因此赞美、敬畏神的好客是适合、正当的，他把整个大地供给他的客人作为一个真正宜人的家，不只是有充足的生活必需品，还有奢侈生活所需的财富。再者，我们知道不可忽视施恩行善者，凡是感恩神的——神其实无所需，他自己就是完满——就会习惯于感谢人，而人的需要是数不胜数的。

这献祭的禾捆是大麦，表明使用劣等的庄稼也不可随意指责。若是把所有庄稼的初熟果子都献上，那是不敬的，因为它们大部分都是为享乐而不是用作必需品而生产的；同样，享受并分有任何形式的食物，还没有以适当而正确的方式为其献过感谢祭的食物，也是不合法的。因此律法规定①要用大麦作初果献祭，这种庄稼在重要性上被认为位居第二，次于小麦。小麦是最重要的食物，它作为初果也具有更大的卓越性，所以律法就把它推迟到将来更适当的时机献祭。律法不预先使用小麦，要把它留到恰当的时机，使各种不同的感恩祭在各自指定的日子到来时献上。

30. 禾捆节在律法上具有优先性出于这些理由，它事实上也预告了另一个更大的节日。这节日正是从它开始算起的第五十天，七个七天，再加上圣数一就到了这节日②，这一是神无形体的像，它像他是因为它也是单独的。这是五十所显示的第一大卓越性，此外还有一点应当注意。它的性质如此奇异而可敬，原因很多，其中之一就是，它是由如数学家告诉我们的一切存在物中最基本、最可敬的一个，即直角三角形构成的。直角三角形的边长分别是 5、3、4，加起来是 12，是黄道带的样式，极其多产的六的双倍，是完全的起点，因为它是各因素相加的总和。但我们看到，边长若是增加到二次幂，即 $3 \times 3 + 4 \times 4 + 5 \times 5$，就得 50，所以，我们必须说，二次幂怎样高于一次幂，50 就怎样高于 12。若是两者中较小者体现在天际最杰出的事物，黄道带上，那么较大者即 50，必然是某种更为卓越的存在形式的范型。只是此时讨论这个话题不太合时宜。现在我们只要求注意两者的区别，以避免把卓越的事物当作次要之事对待。

---

① 《利未记》二十三章没有提到大麦。由于约瑟夫《犹太古史》III，250 也这样说，可以推测，当时使用大麦已经是普遍的做法，斐洛记错了，就把它归于律法的规定。

② 即 49 再加上 1 就成了圣数 50。

到了第 50 天要守的节日称为"庄稼初熟节"①。按惯例，这一日要带两个加酵的细面饼，用作为最好的食物的那种庄稼小麦作成的饼，献为祭。对"庄稼初熟节"这一名称的一个解释是，把青麦刚刚长出来的果子，最早抽出来的麦穗拿来，在人们还未开始使用年终收成之前作为样祭（sample offering）献上。小麦是人所必需的、又健康又可口的粮食，馈赠者慷慨的供应，人只是白白地接受，所以人在向馈赠者献上样祭之前，一点不可享用或品尝它，这无疑是合宜的规定，也是虔诚的任务；事实上，这祭品不是作为礼物献上的，因为一切事物、财产、礼物无不是馈赠者的，而只是作为一个记号，不论多小，借此表达对他的感谢和忠诚，他虽然不需要任何利益，却把他的恩惠源源不断地降给人。关于这一名称的另一原因可能是，小麦作为首要的也是最好的地上出产，是一种了不起的粮食。相比之下，所有其他耕种的庄稼都只能位居第二；就如城邦的执政者或船上的掌舵者，可以说是第一位，因为他们根据具体情况制定城邦的方针、船舶的航线；同样，小麦之所以得称为复合名词"首要出产"（first - product，也即"初熟出产"），是因为它是一切谷物中最好的；它若不是最好的生命造物的食物，也不可能是首要产品。饼是加酵的，尽管有禁令②，不可把酵带到坛上，但这不是要与法令相抵触，这样说是为了保证会有一种祭品既是为领受，也是为给予而献的。领受，我的意思是说献祭者的感恩，给予是说，献祭者带来的东西当下就归还给他们，没有任何拖延，只是不是为他们自己所用。因为食物一旦分别为圣，就为那些有权力和权威的人

---

① 见第一卷 35 节第六段。

② 《利未记》二章 11 节。接下去的话似乎是说，这禁令在这里不管用，因为饼虽是献给耶和华的（《利未记》二十三章 20 节），同时也是从他收回来的（"这是献与耶和华为圣物归给祭司的"）。由此可以认定，它们必须以最可口的形式带来，大概因为这是节日，因为祭司其实也吃未发酵的饼。

使用，这权力属于那些作祭司的人，借着律法的恩典，他们有权力分享带到祭坛上未被不灭之火烧掉的任何东西——这种特权或者是对他们行使祭司之职的报酬，或者是对他们在敬虔之路上所承受的比赛的奖赏，或者是他们在地上的神圣分配，因为在分配领地时，他们不像别人那样分有应得的一份。同时，酵母也象征了另外两点：一方面，它代表最完全、最完美形式的食物，所以，在我们日常使用中，找不到比它更好或更有营养的食物了，另外，由于小麦粉优于其他任何谷物研磨的粉，它的卓越性要求明显由它而做的祭品应当具有同样高贵的品质。另一点更富比喻意义。凡是发酵的东西都升涨起来，而喜乐就是理性的提升，或者是灵魂的上升。一切存在的事物，没有哪一样比拥有大量生活必需品更能使人油然喜乐了。这恰恰表露了人们的高兴和感激之情，用发酵的饼表达他们内心里不可见的幸福之感。

祭品是饼而不是小麦粉，这是因为有了小麦，就不会错过一切美味可口的食物。我们知道，在所有种植的庄稼中，小麦是最后长出、收割的。用这种最好的食物献上的感恩祭有两次，为两个时间献上，过去和将来：过去，是因为我们的日子在丰衣足食中度过，没有经历匮乏和饥荒之灾；将来，是因为我们已经储蓄、预备资料为将来所需，当我们分配神的礼物，并按着好的经济法则①把它们拿出来为日常所用时，心中满怀美好的盼望。

31. 接下来是圣月之初，其仪式是在圣殿里献祭的时候吹响号角，它的名称"吹角节"就由此而来。这节日具有双重意义，一重是以色列民族特有的，另一重是整个人类通有的。就前者来说，这是一个提醒，叫人纪念一次伟大而奇异的事件，这事件是

---

① 直译"实用美德的法则"。根据斯多亚学派的思想，关于有益于家政之事的知识是一种"arete"，惟有智慧人才是"aikonomikos"。

从天上赐下关于律法的神谕时发生的。① 当时，天上发出轰隆隆的号角声，我们可以设想，这号角直响到宇宙之各极，使那些远离现场、住在接近地极的人也感到惊恐万状，他们很可能会合乎情理地推断，这样强烈的记号必预示着伟大的结果。一点没错，人所能领受的还有比从神之口亲自发出的普遍律法更伟大或更有益的事吗？它们不像特殊的律法，要借着阐释者作中介。

这是民族特有的意义。以下是对整个人类共有的意义。号角是用于战争中的工具，既是开战时用来号召军队前进攻敌吹响的，也是军队要分开、返回各自营房时叫人撤退时吹响的。还有一种争战，不是出于人的力量，而是自然在自身里发生冲突，她的各部分彼此攻击，她的遵守律法和平等的意识被贪求不公的欲望所制服时发生的争战。这两种战争都导致地上万物的毁灭。敌人砍掉果树，洗劫国土，放火焚烧粮食和开阔田地里成熟的庄稼，而自然力则利用干旱、暴雨、包含大量水分的狂风、灼热的阳光、冰雪夹着刺骨的寒冷来制造破坏，同时，使一年四季有规律的交替变成混乱无序。在我看来，这是由于不敬而产生的一种状态。在这种状态中，事物不是按部就班，渐行渐进，而是带着湍流的力量一下子倾泻到人头上。因此，律法借用号角这种战争工具来设立这一节日，得名"吹角节"，作为感恩祭，感谢神这位和平的缔造者和保护者，因他消灭了城里的纷争和宇宙各部分的分裂，创造了丰富、多产和大量其他好事，没有让果实所遭受的浩劫留下一丁点儿可以重新点燃的火星。

32. "吹角节"之后的节日是斋戒日②。有些心灵反常、恬不知耻地指责美好事物的人也许会说，这算什么节日？没有吃喝

---

① 见《出埃及记》十九章 16 节。

② 见一卷 35 节第七段。

的聚会，没有大群款待者和被款待者，没有大量烈酒的供应，没有豪华的餐桌预备，没有大大展现公众宴席所有的种种装饰，没有欢歌笑语的狂欢，嬉耍、诙谐的谈笑，没有舞蹈伴随着长笛、竖琴、手鼓、铙钹以及其他乐器的声音，那种灭人志气、蚀人骨气的靡靡之音通过耳朵激起不可遏制的淫欲。人对真正的喜乐茫然无知，就以为节日的欢乐正是在这些东西中并借着它们找到的。永远智慧的摩西用洞悉一切的眼睛看到了这一点，因而，他把斋戒日称为节日，最伟大的节日，在他的方言里称为安息日的安息日①，或者如希腊世界所说的，是七中的七，圣中的更圣者。他给它取了这一名称有许多原因。

首先，因为它必然包含自制；他诚然时时处处告诫他们要在生活的一切事务中显出这种品质来，控制舌头、肚腹及其以下部位，但此时他特别盼咐他们要向它表示尊敬，留出特定的一天献身于它。对一个已经学会漠视绝对必需的食物和水的人来说，生活的奢侈品——其存在与其说是为了保存和维持生命，还不如说是以其种种损害的力量提供享乐——有哪个是他不能鄙弃的？

其次，因为这圣日完全致力于祷告、恳求，从早晨到傍晚，人的闲暇时间不做别的，就是谦卑地请求、恳求，真心希望神息怒，请求赦免他们的罪，包括有意犯的和无意犯的，同时怀着美好的盼望，不是指望他们自己的功德，而是指望把宽恕放在惩罚之前的那位的仁慈本性。

第三，从斋戒日所设的时间考虑，即当时地上所有的果实都已经收割完毕，他认为此时立即去吃、去喝这些收成未免显得过于贪婪，而守斋、不把它们当作食物吃掉显明的是完全的敬虔，教导心灵不可信任预备好放在我们面前的事物，似乎它就是健康

---

① 七十子希腊文本《利未记》十六章31节和二十三章32节也这样称呼。英译本"圣安息日"。

和生命之源。因为这样的事物结果往往表明是有害的，没有益处的。那些果实收成后守斋不吃不喝的人，其灵魂向我们大声疾呼，他们的声音虽然没有达于耳，他们的语言却再明白不过了。他们说："我们高兴地接受了并正在贮存自然的恩惠，但我们不会把使我们得以保存的原因归于任何可朽之物，而是归于神，他是世界及其里面的一切的母亲、父亲、救主，有能力也有权利用这些或不用这些东西滋养并维持我们的生计。比如，请看我们成千上万的先人在穿越茫然无路、荒芜一片的旷野时，在整整四十年，一代人的生活中，怎样得到他的滋养，就如同生活在最富饶的、最肥沃的地上；他又怎样开启不为人所知的泉源，赐给他们大量饮用之水；怎样从天上降下粮食，既不多，也不少，就够他们每天的饭量，叫他们吃掉需要的量，不可储存，不要拿他们对他的良善的盼望换作对无生命的贮藏物的期望，不要想着所得到的丰盛，而要尊敬、崇拜丰盛的赐予者，以圣歌和祝祷敬拜他，那是他应得的。"

　　按律法的规定，斋戒要在第十守。为什么是第十天呢？我们在对这一数字的详尽讨论中已经表明，有学识的人把它称为最完全的数，它包含所有级数，算术的、和声的、几何的，还有谐音，四音程、五音程、八音程和十六音程，用比率表示分别是4：3，3：2，2：1和4：1；另外它还包含9：8的比率。也就是说，它充分而完整地概括了音乐学里的主要真理，因此得了最完全者的称号。他规定这种不吃不喝的节日应当基于十这个完备而完全的数，其本意是为我们里面最好的部分指定最好的营养形式。他并不希望有人以为他作为教导他们认识奥秘的人，倡导饥饿这种最无法忍受的痛苦，只是希望在不停填塞身体这个容器的过程中有一个小小的中断。因为这将确保从理性之源出来的水流纯洁而清澈，顺利流入灵魂，因为一直不停地提供食物会淹没身体，同时扫尽理性，而遏制食物的供应，理性就得到真正的强化，在追求一切值得看值得听的事物中能够勇往直前，如行在坚实的堤道上。此外，既然他们可能拥有的一切事物都显得充沛丰富，他们享有的美善如此完备而完全，在这种繁荣昌盛、恩惠多多的处境中，他们就应当通过禁食提醒自己回想匮乏是什么，并献上祷告和祈求。这原本就是合宜适当的，一方面恳求不要让他们真的经历匮乏，缺衣少吃，另一方面也表达他们的感恩，因为在这丰富的恩福里，他们想到他们所免遭的灾难。这个问题就谈到这里。

33. 每年节日中的最后一个是住棚节，发生在秋分时节①。由此我们可以引出两点寓意：第一点，我们应当敬平等恨不平等，因为前者是公正的起源和源泉，后者是不公的起源和源泉。前者类似于没遮挡的阳光，后者类似于黑暗；第二点寓意是，当一切果子都得完全之后，我们的任务是感谢神，是他使它们得完全，并且是一切美物之源泉。秋天或收后，如名字本身清楚表明的，乃是成熟果子收割进库的季节，地里种的庄稼和树上结的果子都交上了应缴的年税和贡赋，土地为数量庞大的各种动物，包括家养的牲畜和野兽，提供了充足的食物，不仅有当下需要的食物，还借着一切生命的朋友即自然的预见，备有将来所需的食物。再者，律法吩咐，在这节日期间，百姓要住在帐篷里②。究其原因可能是，此时农夫不必再住在野外干农活，因为再没有什么庄稼需要保护，果实都藏进了筒仓或类似的地方，以避免由灼热的阳光和暴虐的雨水常常带来的破坏。当我们要吃的庄稼还长在野外田地里时，你就得跑出去，看护、保卫对你必不可少的粮食，而不是像从来不踏出闺房半步的女子一样把自己关在房子里。当你留在户外时，难免遇到严寒或酷热，需要有高大茂盛的树阴随时

---

① 见一卷35节第八段。
② 见《利未记》二十三章40—43节。

为你遮蔽，躲在树阴下就比较容易避开恶劣天气带来的伤害。但当所有的果实都收集完毕之后，你自己也可以进来寻求不受天气影响的生活方式，在地里劳动时含辛茹苦，此时希望休养生息。

另一原因可能是，它提醒我们纪念我们的先人在旷野深处长途跋涉的经历，当时在每一个歇脚处他们都在帐篷里住很多年。确实地，在富裕中不忘贫穷，在显赫中不忘卑微，身居高位不忘曾是普通平民，在和平中不忘战争的危险，在陆地上不忘海里的风暴，在城里不忘孤独的生活。因为没有比在繁荣昌盛中想起过去的不幸困苦更能感受到巨大的喜乐了。当然这样做除了给予喜乐之外，对践行美德也有莫大的好处。试想，人既面临好运，又面临灾难，最后终于摆脱灾难，享有幸福，这样的人心里必然充满感激，但又担心情势逆转，因而急急地走向敬虔；同时出于对现在享有的恩福的感谢，就用歌声、颂词敬拜神，恳求他，祈求他息怒，好叫他们永远也不再经历如此的灾难。

另外，这一节日始于本月十五日，这原因与我们论到春季时所说的原因是一样的①，即自然赐予的大光充满宇宙，不仅白昼充满，夜晚也充满，因为在那一日，太阳月亮先后升起之间没有间隔，两者的光照之间没有任何黑暗的界限。在七日的王冠上他又加上第八日②，他称之为"结束的"，显然不只是这一节日的结束，也是我所列举并描述的全年节日的结束。这是一年的末日，也是对一年的总结。

八是第一个立方数，把它分配给这一节日也可能出于以下原因：它是关于更高的立体种类的开端，表明我们离开非实体之

---

① 即 28 节第一段末。

② 见《利未记》二十三章 36 节，《民数记》二十九章 35 节。《约翰福音》七章 37 节说：这是"节期的末日，就是最大之日"。英译本"严肃会"，修订本旁注"闭幕节"。

物，按着上升权能（ascending powers）的范围上升到立体，最后达到观念的范畴①。诚然，这秋收节，如我所说的，是一种完满，是一年中所有节日的终结，但似乎具有更多的稳定性和固定性，因为人们此时已经从地里回来，不再因疑惑地是丰收还是歉收而感到担心苦恼。确实，农夫的焦虑在庄稼收割归仓之前始终难以解除，各种各样的人和动物都可能使庄稼遭受毁坏。

这一长长的阐述出于我对圣七日的尊敬，我也希望表明全年的各种节日，可以说，显然都是那个像母亲一样的数所生的孩子……荒唐和喜乐的场景……因为节日聚会及其提供的快乐生活带来了免于忧虑或沮丧的幸福，在身体和灵魂里激荡着愉悦之情，安逸的生活方式使身体舒畅，学习哲学使灵魂喜悦。

34. 除了这些之外，还有一个并非节日，但具有节日特点的普遍仪式，称为圣筐节，一个可以顾名思义的名称，我要简短说一说②。它显然没有节日的身份和名望，这有多个原因。它不像其他节日那样对这个民族作为统一整体产生影响，我们也看不到有什么祭牲拿到或领到坛上，然后献祭，最后用神圣不灭的火焚烧，也没有规定它要持续多长时间。

35. 但是它具有节日特点，非常接近于一种普遍的仪式样子③，这一点很容易看出来。每个拥有农场或田地的人都拿上各

---

① 详细的思想见《论创世》98，那里把平面几何与立体几何分别等同于无形物和有形物。他用了"更高的"这个词，也许是说，通过上升到一种数学意义上的更高权能，就得到坚固性。但这种专业使用即使并非总是如此，一般也局限于第二权能或正方形（如30节），而不那么专业的意思可能等于"本性"或"价值"。至于八，按我的理解，1 = 点，2 = 线，4 = 面，8 = 体。

② 见《申命记》三十一章1—11节。

③ 大概是因为虽然没有全民大会，但每个人都必须在某个时候这样做。

种土产，装满我前面说过被称为筐子的器皿，怀着喜乐把它们拿到殿里，作为他们巨大丰收的样品。到了殿里，就立在坛的对面，把它们交给祭司。同时背诵以下这首优美而可敬的圣歌，如果记不牢，就全神贯注地倾听祭司背诵。这首圣歌的大意如下："我们的祖先离开叙利亚，迁移到埃及，虽然人数不多，却发展成为人口众多的民族。他们的后代在那里遭受当地人无尽的恶待，眼看不可能从人得到任何帮助，就转向神求告，寻求他的帮助和庇护。神对一切遭受不公的人都是仁慈的，他接受了他们的恳求，用神迹奇事、预言征兆以及当时所成就的一切神奇之事挫败了他们的敌人，拯救了正在遭受种种邪恶阴谋、被暴行蹂躏的受害者，不仅领他们得自由，还赐给他们遍地丰饶的土地。从这地里出产的果实，每一种我们都拿一样品献给您，我们的恩人——我们若是真的可以说把我们所领受的东西呈现给您。因为尊敬的主啊，所有这些东西，无一不是您的恩惠和礼物，您既认定我们配得它们，我们就为您赐给我们如此意料之外、完全超出我们盼望的恩福感到自豪和喜乐。"

36. 这首圣歌在络绎不绝前来敬拜的人口中不断诵唱，从初夏直到晚秋，经历两个季节，整整半年时间。因为整个民族这么多人，不可能统一在某个固定的时间一齐带着时果前来献礼，只能分散在不同的时间来，即使是出于同一个地方的同一批人也只能如此[①]，因为每年的环境、气候条件会有所不同，有时暖和一些，有时寒冷一些，再加上其他种种原因，就可能导致有些果子成熟得快一些，有些果子生长得慢一些，所以献果子样品的时间不可能精确地界定或限定，只能延长到一个相当长的时期。这些

---

① 我认为文本的意思是说，同样的种植者在不同年份可能会发现他们的果子成熟的时机各有不同。这本身当然也可能妨碍在固定的日子举行仪式。

祭品归给祭司吃，因为他们没有分得之地，也没有财产可取收益，他们与生俱来的权利是拥有百姓献上的祭品，以回报他们必须日夜履行的宗教之职。

37. 至此，我已经完成了关于七以及与日、月、年相关且都涉及七这个数的事，还有也同样与七相联系的种种节期的论述。在这样的论述中，我一直遵循立在我们面前的总纲的顺序，把它作为要讨论题目的顺序。现在我要开始论及下一个标题，这一条记载的是要孝敬父母的诫命。

38. 我在前面的论述中已经大概描绘了四条诫命，无论是在顺序还是在重要性上都无疑位居第一。它们包含关于治理宇宙的绝对主权的论断，禁止造出任何神的样式或偶像，禁止伪证或一般的假誓的命令，以及关于圣七日的教义，所有这些都意在提升敬虔和虔诚。现在我要过渡到第五条，讲述的是孝敬父母的义务，我已经在专门讨论这个问题的地方表明①，这一诫命是位于人和神之间的边界上。因为父母就是神的本性和人的本性的中介，分有两者；他们显然是人，因为他们是出生的，要灭亡，但也是神圣者，因为他们使其他人诞生，把非存在引入存在。在我看来，父母之与自己的孩子，就如同神之与世界，正如神赐给非存在者存在；同样，父母尽其所能效法神的权能，使人类代代繁衍，生生不息。

39. 父亲和母亲是值得尊敬的，不仅因为这一原因，还因为其他许多原因。在那些思考美德的人看来，长者在幼者之上，老师在学生之上，恩惠者在受惠者之上，统治者在臣服者之上，主

---

① 即《论十诫》22、23 节。

人在仆人之上。而父母处于这两个层次中的高者之位，他们是长者、教导者、恩惠者、统治者、主人；儿女处于低者之位，他们是幼者、学习者、接受恩惠者、臣服者和仆人。这些话一点儿没错，是不证自明的，但逻辑证明将进一步确证它们的真理性。

40. 我得说，创造者总是高于受造者，是其产生之结果的原因，生育者在一定意义上就是被生育者的原因和造主。他们也处于教导者的位置，因为他们从孩子婴儿时期就把自己恰好知道的一切传授给他们，不仅在各类具体知识上给孩子教导，印入他们年幼的心灵，还在最重要的问题，即取舍问题上指示他们，要选择美德，避开邪恶，还在各种行为方式上引导他们。另外，还有什么比称父母为孩子的恩惠者更符合事实的呢？首先，他们把孩子从非存在引入存在；其次，他们赐给孩子营养，后来又赐予他们身体灵魂受教育的权利，好叫他们不只是有生活，而是有美好的生活。他们进体育馆、健身房，接受那里的训练，使身体受益，获得充沛的精力，健康的体魄，矫健的身形，轻盈的步伐，举止优美、高雅。他们通过语文①、算术、几何、音乐、哲学的整体教育使灵魂得到同样的益处，把住在可朽身体里的心灵提升到高处，护送它到达天上，向它显明住在天上的幸福快乐的存在者，使它对那种亘古不变的永恒和谐的秩序——它们永不放弃这种秩序，因为它们顺服自己的指挥和元帅——产生一种热切的渴望。

父母除了为子女提供各种益处之外，还对子女拥有权威。这种权威不是抽签得到的，也不是如在城邑里那样靠投票产生的。若是那样，可能会有人说，抽签是出于错误的时运，全然没有理性成分，而投票是出于乌合之众的冲动，总是草率鲁莽，不计后

---

① 包括阅读、写作的低级教导和文学上的高级教导。

果，缺乏细心慎重。然而父母的权威不是靠这些获得的，而是在我们之上的自然，以公正治理人事和圣事的自然，以最可敬最完全的论断赐予的。

41. 因此父亲有权利责备自己的孩子，严厉地告诫他们，如果他们不听语言所传达的告诫，就可以击打、侮辱他们，把他们捆绑起来。进而言之，如果用这样的措施他们仍然悖逆不服，无可救药地自甘堕落，拒不服从管制，律法就允许父母加重惩罚直至处死，但是这不能由父亲单独作出，也不能由母亲单独决定，这样大的刑罚不能由他们中的一个，而是需要两人共同作出决定。因为若不是儿子的罪恶深重至极，使父母完全绝望，自然牢固确定在他们心中的亲情荡然无存，就不能指望父母两人会一致同意对自己的儿子执行死刑。另外，父母不仅有权利对自己的孩子施行权威，还有主人的权力，对两种主要形式的奴仆的权力：一种是家养的仆人，一种是购买的仆人。因为父母在自己孩子身上的花费，除了衣服、食物、生病时的护理、健康时的监护所支出的钱财之外，还有为哺乳、指导、教育他们的付出，从婴儿到成年，总数是购买奴仆的支出的许多倍。他们也如同“家养的”仆人，不仅是在这家里出生的，还是由这家主人生的，是他们按着自然的法令生育的孩子。

42. 面对所有这些事实，他们对父母无论孝敬到什么程度都不值得赞颂，因为所提到的这些考虑无论哪一点，其本身就足以要求人对父母表示尊敬。相反，他们若是不把父母作为长者敬重，作为导师听从他们的话，不觉得有义务把他们当作恩惠者回报，不作为统治者服从，不作为主人敬畏，那就应受谴责、辱骂以至极刑。因而，他说，要孝敬你的父母，他们仅次于神；自然这位比赛的裁判赋予他们第二位的冠冕。在孝敬父母上绝不可在为善的同时又企图显为善；为善就是追求单纯而真实的美德，显为善就是追求美德时追求与之相伴的尊贵的名声，周围人的称赞。要知道，父母对自己的个人利益几乎毫不考虑，把子女的最高成就看作最大的幸福；而子女要获得最高成就，就必须心甘情愿地倾听父母的命令，在一切正当、有益的事上顺从他们；真正的父亲不会给予儿子有悖于美德的教导。

43. 当然，孝敬可能不只是表现在以上所提到的方面，也体现在对与父母同样年长之人的谦恭礼貌上。尊敬与自己没有亲属关系的年长男女被认为是纪念自己的父母。他把父母当作原型，凡是与他们相像的，都表示尊敬。因而在圣经里，要求年轻人不仅把主要位置让给老人，也要给他们让路①，尊敬白发的人，白发表示老年，认为它配享受优先权的人，可以指望自己也会等到这一天。在我看来，另一条例也是可敬的，他说："各人都要敬畏自己的父母。"② 这里他把畏放在爱之前，并不是说畏在任何时候都比爱好，而是说在他所遇到的情形中畏更加有用和有益。首先，需要指教和告诫的人往往缺乏理智，而理智的缺乏惟有靠畏来医治。其次，在立法者制定的法令里包括一条子女要爱父母的命令是不合适的，因为自然已经把这一点作为一种必然的本能，从人刚出生时起就根植在那些有血亲关系的人的灵魂里。既然爱父母是本能教导的事，不是律法要求的事，他就没有提到要爱父母，而是吩咐要敬畏父母，因为考虑到有些人总是忽视自己的职责。父母对子女的爱如同磁铁一般，把他们紧紧地捆绑在子女身上，但是当父母极其温柔地怜爱子女，不怕艰辛，不顾危

---

① 见《利未记》十九章 32 节，"在白发的人面前，你要站起来，也要尊敬老人。"

② 见《利未记》十九章 3 节。

险，从各方面为他们提供美好礼物时，有些孩子却不是从有益于他们的方面去接受这种极端的温柔。他们热切地追求奢侈和淫乐，赞成放荡的生活，在身体和灵魂上都渐渐耗损，哪一部分也不能再借自己特有的能力挺立，他们毫不脸红地使它们的能力衰弱、瘫痪，因为他们从来不畏惧父母身上检查员的角色，而是放任、纵情于自己的淫欲。所以，必须告诫这些父母，要使用更有效更严厉的措施医治他们孩子的这种耗损，也必须告诫这些孩子，要敬畏生育他们的父母，畏他们如统治者和主人。惟有这样，才能使他们不做恶事，否则很难威慑他们。

44. 至此我已经讨论了第一组的五条律法总纲，以及归于各条总纲的所有特殊的律法。另外我还必须论述为违背这些律法所规定的惩罚。违反这些律法的罪彼此之间有密切关系，其结果就是所有罪都得到共同的刑罚，即死刑，当然导致这种刑罚的原因各不相同。我们应当从最后一条诫命，即对待父母的行为开始，因为我们刚刚还在谈论它，还记忆犹新。他说："打父母的，必要把他用石头打死。"① 这是完全正当的，公正绝不允许虐待生命创造者的人存活。但是有些权贵和立法者却重视人的意见，而不是重视真理，规定打父亲的人要砍去双手，一种似是而非的权变，这是由于他们希望得到考虑问题不够细致或者缺乏头脑的人的赞同，这些人以为犯人哪个部位打父母，就要把哪个部位切除。然而把怨恨发泄到仆从而不是始作俑者身上，这是愚蠢的。施暴的不是手，而是使用双手的人，必须受惩罚的是这个人。否则，若有人用剑杀了另一人，我们只要把那把剑扔出去就够了，

---

① 见《出埃及记》二十一章 15 节"必要把他治死"。在摩西五经里用石头打死是普遍的行刑形式，在对待不孝儿子时肯定提到使用这种方式惩罚他，所以有点出入并不是大不了的事。

而让杀人犯逍遥法外；反过来说也同样，我们不必尊敬那些在战场上建立赫赫战功的人，而去尊敬没有生命的装备和武器这些供他们使用的工具。就运动员比赛得胜来说，不论是单程、双程、长跑、拳击，还是一般的比赛，他们难道只想着给运动员的腿、手戴花环，而不是把他们的身体看作一个整体。引入这样的做法，把应当给负责人的惩罚或尊敬给予不可缺少的伴随物，那必定会显然非常可笑。同样道理，在音乐演奏会上，有人作了非常成功的长笛或竖琴表演，我们不会对这个人视而不见，而去赞美、荣耀他的乐器。既如此，你们这些尊贵的立法者，为何要我们砍去打父亲之人的双手呢？难道你们的目的是，除了让罪犯变为完全的废人之外，还让他们向被他们恶待的人征税，不是年税，而是日税？因为他们被废了，就无法养活自己。没有哪位父亲会铁石心肠到任自己的儿子活活饿死，尤其是当他的怒火随着时间的流逝渐渐消退之后。即便他没有用双手攻击，而是用侮辱性的语言攻击那些应当用美好语言赞颂的人，或者以其他方式做下什么侮辱自己父母的事，也当把他治死①。这样的人是众人共同的敌人，实际上就是民族的公敌。对创造自己生命的人——借着他们而进入存在，自己不过是他们的一个补充——都不友好的人，谁还能指望从他处得友善呢？

45. 同样，凡在其能力范围内把圣安息日变为亵渎之事的，必把他治死②。我们应当相反，以各种方式把污浊的事变为洁净的事，包括质料性的和非质料性的，使它们成为美善的，因为如

---

① 见《出埃及记》二十一章 16（17）节，《利未记》二十章 9 节，英译本"咒骂"，修订本旁注"或者辱骂"。后半句他可能引自《申命记》二十七章 16 节："轻慢父母的，必受咒诅！"

② 见《出埃及记》三十一章 14、15 节。

有话所说的，"圣洁的唱诗班里没有嫉妒的立足之地。"① 而胆敢贬低、损坏分别为圣之物的印记的，表现出的是最大的不敬。在古代全民长途跋涉穿越杳无人烟的旷野离开埃及的大迁移中，曾发生过一个故事②。第七日到了，包括各色人等的所有人——总数有多少我已经在前面有过交代③——都非常安静地待在自己的帐篷里，却有一个人，一个绝不是位卑或无足轻重的人，对所立的律法嗤之以鼻，嘲笑那些谨守的人，擅自出去捡拾柴火，实际上是炫耀对律法的不顺。他带着一大把柴火回来之后，其他人都从帐篷里涌出来④，考虑到这日子的圣洁，虽然义愤填膺，却没有施暴，而是把他带到统治者那里，报告他的不敬行为。统治者让人把此人监禁起来，等神圣宣告发出来，应把此人用石头打死，他就把此人交到首先发现他的那些人手里⑤，置他于死地。第七日是禁止点火的，其原因我前面已经说过⑥。我想，这原因也同样适用于为点火而收集材料的行为。

46. 至于求神作假见证的人，规定要处以死刑⑦，是完全正当的。就算是人，只要他是个正派的人，也难以容忍邀请他签字证明谎言为真的行为；在我看来，很可能会把凡是怂恿他这样做

---

①　柏拉图《斐德若篇》247A。

②　见《民数记》十五章32—36节。参见《论摩西的生平》第二卷39节第二段。

③　见27节。

④　在类似的另一叙述中，是先前到旷野去祷告的人回来途中看到这个不守安息日在做工的人。我们看到，在两次叙述中，对同一个问题，即他们既然应当一直待在帐篷里，那是如何发现这个罪犯的，有两个不同的答案。

⑤　《民数记》里"全会众"。

⑥　见16节。

⑦　斐洛没有圣经典据证明违背第三条诫命的人要判处死刑，这里死刑只限于发假誓，这一点其实他在第8节第2段里经过了验证。他的推论，如他在此段末所表明的，是这样的：较轻的罪都判以死刑，对较重的罪，必然要判死刑。

的人都看作敌人，不值得信赖。因而我们必须宣称，神的本性虽
然是仁慈的，但绝不会放过对不公正起假誓的人，一个几乎不可能
得到洁净的恶人，即便他逃过人的惩罚，神的惩罚他是绝不可能
逃过的；有成千上万对律法充满热心的人监视着他，他们是最严
厉的祖传习俗的看护者，对那些企图破坏的人毫不留情。否则，
我们必须设想，既然对不敬父母的人应当治死，当不敬的人侮辱
比最高权威本身更荣耀的名时，岂不应当给予更适当的刑罚。谁
也不会愚蠢地将较小的罪治以死刑，而对那些犯了更大罪的人，
却不治死罪；辱骂或殴打父母所包含的亵渎，不如指着神的圣名
起假誓所包含的亵渎更大。

　　若说起假誓的人有罪，那么不认真正存在的神的人，敬拜受
造物而不是它们的造物主，以为不仅土、水、气、火，大全的各
种元素，还有太阳、月亮、行星、恒星，整个天空和宇宙，甚至
必死工匠的作品，塑造成人形的木头、石头，都应当敬拜，这样
的人该处以多大的刑罚①？因此，就让他也成为与这些人手所造
之物一样的物吧。敬拜无生命之物的人，就当成为无生命之物，
这一点也没错；如果他已经成为摩西的门徒，常从他先知②的口
里听到那些最神圣、最虔诚的指令，那就更该如此。请听这些指
令："别神的名你不可放在心里纪念③，也不可从你口中传说。

---

　　① 斐洛似乎以《申命记》十七章2—5节作为典据，证明违背第一条诫命的人
要处以死刑，因为那里对假神的描述与这里非常相似，对违背第二条诫命的人，据
《诗篇》一百一十五篇8节，钦定本："造它们的人要和它们一样"，七十子希腊文
本："他们要成为一样的。"

　　② 直译"既说话又说预言"，意思可能是说，虽然是摩西在说话，他也是神的
传言人，或者，有时候他代表自己说话，有时候作为传言人说话。接下来的话虽然
主要出于《出埃及记》二十三章13节，但如"常常"一词所表明的，意在表述摩西
在别处教导的教义。

　　③ 七十子希腊文本《出埃及记》二十三章13节。英译本"别神的名你不可
提"。

你的心灵和言语要远离这些别神，转向万有之父和造主，叫你对他独一的主权认识成为最好的、最高贵的，使你的话合乎礼仪，对你自己以及听你讲述的人有最大的裨益。"

47. 至此我们解释了对那些违背五条神谕的人的惩罚。对于谨守它们的人，自然有奖赏预备着，即使律法没有以命令的话明确说出来，也可以看出这是构成律法的基础。拒不承认别的神，不敬拜人手所造的作品，不起假誓，这些行为不需要别的奖赏。可以肯定，奉行这样的自制本身就是最好也是最完全的奖赏。试想，爱真理的人能从哪里找到比献身于独一的神、以坦诚无欺且纯洁无瑕的心侍奉他更大的快乐呢？我不求侍奉虚枉的人作见证，而求那些受永远不偏离正道的热心激发的人，那些崇尚真理的人作见证。因为智慧本身就是智慧的奖赏，公正和其他各种美德都是它自己的奖赏，更不要说虔诚①，如同唱诗班里最美丽的公主和舞蹈皇后，是她自己的奖牌和奖赏，为那些关心她的人提供快乐，为他们的孩子，孩子的孩子带来福祉，那是永远都不可能失去的福祉。

48. 再者，那些守安息日的人，身体和灵魂都经历两个最重要方面的受益。身体受益在于，周期性地从连续、累人的劳作中中断，获得休息；灵魂受益在于，获得卓越的认识，知道神是世界的创造主，是他所生之一切的看护者。因为他在第七日使万物得完全。这些事清楚地表明，凡恰当地尊敬安息日的，就为自己赢得益处。同样，凡孝敬父母的，也不可求额外的奖赏，只要他定睛看一下，就会发现他的奖赏就在行为本身之中。然而，由于这一诫命，就它是关于必死之物来说，低于前四条诫命，前四条

---

① 或"圣洁"。

涉及的范围更接近于神，所以他用话语给予鼓励："当孝敬父母，叫你可得益处，也叫你的时间延长。"这里他指明了两种奖赏：一个是拥有美德，"益处"就是美德或者没有美德就不能存在的事物，另一个其实就是从死里得救，延长的生命、持久的生命就是指这个意思。只要你的灵魂洁净了一切不洁之物，即使你还住在身体里，也必拥有这种繁荣兴旺的生命样式。

至此，我们已经充分讨论了主题的这一部分。适当的时候我们要考察第二组律法的内容。

论特殊的律法

第 三 卷

论十诫之两诫总纲下的特殊的律法，这两诫即第六条禁止奸淫和一切放荡之事，第七条禁止杀人和一切暴力行为。

1. 曾有一段时间，我有闲暇思考哲学，沉思宇宙和它的各个部分，浸淫于它的种种壮美、可爱和真正幸福，使它的灵成为我自己的灵；在这段时间里，不断浮现在我脑海的是神圣的主题和真理，我在里面快乐徜徉，永不生厌腻烦。我没有丝毫卑鄙可怜的念头，也不沉溺于对名誉、财富或身体上舒适的追求，似乎总是带着受神所差的圣灵感动的灵魂，被高高地推向极处，与日月和整个天空、宇宙一同遨游。然后我从上空向下凝视，努力睁开心眼眺望，就如从某个居高临下的最高点，放眼全世界，俯瞰广大属地之物，庆幸自己拼尽全力终于摆脱了必死生命的瘟疫。然而，结果表明，我的脚步后面尾随着致命的危害，就是恨恶善人的嫉妒，它突然攻击我，不停地猛力把我往下拖，直到把我淹入烦人的民事之海①，我跌入那海洋，被波涛席卷而去，甚至无

---

① 我不知道我们对斐洛这些作品的写作日期是否有足够的了解，所以很难断定这里的民事是否就是指公元38—41年发生的一些大事。

法把头抬出水面。然而，我在呻吟中控制住自己，因为从我婴儿时起就根植在我灵魂里面，至今一直保存着的对教养的渴望，怜悯我，同情我，把我抬升起来，解除了我的痛苦。正由于这种渴望，我不时地抬起头来，用心眼——诚然模糊不清，因为外在之物的迷雾已经遮住了它们清晰的视野——我还是想办法用心眼环视我的周围，希望吸入一口纯洁、未沾染邪恶的生命之气。如果我能意外地得到一段时间的好天气，风平浪静，没有一点动荡，我就插上翅膀，乘着水波，几乎踏着低空的气流，吹拂着知识的微风，她常常敦促我来与她待在一起，可以说，她是一个逃离凶残主人的孩子，这主人不只是指人，也包括事物，就是像湍流一样从四面八方向我倾泻而下的事物。然而，即使是这样，我也应当感谢神①，我虽然被淹没，却没有沉到最深处，而是能够睁开心眼——在我失去令人欣慰的盼望时，我曾以为它们丧失了视力——得到智慧之光的照射，没有陷入终身的黑暗之中。所以看看我有多大胆，不只是阅读摩西的神圣信息，还出于对知识的热爱，一个个洞悉它们，展现并显明众人所不了解的事。

2. 神不借传言人或翻译者，亲自发出的十大神谕，我们已经谈了五条，即那些刻在第一块法版上的诫命，还谈了与这些诫命相关的所有特殊的律法。现在我们的任务是尽我们所能把它们与那些刻在第二块法版上的诫命联结起来，我还要尽力把特殊的律法各就其位地纳入每条诫命的纲要之下。第二块法版上的首条

---

① 这一节的意思，如果简化为白话，就是说，那样的时间，就是斐洛能够全身心地沉浸在哲学中的日子，已是遥远的过去了，如今他一直被烦人的政治事务缠绕，这些事常常占用他的全部精力；不过，他还是见缝插针，一有时间就重拾他最喜爱的研究，展示他的哲学见解。诚然，有时候他还能完全摆脱这些束缚，甚至感到圣灵的启示，但这一次并非如此。他的境况是，他能睁开心眼，但无法乘风破浪；即便这样，他也心里充满感激。

诫命是"不可奸淫"①。我想，之所以把它列为第一条，是因为享乐是一种渗透于全人类的巨大力量，世界上没有哪一部分在她的支配之外，无论是生活在地上的、海里的、空中的，都受她控制，因为走兽、飞鹰、鱼类这三类生命物都无一例外地无条件敬重她，顺从她，听她的指挥，期望她的每一瞥、每一点头，甚至心满意足地接受她的骄横任性，反复无常，对她的命令几乎是未令先行，全都如此急迫、如此迅速地献上它们的侍奉。然而，即使是合乎自然享乐，如果过分欲求，贪得无厌，也常常受到严厉责备，比如狼吞虎咽地暴饮暴食，尽管所吃的食物没有一样是禁止的；再如，有些人贪慕女色，狂恋交欢，就行不贞放荡之事，尽管不是与别人的妻子，而是与自己的妻子。在大多数情形中，责任与其说在于灵魂，不如说在于身体，身体里既有大量的火，也有大量的湿气；就火来说，当它烧毁眼前的材料时，就马上要求供应新的材料；就湿气来说，它通过生殖器官源源不断地流出来，一刻不停地使它们产生灼痛、搔痒以及愉悦之感。

与此不同，有些人疯狂地占有别人的妻子，还常常是自己亲戚朋友的妻子，这些人的生活给邻人带来了浩劫，使广泛的家庭关系遭到大规模破坏，把对婚姻幸福的祷告变成一个咒诅，使对子孙后代的盼望落空。这里，得了不治之症的是灵魂。这样的人是整个人类的公敌，必须判以死罪②，免得他们毁灭更多家庭，成为那些以效仿恶人的行为方式为业的人的导师。

3. 与两性有关的律法所制定的另一条例也非常不错③。它不

① 七十子希腊文本《出埃及记》二十章也如此，但《申命记》里不是这样。见《论十诫》24 节。

② 关于判奸淫罪死刑，见《利未记》二十章 10 节，《申命记》二十二章 22 节。

③ 这一被禁止的两性关系的名单遵循《利未记》十八章的顺序。有些显然也根据《利未记》二十章和《申命记》二十二章。

仅禁止与别人的妻子发生性关系，也不可与寡妇①——凡是道德法所不允许娶的——发生关系。一提到波斯人的习俗，它马上表现出极端的厌恶和憎恨，认为这是违背圣洁生命的极其严重的罪孽，是要绝对禁止的②。因为波斯的权贵娶自己的母亲，认为这样的婚姻所生的孩子是出身最高贵的，所以，据说就配拥有最高的统治权。这真是骇人听闻的事：父亲的床，原本应视为神圣之物敬而远之，却使之蒙羞；母亲的白发，原本应尊敬有加，却不予丝毫尊重；同一个男人是同一个女人的儿子和丈夫，同一个女人是同一个男人的妻子和母亲；两者的孩子既是父亲的兄弟，又是母亲的孩子；这女人既是她所生的孩子的母亲，又是他们的祖母，这男人既是他所育的孩子的父亲，又是他们同父异母的兄弟。还有比这更不敬的事吗？

古代底比斯（Thebes）的希腊人中间有过这样的事，比如拉伊俄斯（Laius）的儿子俄狄浦斯（Oedipus）就是一例。但纵然如此，他们也是在不知情的情况下所为的，而不是出于有意策划，况且这样的婚姻产生了大量灾难，没有什么能阻止它走向最终的悲剧。因为父辈和祖先留给子孙后代的就是连绵不绝的内战和外战③。希腊最大的城邦受到洗劫，本土的军队和联军小分队被全部消灭，两边最勇敢的首领一个接一个地倒下，因渴望统治权而造成势不两立的世仇，导致兄弟自相残杀。结果，不仅家族

① 也许指"没有丈夫的女子"，因而不仅包括母亲和继母，也包括一切从她们而来的禁止通婚的亲戚。
② 《利未记》十八章7节以下。关于波斯人的乱伦，见亚历山大里亚的克莱门《杂记》（Clement Alex. Strom. iii. 2. 11）。
③ 这不只是指"七雄攻打底比斯"（Seven against Thebes）的战争，这是由俄狄浦斯的两个儿子相互竞争引起的，也指后来的埃比格尼（Epigoni，第一组族长的儿子们）战争，这很可能被认为是由俄狄浦斯的咒诅间接引起的。根据传说，底比斯在这场战争中受到洗劫。不过，整段话对通常的传说作了极大的夸大。

和独立的地区，就是希腊世界最大的部分也在全面毁灭中归于尘土。原本人口稠密的城邦丧失了自己的居民，成为希腊灾难的历史遗址，使人沉思的一个不幸景象。

遵循这些习俗的波斯人也不能免于同样的困境，他们常常卷入战役和争战，杀人如麻，也被杀无数。他们除了不时攻击邻国之外，还要时时镇压起义。因为野蛮人本性上不可能保持安静，有许多起义从各地掀起。因此，这个暴乱还没有镇压下去，另一场起义又如火如荼，所以一年之中没有哪个季节能过上平静安宁的生活，无论冬夏，无论白昼，他们都一身戎装，和平时间少之又少，因此他们在野外扎营，忍受艰苦的时间比住在城里的时间更多。我不必提到诸王的丰功伟绩，他们刚登基时的第一次建业行为乃是最悖理逆性的行为，就是屠杀兄弟——他们试图为这种谋杀行为的合理性作辩护，说是因为预料到兄弟们很可能会起来攻击他们，于是先下手为强。所有这些事在我看来都是由于儿子与母亲的不当婚配导致的。公正监察人事，把邪恶的行为报复在不敬的人身上，这种不敬从作恶者延伸到那些自愿把自己归入作恶者行列的人。

然而，我们的律法在这些事上已经采取了非常仔细的防范，它甚至不允许前妻生的儿子在父亲死后娶他的继母①，这既是出于对自己父亲的尊敬，也是因为母亲和继母之名非常相似，尽管这两个词所唤起的感情大不相同。试想，人若得了教训，不可侵犯别人的妻子，因为她是他的继母，那他岂不是更不会娶他的亲生母亲；既然他对父亲的记忆使他尊重曾经作他父亲妻子的女人，他对父亲的这种尊敬必然使他不可能产生任何冒犯自己母亲的念头。若不然，一方面承认只有半个母亲身份之人的权利，另一方面却践踏拥有完备而整全的母亲身份之人的权利，这岂不可

---

① 《利未记》十八章 8 节。

笑至极。

4. 接下来的条例禁止娶姐妹，这是一条极其卓越的法规，既是为了发扬自制的美德，也是为了促进外在行为上的得体①。我们知道，古雅典人的立法者梭伦允许娶同父异母的姐妹，但禁止娶同母的姐妹。古代斯巴达人的立法者则相反，允许后者，禁止前者。而埃及人的立法者对以上这些防范措施嗤之以鼻，认为他们的立法方针半途而废，（于是把自己的法推到极处）从而产生了一连串的邪恶。他毫无保留地把无节制这副毒药给予身体和灵魂，完全放任人娶任何形式的姐妹，不论是同父异母的，还是同父同母的，不仅可以娶妹妹，也可以娶姐姐或者孪生姐妹。常有孪生兄妹，虽然出生时是分开的，并非连在一起，却出于情欲和肉欲结成并非真正意义上的伴侣和婚姻。对这些做法，我们最圣洁的摩西厌而弃之，认为这是与一个无可指责的共同体格格不入的，只能怂恿、刺激人走向最邪恶的习俗。他坚决禁止兄弟与姐妹结合，不论是同父同母的，还是父母只有一方相同的②。端庄是惹人喜爱的，为何要令它蒙羞？少女理应羞涩脸红，为何要夺走她双颊上的红色？为何要限制人与人之间的友谊和结盟，把那完全可能伸展蔓延到大陆、岛屿和整个人类世界的伟大而优秀的树木压抑在各个分立的家族狭隘的空间里？与家外的人联姻能产生新的亲属关系，这种关系一点也不比血缘关系低级。

---

① 《利未记》十八章 9 节，二十章 17 节。
② 斐洛禁止兄弟与姐妹结婚（我们必须记住，这是托勒密王朝所采用的惯例，斐洛并非不赞成，见《论摩西生平》二卷 5 节末）基于两个原因：（1）它破坏了家庭礼仪；（2）倾向于妨碍与关系不那么亲密的家庭联姻。

5. 根据这一原则，他禁止许多其他形式的结合①，不允许娶儿子的女儿或女儿的女儿，不可娶姑妈、阿姨，不可娶伯母、婶母、舅母，或者儿媳、嫂子、弟媳，也不可娶继女，不论守寡的，还是未婚的。我不必说当自己的妻子还活着的，那是绝对禁止的；就是妻子死了，也不可娶这样的女子。因为继父实际上就是一位父亲，其职责就是把妻子的女儿当作自己的女儿一样看待。再者，他不允许同一个人娶两姐妹，不论同时娶，还是不同时间娶，即使此人抛弃了他最先娶的那个②。因为他认为，当前妻还活着时，不论与他为伴，还是被他休掉③，不论她在独居，还是另嫁别人，神圣律法都要求，她的姐妹不可取代她不幸失去的位置，而应学会不忽视亲人的权利，不可将天生就与她有如此亲密关系的人的失意当作踏脚石，不可安然惬意地享受、回报她姐妹之仇敌的爱抚。因为从这里会产生深深的妒忌、长期的怨恨，接二连三地带来数不胜数的邪恶。这正如身体的各部分若是断绝各自天然的伙伴关系，抛弃在整个体系中的位置，彼此相争，就会产生无法医治的疾病和灾祸。姐妹们虽然是体系中各自独立的部分，却借着本性和同一个父母而被纳入这一体系，构成单一的整体。而嫉妒是最令人讨厌的激情，一旦爆发，就会产生前所未有、难以消除的邪恶。

---

① 所有这些关系都在《利未记》十八章 10—16 节提到。

② 在这一段话里，斐洛严格遵循《利未记》十八章 18 节的经文"你妻还在的时候，不可另娶她的姐妹作对头，露她的下体。"《利未记》里没有说到死去妻子的姐妹，斐洛也没说，只是从他的论述看，他不会反对这一点。他也丝毫没有论到与兄弟之妻的婚姻问题，尽管 16 节经文明确禁止。很可能他不知道该如何将此与《申命记》二十五章 5 节以下所说的经文统一起来，因为后者要求接受这种婚姻，"为兄弟生养孩子"。

③ 或者"当先妻还活着时，即使她已被休掉"。这与句子的其他部分完全吻合，因为这个句子专指被休妻子的情形而言。

　　但是他又说，① 不可与外族人联姻，免得有一天被相反习俗的力量征服，缴械投降，不知不觉偏离通向敬虔的道路，转入无路的荒野。虽然你本人可能会坚守阵地，因为自幼你父母就把可敬的教导浇灌在你心里，常常引用神圣律法作重要注释，但是对你的儿女必定有诸多担心之处。他们完全可能被虚假的习俗诱惑，而抛弃真正的习俗，很可能不知道尊敬独一的神，而这乃是至大悲剧的第一步，也是最后一步。

　　还有一条诫命是，如果女子离开丈夫，不论什么原因，嫁了别人，后来又独居，不论第二个丈夫是活着，还是死了，她都不要再回到第一个丈夫身边，可以嫁给别的任何人，但不可与第一个丈夫复婚，因为当她选择新的爱情纽带，放弃旧的纽带时，就已经解除了过去约束她的法条，把它们锁进了记忆深处②。如果哪个男人（第一任丈夫）愿意与这样的女人订婚，他必然担上堕落和丧失男子气概的恶名。因为他消除了自己灵魂里对邪恶的仇恨——这种情绪使我们的生活安然美好，使家事、公事井然有序——轻松地打上了两种最大恶行的印记：通奸和拉皮条。最后的这种和解（复婚）就是这两种罪行的证据。对他的应有惩罚是死，女人也同样。

----

　　① 《出埃及记》三十四章16节，《申命记》七章3节，虽然《出埃及记》和《申命记》里的禁令是针对与被征服的迦南人联姻，但是它的出发点是为了避免沾染异教教义，这很自然地使它成为一条普遍法令。约瑟夫也在谴责所罗门时诉求于它，《犹太古史》viii. 191。

　　② 《申命记》二十四章4节，经文说耶和华憎恶这样的行为，它玷污了所赐为业之地。虽然没提惩罚措施，但斐洛认为这些强硬措辞是在描述当治死刑的行为。这也许并非没有道理。显然，在他看来，经文的意思是说，若是复婚，就表明当初离婚没有真正的理由。因而这女子"被玷污"了，是通奸者；而他不只是"拉皮条者"，还是通奸者，这或者因为他纵容她通奸，或者因为娶一个通奸者本身就是通奸行为。

6. 只要是女人行经期，男人不可与她亲近，整个期间都不可与她同房，要尊重自然之法①。他也必须记住这样的教导，不可为了粗鄙、不合时宜的享乐而把有生殖能力的种子毫无果效地浪费掉。这正如农夫醉了酒、发了疯，把小麦、大麦种在池塘里或山泉里，而不是种在平地里，因为田地干了才能播种种子。自然也每个月洁净子宫一次，好比它是一块麦田——一块具有神秘属性的田地，他必须像好的农夫，在这田里等候适当时机的到来。所以，当田地还淹没在水里，就要留着种子，否则种子就会无声无息地被水流冲走，因为湿气不只是使人轻松，还使精液的生命力完全麻痹，在自然的实验室子宫里，它们塑造出生命物，并以完美的工艺使身体和灵魂的各个部分得以完全。当然，如果经期过了，他可以大胆地播种精子，不再惧怕种下的会归于无有。

②那些耕耘坚硬多石之地的人，也必须标上可指责的记号。这样的人不就是那些与不生育女子配对的人吗？因为他们就像极其好色的人，为了纯粹的享乐而故意破坏有生殖能力的种子细胞。试想，他们与这样的女人订婚，还能有什么其他动机呢？不可能指望传宗接代，他们知道这样的指望必然要落空；只能是出于不正常的迷狂，以及不可救药的放荡不羁。那些娶妻时不知道少女是否有能力做母亲，后来长期没有生育，表明她们不会生育，但不愿休妻的人，我们应当宽恕。他们亲密无间，这种最具约束力的元素对他们来说实在太过强烈，长期相处在他们灵魂里刻下了难以割舍的爱情，他们无法摆脱这种吸引力。但是那些追

---

①　《利未记》十八章19节（参见《以西结书》十八章6节）。这里斐洛继续对《利未记》十八章的解释，除第二自然段外，一直到第9节结束都遵循同一顺序阐释。他省略了20、21节，因为前者指责普通的通奸行为，已经讨论过了，后者禁止使儿女归与摩洛，与他目前的话题没有关联。

②　斐洛没有说这一段有什么圣经典据。

求已经嫁过丈夫、表明自己没有生育能力的女人的人，完全像猪、羊一样交媾，他们的名要记入与神为敌的不敬者名单。神出于爱，为人类和一切生命物尽心提供保存每个种类自我延续的条件，那些设计出阴谋破坏落下来的种子之生命的人，被揭露为自然的敌人。

7. 还有一种恶比以上所述要严重得多，那就是鸡奸，已经蔓延到了城邑①。先前，就是提到这种事，也是极为可耻的，而如今，倒成了可夸口的事，不仅对主动方如此，对被动方也如此，后者使自己习惯于忍受女性化这种疾病，任身体和灵魂趋向荒芜，连表示男性性别的灰烬也没有留下。请看看，他们是如何把头发编织、装饰得稀奇古怪，令人注目，怎样用化妆品、颜料以及诸如此类的东西涂抹、描画他们的脸，用香油润滑他们的身体。所有这些装饰品中，凡把自己装饰得美丽妖艳的人所使用的化妆品中，香气是最具诱惑力的。事实上，把男性转变为女性，是他们作为一种艺术奉行、一点不觉得脸红的事。在那些遵守律法的人看来，这些人完全应当处死，因为律法规定贬低纯正本性的阴阳人当死，万劫不复，不配活一天，甚至一个时辰，既是他自己的耻辱，也是他的家庭、本地和整个人类的耻辱。追逐这种行为的人也肯定要受到同样的刑罚。首先，他追求逆性之乐，尽其所能使城邑荒芜、无人居住，因为他破坏了生殖方式。再者，他看不到教唆、指导无男子气概、女性化这些大恶的祸害，拖延少年的花季，摧残他们青春的花朵，经过正当的训练，他们原本应当成为强壮的男子汉。最后，他就像一个坏农夫，任肥沃、能结果实的田地荒芜，想方设法使它们不结果实，同时在根本不能指望生长任何作物的泥土里日夜操劳。究其原因，我想，可以从

---

① 《利未记》十八章22节，二十章13节。

许多国家给放荡和女性化行为颁发的奖牌中看出一些端倪。你当然可以看到这些半阴半阳的混合人仍然大摇大摆地穿过市场最繁华的地方，在节日上走在队伍的最前面，被任命执事，为圣洁之事提供不洁服务，引领奥秘、入教，主持得墨忒耳仪式。而他们中那些为了进一步提升自己的青春美貌，渴望完全变为女人，进而阉割了生殖器官的人，身披紫袍，如同本地的大恩人，在保镖护送下走在队伍的前列，吸引观众的注意。然而，如果有像我们的立法者所感到的这种义愤指向那些不回避这种行为的人，如果他们被毫不容情地视为公众的敌人剔除出去，那么他们每个人都是其国家的咒诅和污秽，许多其他人就会有所警惕。因为对已经定罪的犯人给予严厉惩罚，对那些渴望做同样的事的人有相当大的遏制力，杀一能儆百。

8. 比这更糟糕的是有些人效仿锡巴里斯人（Sybarites）以及那些比他们更骄奢淫逸的人。这些人首先使自己成为美食专家，追求醉酒，以及肚腹和肚腹之下部位的其他淫乐。饱享这些淫乐之后，感到厌腻了，进而走向放荡之极致，饱腻的必然结果，那就是他们丧失理智，不再对人类中的男女产生情欲，而是对兽类产生情欲①。有故事说久远之前克里特岛（Crete）弥诺斯王（Minos）的妻子帕西法厄（Pasiphae）就是这样的人。她对一头公牛着了迷，但苦于无法得到它的垂怜。情欲使她疯狂，因为得不到，反使她的爱恋愈益强烈，最后她向代达罗斯（Daedalus）报告了自己所陷的困境。后者是当时最杰出的工匠，特别擅长设计捕获无法捕捉的事物，于是他建造了一头木母牛，引帕西法厄从一边进入里面；公牛看到这头木母牛，以为是头真母牛，就冲过去，爬到它身上交配。由此，她怀了孕，最后生下一个人身牛

---

① 《利未记》十八章 23 节；二十章 15—16 节；《出埃及记》二十二章 19 节。

头的怪物。如果任情欲毫无遏制地蔓延，很可能会出现别的帕西法厄，不仅有女人，也会有男人疯狂地恋上野兽，从而产生逆性的怪胎，成为令人厌恶的人类无节制行为的标志；果真如此，半人半马的怪物，狮头、羊身、蛇尾的吐火怪物，以及诸如此类的，迄今为止未曾有过的生命样式，仅仅存在于神话学里的事物，也完全可能成为真实的存在物。

我们的律法设置的防范条款实在了不起，保证人们不接受任何非法配偶。它规定，就是牲畜也不得与非同类交配①。犹太牧羊人不会让公山羊与母羊交配，公羊与母山羊交配，或者公牛与母马交配，否则，他就会作为违背自然法令的罪人受到惩罚，自然小心地保护着原初的种类不受任何掺杂。没错，有些人重视骡子胜过其他负重的牲畜，因为它们的身体非常结实、强健，因而，他们在马厩里或其他养马的地方，也养他们称之为"塞郎"（Celons）的巨型驴子，让它们与母马交配，生出杂交动物骡子或半驴。但是摩西认识到生育这种动物的方式是违背自然本性的，所以严禁这种交配方式，立了更宽泛的条例，规定不论雌雄动物都不可与异类放在一起同养②。他在设立这一条款时考虑的是是否得体，是否与自然一致；不仅如此，他还给我们告诫，如同从某个遥远的居高临下的至高点给男男女女发出警告，要他们从这些例子中知道，不可有任何非法的交合。所以，不论是男人出于这个目的使用四足动物，还是女人愿意接受与动物交配，犯罪的人要处死，牲畜也要处死。前者因为他们越过了放荡本身的界限，演化出变态的淫欲，也因为他们发明出再也没有比之更令

---

① 《利未记》十九章19节，禁令还包括不可用两样掺杂的种子种地，不可用两样掺杂的料做衣服。见《申命记》二十二章9—11节。

② 但是，旧约里好几次提到骡子，显然没有指责的意思，比如《以赛亚书》六十六章20节，《列王纪上》一章33节。

人恶心的怪异淫乐，更令人耻于描述的享乐方式；处死牲畜是因为它们协助这种丑行得逞，免得由这种可憎行为导致怀上或生育畸形怪物。此外，即使不怎么在意礼仪的人，也不会为任何生活用途继续使用这样的牲畜，而是憎恶它们，视之为可恶之物，甚至不愿意看到它们，认为凡是它们所碰过的东西，也必然是不洁的。事物一旦在生活中没有任何用途，其存在即使可以诉求于某种理由，也完全是多余的，如诗人所说的，是"土地的负担"①。

9. 再者，摩西设立的共同体不接纳妓女②，那是与高雅、端庄、自制和其他美德格格不入的。妓女以淫荡污染男男女女的灵魂。她使心灵的永恒之美蒙羞，更喜欢荣耀身体短暂的漂亮。随便什么人来，她都投怀送抱，任其使用，将自己的青春当作市场上的器皿出售。她的每一句话，每一个行为，都是为了俘虏青年，同时她煽动追逐者彼此相争，把她自己这卑贱的奖牌献给出价最高的人。她是众人的毒物，是祸根，瘟疫之所，要将她乱石打死。自然赋予她美貌，她应当使之成为高尚行为的装饰，她却相反，将之玷污、败坏。

10. 现场捉到或者有确凿证据确立的通奸行为受到律法定罪。但如果只是猜测怀疑，律法认为不可由人来审判他们，而要带他们到自然法庭面前。人可以裁决公开的事，而神还要论断隐匿的事，因为惟有他能清晰地看见灵魂。③ 所以律法对猜疑妻子

① 见一卷 13 节第二段。
② 《申命记》二十三章 17 节，不过，经文并没有说要处死刑。而且也与第一卷 16 节第一段（应为 19 节——中译者注）的叙述不一致，因为那里说，悔改的妓女可以保留公民权利，除了祭司外，可以嫁给任何人，很可能不仅不必处死，还不受任何惩罚。
③ 这里到此节末见《民数记》五章 12—31 节。

的丈夫说："写一份正式的质疑书，带着妻子来到圣城，站在法官面前，陈述困扰你的怀疑，不是怀着诬告者的灵，或恶意谋划者的灵，不惜代价要赢得官司，而是怀着严格考验真相的心，没有任何似是而非的推论。妻子受到两种危险的威胁，一是丧失生命，一是使自己的过去蒙羞（这是比死更为严重的事），她必须在自己心里论断此事，如果她是纯洁的，就以可敬的勇气为自己辩护，如果她的良心宣告她有罪，就使自己顺服，利用羞愧减轻她的罪恶。因为没有羞愧之心，最终就要走向恶的顶点。如果两方面的陈述都不是决定性的，孰是孰非未见明朗，就让他们去圣殿，让男人站在圣坛对面，在当日的主持祭司面前陈述他的猜疑。同时他要为妻子带上大麦面作供物，表明指控不是出于荒唐的怨恨，而是出于真诚的意图，有合理的怀疑作基础。祭司拿了供品递给女子，并除去她的方巾，使她在受到论断时，头上没有遮盖，同时也是去掉端庄的记号，因为头巾表示端庄，通常完全清白的女子才能披戴。但不可像其他祭那样浇上油，也不可加上乳香，因为这一场合所献的祭不是出于喜乐，而是极其痛苦的①。所用的面是大麦做的，也许因为它作为一种粮食多少带着一点不确定的价值，既适用于非理性动物，也适用于身处困境中的人，因而一方面，该女子若是通奸者，毫无鉴别或者不经思量地交欢，就完全可以与野兽相提并论；另一方面，该女子若未行所指控之事，是清白的妻子，则效仿了适合于人类的生活。"律法接着说，祭司要取一个瓦器，把他从泉里汲取的纯洁之水倒进瓦器里，又从圣殿所在的地上取点尘土放在里面。我想，这些同样是从象征意义上指探求事实真相。瓦器表示通奸行为，因为它是脆弱易碎的，而犯通奸罪的人要处以死刑；土和水表示清白无

---

① 在《民数记》里，没有油和乳香的原因是"这是疑恨的素祭，是思念的素祭，使人思想罪孽"，假定了所指控的罪是存在的，而斐洛不愿意这样做。

辜，因为两者都是万物诞生、成长、鼎盛的因素。而且，这两者在使用中有一定条件，这些条件为这幅画作了画龙点睛之笔。它说，水必须是"纯洁的"、"活的"①，因为如果这女人是无辜的，她的行为就是"纯洁的"，她配"活着"；土不是随意从什么地方取来，而是从"圣洁的"地上取来，必具有多产的能力，正如贞洁的妻子也必如此。当这些预备步骤都完成了，女子就走上前来，头上没有遮盖，带着大麦面，如已经说过的，祭司拿了盛着土和水的瓦器站在她前面，说如下这番话："如果你没有违背婚姻的合法用途，没有别的男人与你行淫，因你而抛弃对家里合法配偶的职责，那你就是无罪的，也不会受任何惩罚。但是如果你无视自己丈夫的存在，急切地满足你新的欲望，爱上别人，或者接受别人的爱，背叛或贬损最亲密最珍爱的关系，那么可以保证，你必然受到各种咒诅，你的身体上必显示咒诅的应验。那就来吧，喝了这考验的杯②，如今还隐秘不知的，不久它将昭然于世。"然后他要把这些话写在一张纸上，把它们浸在瓦器里的水中，把瓦器递给她，她喝了之后，就离开。她若是贞洁的，就期待奖赏；若是淫荡的，就等着严厉的惩罚。因为她若是受到了诬告，就可以指望怀胎生子，不必害怕、担忧不会生育或没有子女。但她若真是有罪的，那么等着她的命运就必定是肚腹发胀、肿痛，笨重难看，子宫周围极其疼痛，因为她没有为按祖先习俗娶她为妻的丈夫保守这个部位的纯洁。为防止婚姻制度中产生猛烈变化，律法非常仔细地制定条例，规定合法使用婚姻生活、同房交合的夫妻，当他们起床之后，不可碰触任何东西，直到用水清洗、洁净自己③。这一规定暗含着通奸禁令，或者禁止任何可

---

① 见七十子希腊本。英译本和希伯来语本只说"圣水"。
② 英译本"这致咒诅的苦水"。
③ 《利未记》十五章18节。

能遭受通奸指控的事。

11. 对丈夫过世或分居的女子，若有人以暴力侮辱，他所犯的罪轻于通奸罪，可以说是半个通奸罪①。这种情形不应执行死刑。但是既然他把暴虐、凌辱、毫无节制、厚颜无耻这些卑鄙之事当作极其荣耀之事接受，就必须受到控告，法庭必须裁决他该受的刑罚，或者当付的赔偿。

玷污未婚少女②是非常接近通奸的一种刑事犯罪，事实上就是通奸的兄弟，因为可以说，它们都出于同一个母亲：淫荡，只是有些人总是习惯于给丑陋的事物加上华美的名称，羞于承认它的真实本性，赋予爱情之名。当然相近不等于完全相同，因为玷污所导致的侵害并不像通奸那样波及好几个家庭，它只是集中在一个人身上，就是那个少女本人。所以，我们对渴望得到出身高贵之处女的人的建议是这样的："尊敬的先生，不可涉足不计后果、不顾廉耻的大胆行为，或者设计阴险的陷阱，或者其他诸如此类的事，不可公然或秘密表明自己是流氓无赖。如果你真心实意地对女孩有感情，就到她父母跟前，如果他们还活着；若不然，就到她兄弟或监护人或其他对她负责的人跟前，表明你的感情，就如一个自主者向她求婚，恳请不要把你看作配不上她的人。那些关心女孩的人，谁也不会愚蠢到对你越来越真切的恳求持反对态度的地步；如果经过考查，发现你的感情不是虚假的，不是表面上的，而是真诚的，有坚实根基的，那就更不会如此

----

① 斐洛这一段既没引用也不需要圣经典据。他要描述摩西五经关于强奸或诱惑处女的律法，觉得对已婚但没有丈夫的女子所犯的类似罪行必须给予惩罚或者要求赔偿。他所说的是否反映了当时的惯例，或者只是他觉得应当如此，在我看来非常难以确定。

② 《出埃及记》二十二章16、17节；《申命记》二十二章28、29节。第一段讨论引诱，第二段讨论强奸。

了。”如果有人陷于强烈的迷狂状态，对理性的建议无动于衷，而把狂乱的情欲和淫欲视为主宰力量，看重暴力，将它置于律法之上，如俗话所说的，转向抢劫、强夺，把自主女子当作使女对待，在和平时期就像战争年代一样作为，那么他必须被告到法官面前。如果受害者有父亲，父亲必须考虑是否把她许配给毁了她的人。如果不愿意，诱骗者必须付一笔嫁妆给女孩，对他的惩罚就局限于经济处罚。如果父亲同意这门婚姻，他就必须毫不迟延地娶她，再同意补给与前一情形相同的嫁妆，他不可随意退缩，或者表示反对①。这既有益于他本人，使强奸转变为出于合法的爱，而不是出于淫荡好色之行为，也有益于女孩，她在他们第一次结合时遭受了不幸，现在就用稳固确立的、惟有死才能解除的婚姻来给她补偿。② 如果她没有父亲，法官就要问她是否愿意与此男人为伴。不论她同意或拒绝，所达成的条件必须与她有父亲的情形完全一样。

12.③ 有人认为，婚姻前夜所犯的罪，也就是双方的婚约已经毫无疑问地订立，只是还没有举行婚礼，此时，另一男人或者用诱骗手段或者用暴力手段与新娘行淫，这种罪行介于玷污处女与通奸之间。但是在我看来，这也是一种通奸行为。因为婚约是签有男女双方名字，还包括其他婚姻所需要的具体事宜的文件，它等同于婚姻④。因此律法规定，两人都要用石头打死。也就是

---

① 或者（以后）“休她”。这对应于《申命记》里的“终身不可休她”，以及斐洛在本节末所说的话。

② 斐洛这一段话没有圣经典据，奇怪的是，这里没有提到孤儿的婚姻通常要得到其监护人的同意。

③ 12、13 两节见《申命记》二十二章 23—27 节。

④ 《申命记》没有提到有订婚的文件形式，只是提到“休书”（二十四章 3节）。斐洛必然是从他自己时代的习俗中推断出来的。

说，如果他们双方都出于同样的目的彼此合意做坏事，就要一同处死。试想，如果他们不是出于同样的目的，没有这种合谋关系，就不可能被认为是同犯。由此我们发现，不同的情形使罪行有大有小。如果罪是在城里犯的，必是大些；若是在城外、孤立无援时犯的，就小些。城外没有人帮助女孩，就算她尽一切可能保守自己的童贞不受伤害，也无济于事，而在城里，有会议室、法庭、大量的地区①管理员、集市、守卫，其他掌权之人以及他们周围的普通人。可以肯定，每个人，不论多么平凡，灵魂里都有对恶的一丝憎恨。如果这种情绪被唤起，不需要任何外在影响，它的主人就会成为斗士，准备为任何显然受到侵犯的人而战斗。

13. 至于实施暴力的男人，公正要追他到天涯海角，不论什么情形都不能宽恕他残暴而无法无天的行为。而对女孩就不一样。在一种情形下，她得到同情和宽恕，如我已经说过的；在另一种情形下，则要受到无情的惩罚。法官必须对她的立场作出仔细调查，不可完全依赖于行为现场的情景。因为在城中时她可能是完全被迫的，而在城外时可能是自愿顺从非法搂抱的。因此律法在捍卫孤立无援时受到奸污的女子时，仔细地加上非常杰出的附加条款："处女喊叫而没有人帮她"。这样说来，她若既没有喊叫，也没有抵抗，而是自愿合作，那就是有罪的，她拿地点来作借口，只是想法叫人以为她是被迫的。再者，即使在城里，她愿意用一切可能的方法保护个人的尊严，但由于强奸者可能带着武器或兵力，使她无法求助，那她还能得到怎样的帮助？如果他借助别人的帮助把她捆起来，封住她的嘴，使她发不出一点声音，那她还怎么可能得到邻人的帮助？在一定意义上，这样的人，虽然身处城邑，却是孤立无援的，就帮助者而言是孤立的。

---

① 或者"行省"。见一卷9节末。

而另一个，即使没有人出来帮她，就她自愿合作来说，可以说，
与在城里犯罪的人处于完全相同的位置上。

14.① 有些人对女人的态度变幻无常，既为她们疯狂，同时
又恨恶她们，性格里包含大量混乱、混杂的东西。他们无论产生
什么冲动，一产生就为其奴役，应当控制却不加控制。他们疯
狂、激烈地乱跑，破坏、打翻一切质料的和非质料的东西，结果
就像瞎了眼睛的人，看不见面前和周围的事物，踢翻它们，给别
人造成多少损伤，自己也就受到多少伤害。对这些人律法规定如
下：人依法娶了女子，结成夫妻，举行了婚礼，吃了宴席，却对
妻子没有夫妻之情，侮辱、虐待这些高贵的夫人，似乎她们是妓
女——这样的人若是想要休妻，却又找不到离弃的借口来对妻子
提出诬告，没有能拿出来放在光天化日之下的凭据，就把指控转
向个人隐私，提出控告说他们以为娶的是处女，却在第一次同房
时发现她们早已失去了童贞——那么全城长老要聚集起来审理此
事，父母要出来为这一危及众人的案子辩护。因为这危险不只是
涉及身体上的贞洁受到责难的女儿，还涉及她们的监护人，对他
们的指控不只是说他们没有在女儿最关键的少女时期看护好她
们，还说他们作为处女交出去的新娘早已被别的男人侮辱了，从
而使新郎受骗蒙羞。如果这案子的审理是公正的，法官必须裁定
这些编造诬告的人当受的惩罚。它包括经济处罚、身体羞辱，就
是鞭打，还有最令犯人难受的，就是确认婚姻。也就是说，如果
女方愿意与这样的人终身相伴②，就不得休妻。因为律法允许妻

----

① 此节见《申命记》二十二章13—21节。斐洛的叙述没有提到"贞洁的凭
据"，也没有暗示如果控告属实，妻子就要被石头打死这样的条例。这也许是因为这
一段的真正主题是丈夫不当行为，用阴谋手段想休掉不想要的妻子。

② 受侮女子的这种权利没有圣经典据，也不是出于拉比传统。可以认为这是一
种记忆差错，也许是从受骗少女所拥有的自主权推导出来的。

子自愿留下或离开，但丈夫没有任何选择权利，这是对他们诬告的一个惩罚措施。

15.① 谋杀或杀人这个词用来指杀死一个人的行为，但是在真正意义上，这种行为是渎神行为②，而且是最大的渎神行为；因为宇宙在其宝库所拥有的一切珍宝中，没有哪个比人更神圣、更像神的，他是荣耀之像的荣耀铸件，是按着道的原型样式造出来的③。由此必然推出，杀人者必被认为冒犯了敬虔和圣洁，他的行为在最大限度上侵犯了这两者。因他的凶残行为，他必被处死④；诚然，按他的罪孽，真该死上一千次，但他只能死一次，因为人的死只能是一次性的，不可能重复，所以对他的刑罚也必是单数，不可能变成复数。如果他做了什么，就遭受什么，那就没有一点困苦；然而两者时间不同，行为不同，动机和人也各不相同，怎么能说是一样的呢？岂不是无缘无故的侵犯在前，受到惩罚在后？岂不是凶杀是完全非法的，对凶杀的惩罚则是完全合法的？岂不是杀人者满足了杀人流血的欲望，而他的受害者被从现场搬走，既不可能报复，也不可能感受报复所带来的快乐？岂不是前者单方面强加意志，是惟一的作用者，而对后者，惟有当他的朋友、亲人同情他的不幸，把他的事当作他们自己的事时才

---

① 从这里斐洛转向第六条（在他是第七条）诫命，一直到本文末。转折有点突兀（但还没有从第一诫命转到第二诫命那样突兀）。

② 见《论十诫》25节。那里针对凶杀所用的另一论据，即它违背使人成为一种社会生物的自然法，这里没有复述。

③ 斐洛这里遵循他通常对"人是按着神的形象造的"的解释，神的形象就是道（逻各斯）。他还想到《创世记》九章6节："凡流人血的，他的血也必被人所流，因为神造人是照自己的形象造的。"

④ 关于杀人的刑罚是死刑，见《出埃及记》二十一章12节；《利未记》二十四章17、21节；《民数记》三十五章16—21、30—31节；此外还有《创世记》九章6节。

有可能作出一点反击？

　　如果有人用剑威胁别人的生命，就算他没有真的杀死他，此人也必须认定在意识上犯了杀人罪，只是行为没有与意图同步①。凡是狡猾地潜伏等候，虽然没敢公然攻击，但阴险地图谋、计划流人血的，都当得同样的下场，因为至少他在灵魂里也是受咒诅的，尽管他的双手还是清白的。正如我们认为，不仅那些在海上或陆上与我们争战的人是我们的敌人，而且那些为战争作各种预备、安置他们的器械俯临我们的港口和城池的人，也是我们的敌人，尽管他们并没有参与战争；同样，在我看来，我们所认定的杀人犯，不只是指那些杀了人的人，也包括那些所作所为旨在或公开或隐秘地毁灭生命的人，即使他们没有实施犯罪行为。

　　如果由于胆怯或厚颜无耻——两种相对但同样可责备的情绪——他们胆敢到圣殿寻求避难，指望能在那里得到救助，那就必须阻止他们进入；就算他们偷偷进来了，也要把他们交出来法办，宣告圣地不为恶人提供救助②。凡是作出不能补救之行为的，就是神的敌人，而杀人行为是不可补救的，因为被杀者所遭受的灾难是无可补救的。若说那些没有犯过任何罪的人不可进入圣所，直到他们按着惯行的仪式用洁净的水洗净自己，那么请问，圣殿能成为犯了难以消除之罪恶而陷于咒诅之人的庇护所和居住地吗？其罪恶所产生的污染不论多长时间都无法抹去。这样的人，正派的人只要想一想圣洁律法允许什么或禁止什么，就不会让他进入自己的家，怎能允许他进入圣殿呢？

---

　　① 斐洛这里是在解释《出埃及记》二十一章14节。英译本"人若任意用诡计杀了他的邻舍"，斐洛把七十子希腊文本中的经文理解为"他若攻击他，即使没有得逞"。在他看来，经文的意思是说，杀人的意图等同于实际杀人。

　　② 这里至16节末见《出埃及记》二十一章14节："就是逃到我的坛那里也当捉去把他治死。"

16. 因而，他们罪上加罪，除了杀人，还抗法和不敬，这些犯罪分子——如我所说的，他们的行为应当死上一千次，而不只是一次——必须捉去将他治死。

另一点考虑是，圣殿要为诡计的受害者的亲戚朋友保留封闭场所，如果杀人犯把它作了居所，那他们绝不会进来与他同住一个屋檐下。若让一个人，一个罪大恶极的犯人，把许多受他犯罪行为伤害的人驱逐出去，这岂不是荒唐之事！这些人不仅未曾犯任何罪过，还要忍受亲人过早丧亡的不幸。摩西很可能出于敏锐的洞察力，也预见到了遥远的将来，所以采取预防措施，规定被杀者的亲人进入圣殿不可导致在圣殿里流血。因为亲情是一种无法克制、难以约束的情感，看到狂妄之徒，这种情感就会激发他们在一时冲动之下把那人杀了，结果就是最严重的渎神行为。因为这样，杀人者的血就与祭祀的血混合在一起，不洁者与分别为圣者混合起来。鉴于这些原因，他命令要把杀人犯从圣坛捉走法办。

17. 不过，那些拿剑、矛、枪、棍棒、石头或者其他诸如此类的东西夺人性命的人，作出这样的行为可能并非出于预谋①，心里可能并没有长期思考可恶之事，可能只是在一瞬的本能冲动下，放任愤怒胜过理性，于是做出这种毁灭之事。果真如此，那他们的罪恶要打个折扣，因为心灵并没有早早地受制于污染的势力。

②还有一些人，最大的恶棍，在行为和意愿上都可憎，就是

---

① 见《民数记》三十五章 16—18 节，我们看到那里也列举了兵器（铁、石头、木头），用它们当杀人的凶器，稍后（22、23 节）附加条件说，如果杀人不是由敌意引起的，那就不是谋杀，但这其实是指误杀，而不是如斐洛所翻译的，指非预谋的杀人行为。这里他的要点是，投毒不可能有这样的借口。

② 斐洛这段话的主要典据是《出埃及记》二十二章 18 节，钦定本"行邪术的女人，不可容她存活"，七十子希腊文本"pharmakous ou peripoieseis"，"pharmakos"一词既可用于巫术师，也可用于投毒者。

巫术师和投毒者，他们为自己找到宽裕的时间和隐退的空间，预备时机一到就发出的攻击，并且想出各种诡计、阴谋，伤害邻舍。因此他命令，投毒者，不论男女①，都不可多存活一天，甚至一个时辰，一旦发现就要立即处死，因为不能给出任何理由搁置或推延对他们的惩罚。敌意若是公开的，还可以防备，而那些借助毒药偷偷谋划袭击的人，使用的是难以觉察的手段和技艺。所以，惟一的方法就是先下手为强，拿别人可能从他们的行为中受到的遭遇去报应行为者。除了别的考虑因素之外，还有一点，公开用剑或其他武器杀人的人在某个具体场合可能杀死一些人，但他若在某些食物里伴入致命毒药，对阴谋毫不知情的受害者可能达到成千上万。我们自然听说过，一大群客人出于同伴之谊聚在一起同吃同喝，不料毁灭不期而至，和平的杯带来的是战争的苦涩，宴席变成了黄泉路。因而一点没错，就是最通情达理、性情温和的人也想流这些人的血，以便毫不迟疑地成为他们的执法人，把惩罚他们的职责留在自己手上，而不交给别人，视之为虔诚之职。因为显然，把生活之源泉的食物变成杀人的工具，在维生的自然手段中产生毁灭性的变化。这样，当本能冲动打发他们去吃喝时，却不知道陷阱就在面前，把他们以为能保护存在，其实却将要灭绝存在的食物送进口中。有人投放虽然不致命、但将产生慢性病的化合物，也必受同样的惩罚。因为很多时候，生病还不如死，尤其是拖了很长时间丝毫没有好转的疾病。我们知道，中毒引发的疾病很难医治，而且往往是根本不能治。然而，身体因这些诡计所遭受的痛苦常常没有灵魂上所遭受的痛苦严重。突然发作的精神错乱、失常、难以忍受的狂怒猛扑向他们，心灵这一神分给人类的最大恩赐由此遭受种种痛苦，当它对得救

----

① 这是否意味着斐洛有一点暗示或者已经知道，七十子希腊文本译为"phar-makous"的希伯来词实际上是阴性的？

完全失望之后，就掉头到别处建立自己的家，留在身体里的是低级灵魂，即灵魂的非理性部分，兽类也有的部分。人若是被理性抛弃，丧失了灵魂里的高级部分，就转变为兽的本性，尽管身体的外在特征还保留着人的样式。

18. 我们知道，真正的魔术，使自然的真相更清晰地呈现出来的科学预见，不仅普通人，而且诸王和最伟大的王也认为是值得尊敬和追求，应当精细研究的，尤其是波斯人的王，对它的尊敬无以复加。据说在那个国家，若不首先被接纳进入魔术家（Magi）行列，就不能提升到国王的宝座。但有一种假魔术，完全可以称之为歪曲的艺术，是行骗的乞丐、寄生的食客、最低级的妇女和奴仆所追求的伎俩，他们宣称要使人净化、教人觉醒，许诺用某种魔法和咒语把人的爱变成势不两立的仇恨，又把他们的憎恨变成无条件的爱。非常单纯、完全无辜的人被诱受骗，直到最后更大的不幸降临到头上，于是，把朋友、亲人等一大群人联结起来的广大团体渐趋衰落，最后迅速而悄无声息地毁灭。我相信，我们的立法者正是考虑到了所有这些事，所以命令对投毒者的审判不可有任何迟缓，刑罚要立即执行。因为稍有迟缓，就可能使罪犯利用剩下的一点时间再次犯罪，同时使那些已经对自己的安全疑虑重重的人更加担惊受怕，在他们看来，投毒者的生就意味着他们的死。正如对毒蛇、毒蝎和一切有毒的动物，我们不会等到被它们咬了、伤了，才去对付，而是一看到就毫不犹豫地把它们杀死，防止它们的毒汁害人。对于投毒者也同样如此。他们作为人，原本得了美好本性，拥有理性灵魂，对人有同胞情谊，却因生活习惯而变得面目全非，表现出猛兽的凶残，以伤害他们所能伤害的人为惟一取乐和谋利的源泉。

19. 关于投毒者的话题就说到这里。另外，我们不可不注

意，常有这样一些意料之外的情形，比如，一个人心里并没有怀
着杀人的目的，事先也没有作过任何预谋，但是在一怒之下杀了
人，犯了罪，愤怒这种难以控制的恶性激情伤害极大，既伤害了
怀有怒气的人，也伤害了怒气所指向的对象。有时候人因生意的
压力去集市，遇到另一个刚愎自用的人开口辱骂他或动手打他，
或者也可能是他本人先引起争吵；然后他们大吵起来，他希望快
点解决，离开，于是握紧拳头或捡起石头狠狠打过去。假设他击
中了要害，他的对手当场就死了，那他也必须被治死，以其人之
道还治其人之身；如果那人没有被当场打死，而是得病卧床，休
养、治疗了之后，又能从床上起来，走到外面，尽管腿脚不灵
便，只能由人扶着或拄着拐杖行走，那么打人者要罚款两笔，一
笔补偿给对方造成的伤残，另一笔赔偿他的治疗费用①。付了这
些钱可以使他免受死刑，即使被打者随后死了。因为他既然变好
过，还能走出来，说明他的死可能不是打击所致，而是其他原因
引起的。我们知道，生活中常有一些意外打击不期而至，夺走身
体健康、毫无病症之人的性命。

　　②如果有人前来殴打孕妇，打在她的肚子上，导致她流产，
那么分两种情形看：如果流产的胎儿还未成形，未发育，他必须
为这暴行付罚金，也为他阻断艺术家大自然的创造工作——她在
创造最美好的生命造物：人——付罚金。但是，如果孩子已经成
形，四肢都具备形状，各具其位，那他必须处死，因为这样的胎
儿已经是一个人，只是大自然认为时机未到，它还不能现身于
世，就像雕像躺在工作室里，什么也不需要，只等着从密室里输

---

① 英译本"要将他耽误的工夫用钱赔补，并要将他全然医好"。

② 《出埃及记》二十一章22节。这里斐洛参照七十子希腊文本，它与希伯来
文本有严重分歧。后者的话说"甚至堕胎，随后却无别害"，显然是指孕妇没有流产
而死或者遭受永久性的伤害，至于胎儿是否完全成形根本没有提及。

送出去，分娩出来，而他却在大自然的实验室里毁灭了它。

20. 这一条例包含对另一更重要之行为的禁令，即禁止弃婴①。弃婴是一种渎神行为，但其他许多民族却因根深蒂固的残暴，把这种行为看作沾沾自喜的事。若说还未足月、没有出世的胎儿，必须带它远离恶人之手，救其性命，更何况已经足月出生的孩子，岂不更应把他送到——可以说——指派给人类的新的家乡定居，在那儿分享大自然的恩赐？这些恩赐是大自然从土、水、气、天汲取来馈赠给人的。对天上之物，她给予沉思；对地上之物，她赐给主权和治理权。她慷慨地把每种元素包含的东西赠与所有感官，又借着感官，把它们所感知的一切赠与心灵，如同赠与大能的王。感官是心灵的侍从，没有它们的感知，理性的领悟就成了无源之水，无本之木。如果孩子的监护人剥夺他们享有这些恩福，如果他们刚出世就不让他们分有这一切，那么必须断定他们违背了自然律法，要受到最严厉的指控，那就是追求享乐、恨恶人类，以及谋杀，而且是最可恶的谋杀，杀死自己的亲生孩子。既然他们娶妻不是为了生儿育女，繁衍后代，使人类生生不息，而是像猪羊一样追求异性交合的快感，那么他们就是追逐享乐者。他们也是憎恨人类者。试想，这些与自己孩子为敌的冷酷无情者，还有谁比这样的敌人更配得这样的称呼呢？没有人会愚蠢到设想那些对自己的亲生骨肉做出如此可恶之事的人会对陌生人有所尊重。至于一般的谋杀指控和杀死亲生子的特别指控，最清晰的证据是由父母提供的。他们有些人亲自下手，以难以置信的残忍和野蛮把刚出生的孩子闷死，扼杀婴儿的第一口呼吸，或者把他们扔进河里、海里，系上一个重物，使之迅速沉到

---

① 律法书里没有何处说过禁止弃婴的话，但毫无疑问，它应当归于一般的谋杀之纲。

水底。还有的带他们到某个荒地，扔在那里，他们自己说，指望孩子得救，然而事实上是任他们遭受最痛苦的命运。因为所有食人兽都会光临现场，大吃婴儿这饕餮大餐，这是孩子的惟一监护人，即那些应当保护孩子安全的第一责任人，孩子的父亲和母亲，为野兽提供的豪宴。食肉的飞鸟也俯冲下来，对残羹冷炙狼吞虎咽。这还是就它们没有更早发现这些食物的情形来说的，否则，若是早一点发现，它们就预备与地上的野兽争夺完整的尸体。当然也有可能某个路人经过，心生怜悯之情，可怜这被弃的孩子，就捡回去把他抚养，给他吃喝，关心他的其他需要，若如此，我们会怎样看待这种高尚行为呢？我们岂不认为，既然陌生人都愿意担当父母之职，那些把孩子生下来的亲生父母却连陌生人的善心也没有，那么这样的人该当何罪？

所以，如我所说的，摩西在宣告导致母亲流产——只要胎儿已经成形——的人，要处死刑时，隐晦而非直接地禁止弃婴行为。毫无疑问，有观点认为，当孩子还在肚子以下的子宫里时，是它未来母亲的一部分，这种观点既盛行在自然哲学家中间，他们终身研究的是知识的理论方面，也盛行在享有盛誉的医生中间，他们探索人的结构，详尽考察可见部分，同时通过谨慎使用类比，也研究隐秘不可见的部分，其目的在于，如果治疗手段可以做到，对一切可能导致严重危险的疾病就不能因无知而忽视。然而，一旦孩子出生为人，就与形成它的器官脱离，成为独立自足的生命体，一个完整的人所需要的一切东西，一样也不缺。因此，杀婴无疑就是杀人，因为冒犯律法不在于年龄，只在于破坏了对人类的信念。事实上，如果考虑年龄，在我看来，对杀婴更有理由义愤填膺，因为就成人来说，争吵、分歧提供了大量合理的前提，而婴儿刚刚来到世上，获得人的生命，是完全清白无辜的，甚至连诬告也提不出来。因此，那些预谋伤害这样的生命的人，必然被认定是最残忍、最无人性的人。圣法厌恶他们，宣告他们该受刑罚。

21. 圣法论到人若被无意杀他的人杀死，那是神把他交到杀人者手里①。这话一方面是为杀人者辩护，他诚然夺了另一人的性命，但那是因为那命是有罪之人的命。可以设想，仁慈而宽厚的神绝不会把一个清白无辜的人交到杀人者手上；这被交到杀人者手上的人必是靠自己的足智多谋巧妙地逃脱了人的公正审判，但在看不见的自然法庭上受到传讯和定罪，在这样的法庭上，可以完全真实地（赤裸裸地）看见真理，没有任何措辞上的技巧蒙蔽，因为它完全不接受任何措辞，只揭示动机，把隐藏的意图暴露在光天化日之下。另一方面，律法没有把这样的杀人者置于谋杀的罪名之下——因为他被认为是神圣审判的执行者——而认定他只有微不足道、无足轻重的一点污秽而已，对此完全可以请求并给予宽恕。因为神在惩罚那些罪孽深重、完全不可弥补的人时，利用那些罪恶极少且易于医治的人做助手，当然他并不是赏识他们，而只是拿他们作为报复的合适工具。因为他不愿意让那些整个生命全无一点污秽、出身全无瑕疵的人出手杀人，不论对方是如何罪该万死。有鉴于此，他宣判误杀人者可以逃跑，但并非没有区域限制，也不是没有时间期限。他分给犯有这类罪的人六个城，就是分给神圣支派的地产的第八部分②，这一点以"逃城"之名记载下来，这逃城是神赐给他们的；又进一步规定，放逐的期限等于大祭司的寿命。大祭司死了，就应当允许逃跑者回来③。

---

① 《出埃及记》二十一章 13 节。英译本"人若不是埋伏着杀人，乃是神交在他手中"，即如果他是误杀，"我就设下一个地方，他可以往那里逃跑。"
② 《民数记》三十五章 6、11—15 节。
③ 《民数记》三十五章，28 节。

22.① 这样规定的第一个原因如下：前述那个支派因一次公义的杀戮行为而领受了这些城作为奖赏，那次行为我们必须看做是迄今为止最杰出的英雄主义行为。当时，先知摩西登上当地最高的圣山，从神领受统摄各种特殊的律法的总纲，从百姓面前消失了很多天，于是和平的敌人将因统治者不在而跳起来的恶习散布到营盘的每个角落，最后达到不敬的程度。他们嘲笑最卓越可敬的要拜真正存在之神的命令，效仿埃及人的虚妄，铸造出金牛犊，献不是祭的祭，守不是节日的节日，跳死亡之舞，唱其实应是挽歌的圣歌②。于是，这个支派对这种突如其来的倒行逆施痛心疾首，内心对恶的仇恨使他们热血沸腾，每个人都情绪激昂，义愤填膺，怒火中烧，似乎听到一声令下，不约而同地拿起兵器，全然不顾危险地冲向陷于不敬和酒这双重沉醉里的仇敌。他们先向自己至亲至爱的人下手，因为除了神的爱，他们不承认别的爱和亲人，在短短的几个时辰内就杀死了 24000 人③，以这些人的下场威慑那些几乎与他们同样虚妄的人，警告他们完全可能遭此同样的下场。这一战役是出于本能自发发动的，代表对真正存在之神的敬虔和圣洁，对参与的人来说充满了危险，但得到大全之父（不是别人）的赞赏，他亲自论断参与杀戮之人的动机，宣称他们免遭任何杀人咒诅，还赐给他们祭司之职，作为对他们英勇行为的奖赏。

23. 所以他吩咐误杀者逃到分给这个支派的那几个城里，在那里找到慰藉，免得对得救完全绝望。那样的地方会使他想起这

---

① 这一节见《出埃及记》三十二章。斐洛这里重提已经在《论摩西生平》二卷 31 节详尽讲述过的故事，《论亚伯拉罕》14 节第二段也有详细论述。

② 见《论摩西的生平》二卷 31 节第二段末。

③ 应是 3000 人，因混淆了《民数记》二十五章 9 节而推导出来的。

个支派曾经表现出的无畏勇气；在那里，他可能会思考，那些蓄意流人血的人不仅得到完全宽恕，还得到大大的奖赏，全是令人万分向往、充满了幸福快乐的奖赏；又想到，他们这样做尚且得到了宽恕，更何况那些行为并非出于预谋的人，岂不更应得到宽恕？纵然不求赠与荣耀这样的特权，至少他们所流之人的血不必偿还。这表明并非每一种杀人行为都是有罪的，惟有伴随着不公正的才是该受刑罚的，至于其他类型的杀人行为，如果是出于对美德的热烈追求，那是可赞美的，若是误杀，则可免于处罚。

　　这第一条理由不必再多说，我们接着解释第二条①。律法希望保护误杀人者，因为它认识到，在动机上他是无罪的，就他的双手来说，他曾是公正的仆人，人事的监管。它知道，嗜血的敌人，死者的亲属正监视着他、等候着他，不可抗拒的同情、难以平息的悲伤促使他们报仇，他们被盲目冲动的激情所裹挟，不去查究什么是真正的或本质上的正义。因此律法允许这样的人逃跑，寻求避难，不是逃到圣殿，因为他还没有洁净自己，也不是逃到某个偏僻的小地方，否则他很可能被当作一个无足轻重的人交出去，而是逃到一个处于圣地和俗地之间的圣城，某种意义上可算二级圣殿的地方。神圣的城与其他城相比，受到更大的尊敬，我想，这对应于各自的居民所受到的尊敬。律法实际上是希望利用为他们提供庇护的城邑的高贵地位，使逃亡者的安全建立在坚实的根基上。

　　②如我所说的，它规定大祭司的死期就是逃亡者回来的日子。它这样规定出于如下的理由：正如凡是被蓄意杀害的，都有

---

　　①　选择利未人的城邑的第一条理由是他们的历史表明杀人并非必然是罪。第二条是它们杰出的圣洁使它们成为比较安全的避难所。

　　②　斐洛在这里至 24 节末对"直到大祭司死了"的解释是：（1）大祭司代表整个民族，逃亡者若离开他的避难所，就一定要对他施以惩罚；（2）大祭司在理论上是个完全人，因而不能忍受罪人，包括无意犯罪之人的出现。

亲人向杀人者报仇；同样，整个民族也有一个众人共同的亲属和近眷，那就是大祭司。他作为统治者按照律法给诉讼者公正审判，他日复一日地祷告、献祭、求福，就如为自己的兄弟、父母和孩子祈求，愿这个被视为单一整体的民族的每个人、每个部分能够合而为一，同心同德，以和平、和谐为自己的目标。所以，每个无意间误杀了别人的人，必然敬畏大祭司，视之为被害人的辩护者和保护人，故此，他要把自己关在避难的城里，不敢到城外去露脸。也就是说，他若是重视自己的安全，或者注意使生命免遭危险的话，就不可离开逃城。这样看来，立法者说逃亡者要返回故土，必须等大祭司死了之后，这等同于说要等到众人共同的亲人死了之后，惟有他有权柄论断活人和死人的权利。

24. 这就是我们找到的适合年轻人听的理由，至于年长者和那些品性得到了完全发展的人，另一理由可能更适合①。就普通人来说，可以允许他只保证不犯故意之罪就够了，谁若愿意也可以说，其他祭司也同样可以如此，但是大祭司必须例外，他必须是完全清白的，除了不能有故意的恶行之外，也不能有任何无意的坏事。在他，不可与任何类型的污浊有染，不论是出于确定的目的，还是出于并非他所愿的灵魂里某种活动。惟有这样，他才能担当这一职位，在两方面都清楚地表明，他的动机是无可指责的，他的生活是吉祥幸福的，没有沾染一个污点。由此得出的一个必然结论是，这样的人必定把误杀者包括在他所厌恶的对象之中，认为他们诚然不是受咒诅的，但也不是全然无罪的，不论

----

① 虽然第二种解释有点类似于寓意解释，但还是难以明白为何它比另一种更适合年长者听。也许这意思是说，它包含有意与无意犯罪之间理论上的且有点神秘的分别，斐洛在他讨论寓意解释的专题论文中常常对此作出详细阐述，参《论亚伯拉罕》25 节。

他们在多大程度上被准许协助自然的旨意。也就是说，他利用他们作工具，报复那些落到他们手上、在他坐镇审判的秘密法庭上定为死罪的人。

25. 以上所说适用于公民阶层的自主者；接下来的法规讨论暴力致死的奴仆。

①奴仆在财富上地位较低，但在本性上可以拥有与主人平等的权利。而在神的律法里，公正的标准适用于本性，而非财富。因此，主人不可过分使用对奴仆的权威，趾高气扬、飞扬跋扈、残暴野蛮。这些举止只能表明他没有和平的心，是个放纵无度、企图摆脱一切责任、以暴君的专制为楷模的家伙。人若将自己的家当作挑衅的据点，不许家里的人有任何说话的自由，以天生的或者也可能是习得的十分残暴的手段对待同胞，那他就是一个小暴君。他既然这样对待他们，就表明，他若是攫取了更多的财富，就不会安于现状，必会先将他自己的本地沦为奴役状态——这表明他是不会善待其他臣民的——然后马上攻打各个城邑、乡村和国家。这样的人必须清晰地知道，他的不当行为不可能长期拖延、广泛传播而不受任何惩罚，他必遇到对手公正，她憎恨邪恶，维护、保卫被凌辱者，所以必传唤他对受苦者的不幸状态作出说明②。如果他声称，用鞭子打仆人只是想要威慑他，而不是想要置他于死地，他还不能马上轻松地离开，而要被带到法庭上，经严厉的审查官的考察，查明他究竟是否有杀人动机；如果

---

① 很可能这些人是非以色列人。以下段落见《出埃及记》二十一章 20、21节。

② 公正是对手的思想和以下段落所描述的法律程序很可能出于对《出埃及记》二十一章 20 节的一个误解，英译本说"他必要受刑"，七十子希腊文本"dike ek-dikethesetai"，斐洛往往误解希伯来语里惯用的强调动词的方式，所以把这一句子理解为"他必要受公正的惩罚"。他还解释说这暗示死刑，其实经文只说要用钱赔补。

查出他的行为是有邪恶预谋的，是出于恶意，那他必须死，他作为主人的地位完全无益于使他逃脱法律的审判。

　　①如果受害者没有在鞭打下当场死亡，而是过了一两天才死，情形就不同了，主人就不被认为犯有谋杀罪。就此而言，他有一个有益的辩解，即他没有把他们当场打死，后来让他们待在家里时也没有这样做，而是容忍他们尽自己的能力活着，尽管只活了很短的时间。此外，他还可以争辩说，如果伤害别人，自己就因此遭受损害，那谁也不会愚蠢到再去做这样的事。没错，人若杀了奴仆，自己要遭受更大的损失，因为他使自己丧失了奴仆活着时为他提供的服务，所以他无异于失去了一件财物，很可能还是价值不菲的。若是奴仆犯了死罪，主人要带他到审判者面前，陈述罪过，让律法来作出决定该受什么处罚，而不是把案子放在自己手上随意论断。

　　26.② 如果牛触死了人，必须用石头打死那牛③，因为这样的牛不适合杀死作祭，它的肉也不可吃。为什么呢？按神圣律法的要求，不可把触死人的牲畜的肉用来作人的食物，或者食物的作料。如果牲畜的主人原本知道它野蛮狂乱，却没有把它拴住，也没有关起来看管，或者他早就从别人口中得知这牲畜难以控

---

　　① 《出埃及记》二十一章 21 节，"若过一两天才死，就可以不受刑，因为是用钱买的。"斐洛认为这节经文的第一部分是说，主人可被宣告无罪是基于这样的理由，他若真的想要杀死奴仆，就会当场杀死他。后半句"因为是用钱买的"，很可能是说，主人不会受到罚款，因为他怎么说都已丧失了财产，这话被解释为一个申辩，即他不可能有意毁灭一件有价值的财物。但是斐洛没有注意到，即使奴仆当场死了，这一辩解也同样适用。

　　② 这一节见《出埃及记》二十一章 28—32 节及 35、36 节。

　　③ 用石头打死很可能是为了避免接触，见《出埃及记》十九章 13 节："不可用手摸他，必用石头打死，或用箭射透。"斐洛似乎把它理解为，任何以通常方式杀死的牲畜都可用于祭祀。

制，还任由它在野外漫游，就对这死亡事件负有责任。触人的牲畜必须立即处死，主人也要治死，或者用赎金抵命。他该受什么刑罚，该付多少赔偿，当由法庭作出裁决。然而；如果被触死的是奴仆，牛主人必须补偿给他的主人同等价值，触死的若不是人，而是家畜，同样，肇事牲畜的主人要以物还物①，死了的牲畜归给自己，而且他当心存感激，作为肇事方，他放任这种危害发生，但并没有遭受更大的损失②。

27.③有人在地上挖了很深的洞，或者是为了开井，或者是做接水的容器，这是常有的事。当井渠挖到看不见的地方，他们应当把口子围起来，或者用盖子盖好，否则，他们致命的疏忽或一时的糊涂，就会使这些地方成为张着大口的地狱。若有人走过来，没有及时注意到它们，一脚踏空，跌进坑里，就命丧黄泉。任何人只要愿意，都可以代表死者控告挖坑开井者，法庭必须裁决他们要受什么惩罚，或者要付多少价银作赔补。如果掉下去死了的是牲畜，他们必须按它活着时所值的价赔付给主人，把死牲畜留给自己。④ 与以上所述属于同一类的罪还有，那些造房子的人任屋顶敞开平伸，没有用栏杆把它们围起来，防止有人不小心从边上跌下去。即使掉下来的人没有死，就他们的能力而言，他们也是杀人犯。他们必须受到与那些敞着井口不盖的人同样的

---

① 《出埃及记》二十一章36节"以牛还牛"。我想，斐洛恰当地认为这话是指付足再买一头牛（或者其他被杀的牲畜）的赔偿金，而不是指把自己那头（凶残的）牛交给对方。

② 斐洛略过35节的情形，即主人若不知道牛很凶，那么两个主人分摊损失。

③ 《出埃及记》二十一章33、34节，但只提到导致牲畜死的案例，没有涉及人。

④ 《申命记》二十二章8节，经文虽然没有规定刑罚，但暗示了疏忽可以构成杀人罪。

刑罚。

28.^① 律法禁止收受杀人犯死罪之人的赎金，减轻他的刑罚，或以驱逐代替死刑，因为血要由血来洁净^②，被故意害死之人的血要由杀人者的血来偿还。由于恶人的邪恶是没有界限的，他们总是要做出大量暴行，使其恶习无边无际地蔓延、膨胀，所以若是能够，立法者恨不得让他们死上无数次。但这是不可能的，于是他规定另一刑罚作为补充，下令把杀人犯钉上十字架^③。然而发出这一命令之后，他马上恢复他天生的仁慈，向那些作出残暴行为的人显示怜悯，说："不可让太阳的余晖落在被钉十字架的人身上，要在太阳落山之前将他埋葬。"^④ 诚然，与宇宙的每一部分为敌的人受刑之后必然要高高挂起来，向太阳、天、气、水、土展现，但同样必须的是，也要把他们推入死人之地埋葬起来，免得地上的事物受到他们的污染。

29. 另一杰出的条例是，父亲不可代儿子死，儿子也不可代父母死，各人犯了死罪当由各人自己承担，不可牵涉别人^⑤。考

---

① 《民数记》三十五章 31、32 节。这些经文的第二节，英译本译为"那逃到逃城的人，你们不可为他收赎价，使他在大祭司未死以先，再来住在本地"。七十子希腊文本中的希腊文很容易被错误地理解为"你不可收赎价，让他逃走"。斐洛这里的"以驱逐代替死刑"表明他确实是这样理解的。大概是说，故意杀人犯花钱得到许可，进入逃城避难。

② 《民数记》三十五章，33 节："若有在地上流人血的，非流那杀人者的血，那地就不得洁净。"

③ 或者只是"挂起来"。

④ 《申命记》二十一章 22、23 节。斐洛对经文作了意译处理。它并不要求"挂起来"，只是说，若将人挂在木头上，要在当日将他尸体埋葬。它也没有规定这是专门针对杀人犯的一种惩罚。

⑤ 《申命记》二十四章 16 节。"不可因子杀父，也不可因父杀子；凡被杀的都为本身的罪。"

虑到有些人滥用权力，无视公正，还有些人受到亲情的强烈的影响，所以立法者制定这一条例。后者出于极端、压倒一切的爱，虽然自己是清白的，却常常心甘情愿地为罪犯牺牲自己，替他们死。父母看到孩子，或者孩子看到父母遭受刑罚，使其觉得后半生的日子痛不欲生，比死还痛苦，所以若能避免看到这样的情景，他们认为是巨大的得益。对这些人我们要说："你们的爱是不合时宜的，不合时宜的事是该受指责的，正如合时宜的事是当受赞颂的一样。向那些行为举止配得友谊的人显示友谊当然是对的，但没有哪个作恶者是真正的朋友。那些我们称为亲人或属于亲属的人，一旦偏离正道，作出不当行为，就成了外人；而同心同德地奉行公正和一切美德使人产生亲密关系，比血缘上的关系更为亲近，凡抛弃这种亲密关系的，就不仅把自己的名字写入外人和生人之列，还成为死敌。既是这样，你为何凭着虚假的爱，假装友善、仁慈，掩盖你软弱、怯懦的实质呢？你让同情控制理性，就表明了你怯懦的本性，结果犯了双重过错：企图让罪犯摆脱惩罚，又认为你没有受到任何指控、却去代他受罚是正当之事。"

30. 这些人还可以辩解说，他们不求任何好处，完全是出于对最亲近之人超乎寻常的爱，他们乐意放下自己的生命去救他们。但是另一类人（即前一类人），内心残忍、本性凶暴，必被人鄙视，我不必说所有可敬的人，凡是灵魂并非完全未开化的人，都会对之唾弃。我说的是这样一类人，他们隐秘地、狡猾地或者公然大胆地威胁要把最残暴的折磨强加在一群无辜的替罪羊身上，借口他们与犯事者是朋友、亲戚、伙伴，或者有某种诸如此类的关联，就毁灭这些毫无过犯的人。他们这样做有时并不是因为遭受了什么严重的伤害，完全只是出于贪婪和劫掠的目的。

不久前我们地区就出了这样的一个例子。有一个人，担任收税官；一些债务人显然由于贫困交不起税赋，但又害怕他的致命报复，就逃走了，于是他就用武力对付他们的女眷、孩子、父母、其他亲戚，殴打他们，用尽各种暴行和侮辱手段恶待他们，目的是要他们说出逃跑者的下落，或者由他们来清偿他的债务。由于他们既做不到前一条，因不知信息，也做不到第二条，因为他们与逃跑者一样身无分文，于是他继续施暴，直到用尽各种刑具折磨他们的身体，最后用新发明的刑罚把他们迅速处决。他用沙子装满一个大篮子，用绳子把这沉重的重量绕在他们脖子上，让他们坐在露天的集市中央，一方面使他们自己在愈益加剧的刑罚的严酷重压下倒下去：风吹、日晒、被路人观望的羞辱、脖颈上的负荷，另一方面，让看到他们受刑的人预先感到痛苦。他们中有些人灵魂比眼睛更清晰地看见事实真相，觉得自己是在虐待别人的身体，就借助于刀剑、毒药、缰绳，迅速结束了自己的生命，认为处于这种恶境中，死了倒是一大幸事，不用再受折磨。其他没有抓住机会自杀的人，被推出来排成队，就像判定遗产时所做的那样，先是那些第一层次的亲戚，再是第二层次的，第三层次的，以此类推，直到关系最疏远的。没有亲戚了，就把虐待临到他们的邻人，有时甚至降到整个村庄、城邑，于是，这些地方迅速变成荒地，居民全无，都逃离家园，散居到他们料想不会被发现的地方。

　　如果是从未体验过人类文化的蒙昧人，迫于专横的命令不得不去收税，不仅每年征收财产税，还收尸体税，甚至采取恐怖行动，强迫活人代替所谓的债务人（即死人）交纳捐税，那也许还情有可原，并不令人吃惊。事实上，在古代，立法者虽说是公正的界碑和标准，其本人却并不规避最大的不公正。他们关注的是人的意见，而不是真理，所以立下这样的法规：叛国者和独裁者的命运首先株连子孙，其次株连按顺序排出的五个家庭。为什么呢？我们很可能会问。如果他们一同作恶，自然当一同受罚，但他们若是与恶人毫无关联，从不跟从同样的目标，也没有对亲戚的成功沾沾自喜，从而诱使他们去追求安逸、享乐的生活，那为何要处死他们呢？难道他们的亲属关系就是惟一的理由吗？那么究竟是出生还是无法无天的行为该受处罚？最尊敬的立法者，很可能你们的亲戚都是高贵的人。假如你们有恶亲戚，我想你们根本不可能想到要制定这样的法令；相反，若是别人提出这样的建议，你们必会感到义愤填膺，你们会采取防范措施，规定生活安全的人不应与那些陷入危险的人同归于尽，也不可把他们推入与那些恶人同样的不幸境地。这两种境况①，一种笼罩着某种危险，但你会加以防范，不让别人招惹；另一种不包含任何可怕的威胁，但安全感常常使人们忽视保障无辜之人的安全。

而我们的立法者把所有这些都考虑在内，他看到盛行在其他国家的错误，认为这些错误对理想国具有毁灭性的破坏，故厌恶之；凡是行为表现出懒怠、凶残、丑陋的，他都厌恶，永远不会把哪个与他们一起生活的亲人揪来与他们同受惩罚，叫无辜的人为别人的罪行作陪葬。因此他明确禁止因父杀子或因子杀父。由此他还作出论断说，受罚的人当是犯了罪的人，不论惩罚是经济赔罚、是鞭打，这种更为严重的责罚措施，还是受伤、致残，剥夺政治权利，流放或者其他判刑，一人不能替另一人死。在这一个陈述里，他把未提到的情形都包括在内了。

31. ②集市、会议厅、法庭、大量人群聚集的集会、聚会、

---

① 一种是有恶亲戚，另一种是有好亲戚。

② 至此，斐洛讨论的是导致或者有意导致人丧失生命的行为，由此转向并不必然导致也非有意导致那种结果的侵犯问题。这些应当包括在他的第七条诫命之下，这完全是合理的。事实上，他已经在《论十诫》32节第二段说过这一点。它们可能还包含其他问题。因此以下31、32两节所讨论的律法虽然提出妇女的端庄问题，主要却是指向一种侵犯，正如33节讨论"以眼还眼"之前先讨论惩罚的对等性。

可以随意讨论和活动的户外生活——所有这些都适合男人。战争时期如此，和平时期也如此。女人最适合的活动是不跨出家门的户内生活，少女的活动界限是中门，那些已经成年的女子则以大门之内为其活动范围。人类有组织的团体有两类，大的我们称之为城邑，小的我们称之为家庭。这两者都有自己的管理者；大的管理事务分派给男人，称之为政治，小的，就是家庭的治理分派给女人。所以，一个女人不可多管闲事，干涉家庭之外的事务，而要过深居简出的生活。她不可像流浪者一样在街上闲荡，在别的男人面前卖弄，除非得去殿里①才能外出。即便是那样，也当尽量不在最热闹的时候出门，而要等到大部分人都已回家时出门。这样，她就像一位名副其实的自主夫人②，在周围的一切都静悄悄的氛围中，呈上祭品，献上祷告，恳求避恶趋善。当男人们在相互怒骂或彼此动粗时，若有胆大妄为的女人匆匆加入，美其名曰协助冲突中的丈夫，这种行为是非常可耻，该受谴责的。因此，根据律法的判断，战争、战役、威胁整个国家的紧急事务，她们都不可参与，这是考虑到事物的得体问题，无论何时、无论何地，都要坚定不移地保守得体，并把它本身看作比任何形式的胜利、自由、成功更有价值的事物。如果一个女人真的得知丈夫受到了侮辱，出于对丈夫的爱，充满了做妻子的情感，在这种情感的驱使下赶去协助他，那她不可忘掉自己的性别，不可无限放胆，做本性不允许的事，而要将自己的行为限制在女人所能为的范围之内。试想，如果女人因为想要救丈夫脱离侮辱，却使自己受到侮辱，玷污自己的生活——因为过分大胆，必然招致羞

----

① 亚历山大里亚当然没有犹太人的殿。斐洛可能是指犹太教会堂，但那里肯定不可能献祭。在我看来，他更可能是在对女性提出一般性的忠告，觉得没有必要论到她们的宗教礼仪，有显失礼。

② 直译"女公民"。

辱和严厉指责——这岂不是可怕的大祸。一个女人在集市争吵，说出完全不得体的话语，这是什么情景？作为女人，即使只是听到恶言秽语，也当捂住耳朵迅速离开。事实上，有些女人离经叛道到何等程度，我们不仅听到她们在一大群男人中间口吐恶言，满嘴谩骂、侮辱性的话语，而且看见她们挥手打人——这手原是为绣花纺纱训练的，不是为了像摔跤手和拳击手那样击打别人。

纵然这一切都还可容忍，但是如果一个女人完全失去端庄感，以至于去抓对手的下体①，那简直是骇人听闻的事。尽管她这样做显然是为了帮助丈夫，但这一理由不能为她开脱②。要遏制她的胆大妄为，必须让她受罚，使她想要再次犯罪时，也无能为力，同时对其他更为鲁莽的女人起到威慑作用，使她们注意自己的行为举止。这刑罚是这样的——砍断那触摸了得体之法禁止它触摸的手。体育比赛的管理者禁止妇女观看，也是值得称颂的，免得她们在男人赤膊上阵的时候在场观看，也不损害端庄的本质，无视自然为我们人类的各部分所定立的法则。同样，男人也要识体，当女人脱衣服时，不可在场。两性都不可看对方的裸体，要遵守自然法则。这样说来，即使用眼睛看看也是可谴责的，更何况动手，罪岂非更大焉。因为眼睛往往是很自由的，常常强迫我们看见我们并不想看的东西，而双手属于受我们控制的部位，能对我们唯命是从。

32. 这是通常的解释，大家都这么说，但我还从天赋极高的人那里听到另一种解释，他们认为律法书的大部分内容都是隐秘真理的外在符号，用语言表达了未曾说出的意思。这种解释如下：灵魂里有阳性和阴性元素，正如家里有男人和女人之分，阳

---

① 《申命记》二十五章 11、12 节。

② 《申命记》也这样说"眼不可顾惜她"。

性对应男人，阴性对应女人。阳性灵魂致力于独一的神，视之为父、宇宙的造物主和万物的首因。阴性灵魂信靠一切有出生、要毁灭的事物，它施展各种能力，就像手盲目地伸向可及之物，紧紧抓住与被造物的世界及其无穷无尽的变化、转换的友谊，而不是与神圣、不变、有福、三倍快乐的事物的友谊。所以，律法必然命令我们在比喻意义上砍断抓住"双"①的手，不是说要致残身体，使它失去最重要的器官，而是说要我们从灵魂里切除以一切借出生而存在之物为基础的不敬神的思想；因为"双"就表示播种种子和出生。我还要根据对自然奥秘的研究，补充另一种看法。一是首因的像，二指被动、可分的质料。因此人若敬二胜过敬一，就不会不知道他敬重质料胜过敬重神。正是出于这样的原因，律法认定应当除去灵魂里的这种倾向，就好像它是一只手，因为把主动原则的权能归于被动元素，没有比这更大的不敬了。

33. 有些立法者规定犯罪分子所受的惩罚与他们所犯的罪行不相当，比如对侵犯人身的行为处以经济罚款，对伤害或使人致残的行为处以剥夺政治权利，对故意谋杀罪处以驱逐出境、永远流放，对偷盗处以监禁，这样的立法者是当受谴责的。不对等、不公正是与追求真理之共同体不相容的。我们的律法激励我们追求平等②，因为它规定罪犯所受的刑罚要与他们的行为相当，如果恶行影响别人的财产，就要罚赔财产；罪行犯的若是身体，就要让罪犯的身体受伤，根据所伤害的肢体、器官或感官来决定当受的刑罚；如果恶意扩展到夺人性命，那他自己的生命也要被剥

---

① 英译本译为"下体"。

② 见《出埃及记》二十一章24节；《利未记》二十四章19—21节；《申命记》十九章21节，参《马太福音》五章38节。

夺。若是容忍一个罪行与惩罚不对应的体系，一个没有共同的基础，在不同范畴下规范两者的体系，那就是颠覆而不是高举合法性。我想这里所说的话也适用于其他情形，比如打一个外人不同于打自己的父亲，骂一个统治者不同于骂一个普通公民。同是违法行为，要看它们是在俗地还是圣地犯的，是在节日、庄严聚会、公共祭祀时犯的，还是在没有节日关联甚至非常不吉利的日子①里犯的。所有其他类似的情况都必须仔细考察，以决定处罚或大或小。

另外，他还说，如果有人打坏了男仆或女仆的眼睛，就要放他或她得自由②。为什么呢？正如自然赐予头统治身体的权力，还把它看作大本营，认为这是它作为王最适合的位置，引导它在那里指挥，把它高高地确立在整个身体的顶端，从脖颈到脚的各部分都在它之下，就像雕像下面的底座，同样，她也把各大感官的支配权赐予眼睛。因此她也给作为统治者的眼睛指定了一个高于其他感官的处所，希望除了其他特权之外，再给它最显赫最杰出的位置。

34. 关于眼睛对人的用途和好处，恐怕要花很长时间才能一一列举，但是有一点，最杰出的一点，我们必须提到。哲学是天降下来的，人的心灵去领受，但使两者结合起来的是视力，是视力最先看见通向上空的大道③。我们知道，哲学是美好之物，一切真善之事的源泉，人就从这源泉里汲水；他这样做若是为了获得并践行美德，那是可赞美的，若是为了不正当的目的，为了利

---

① 即（显然）对宗教仪式不吉利。
② 《出埃及记》二十一章 26 节。
③ 这是常常引用的一个思想，如以前已经注意到的，它最初出自《蒂迈欧篇》47A。

用诡辩术显得比别人更聪明，那是可谴责的。在第一种情形里，此人类似于使自己和所有客人一同快乐的欢宴主人，在第二种情形里，此人就像是独自狂饮烈酒的醉汉，只是为了表演醉态，羞辱自己，也侮辱别人。现在我们来描绘一下视力是如何做哲学的向导的。眼睛向天穹观望，看到太阳、月亮、恒星、行星，所有神圣而威严的天兵天将，世界里面的一个世界；然后看见它们升起、落下，井然有序、循环往复的运行，不断在指定的时间里合成一条线，引起全食，又重新分开，各自显现；然后看到月圆月缺，太阳从这边到那边，从南到北，又从北回到南，由此产生一年四季，使万物成全。它还看见了数不胜数的其他奇迹；当它环顾了地上、海上和低空之后，迅速把所看见的事物显现给心灵。心灵凭着视觉能力分辨视力本身所不能领会的事物，但并不只是中止于所看见之物，它被自己对知识和美的爱所吸引，被奇异景象吸引，渐渐得出合理的结论：所有这些都不是出于盲目冲动的力量机械地合在一起，而是神的心灵使它们聚合起来，神可以称为它们的父和造物主；它们也不是毫无边际的，单一宇宙的范围就是它们的界限，最外层的恒星界把它们围起来，就像一个城邑的围墙；而按着自然律生育了它们的父关心他的子孙，他的神意看护着整体和整体里的所有部分。然后心灵开始探求，我们所看见的这世界的实体是什么，它的构成成分本质上全是一样的，还是各不相同的；构成每个部分的元素是什么，是什么原因导致它们生成，是什么力量或属性使它们结合在一起，这些力量是有形的，还是无形的。我们完全可以问，对于这些问题的研究，我们所能给予的头衔除了哲学还能是什么，对于考察这些问题的人，还有比哲学家更适合的名称吗？研究神、宇宙及其里面的一切，包括动物、植物，研究范畴原型和它们所产生的感觉可感知的作品，研究每种被造物好的和坏的性质——这种研究表明了爱学习、爱沉思的特点，是真正爱智慧的，或者富有哲学的。

这是视觉赠与人类生活最大的恩惠。我想，它之所以能获得这种卓越地位，是因为它比其他感觉更接近灵魂。它们与心灵都属于同一个家族，但正如心灵是家族的头，同样，天生与心灵最亲密的是视力，它占据首要的、最高的位置。我们可以发现许多证据证明这一点。谁不知道当我们高兴时，眼睛就变得明亮，还含着微笑；当我们难过时，它们就充满焦虑和沮丧，如果肩上的担子越来越重，要把人压垮，眼睛就涌出泪水；怒不可遏时，眼睛里的血管就扩张，看起来血红血红，像有火在燃烧；当情绪平息下去之后，眼睛就显得温柔而友好；当我们思考或探求问题时，瞳孔凝固，似乎分有我们的思想；而在缺乏理智的人身上，愚蠢使他们的视线飘浮游离，无法安静。总而言之，眼睛分有灵魂的情绪，当灵魂经历无数阶段时，眼睛随之千变万化，这是它们亲密关系的必然结果①。确实地，在我看来，神所造的世界中，没有别的地方能像理性这种内在的、不可见的事物，被视觉这种外在的、有形体的事物如此完全地表现出来。

35. 所以，若有人恶意伤害另一人最优秀、最高贵的感官视觉，确实打了他的眼睛，只要对方是自由人，就必须以眼还眼，如果是奴仆，则另当别论。不是说冒犯者应当宽恕，或者过错可以减轻，而是因为若是作为惩罚使主人受残，那受伤的奴仆会发现自己的处境比先前更糟。主人必为自己的不幸永远怀着嫉恨，必向他所认为的死敌报复，让他每天干难以忍受、力不从心的重活，沉重的压迫将同时使他的精神崩溃。因此律法一方面规定，主人不可对自己的恶性侵犯不负责任，另一方面规定，奴仆不可在失去了眼睛之后再遭受更多的伤害。它之所以规定若有人打掉奴仆的眼睛，就要毫不迟疑地放他出去得自由，就是为了这样的

① 参《论亚伯拉罕》151 以下。

目的。因为这样一来主人就遭受双重惩罚，他将损失奴仆的价钱及其服侍，比这两点更为严重的第三点苦恼是，他不得不把一种触及他最高利益的好处给予一个他很可能希望能够无限期地虐待的仇敌；这个仇敌不仅得了自由，还逃脱了苛刻而残暴的主人。

36. 下一个命令是，若有人打掉奴仆的牙，就要因此放他得自由①。为什么呢？因为生命是宝贵的，自然设计的保存生命的工具就是牙齿。有了牙齿，食物就得到了必要的处理。我们知道，牙齿分为切牙和磨牙，前者负责切割或咬碎面包和其他食物，它们的名称由此而来，后者负责将咬碎的食物磨成更小的颗粒。正是出于这样的原因，造物主和父——他的方针是不造没有用途的东西——没有像造其他器官那样在人刚出生时就直接造出牙齿；他知道对以吃奶为生的婴儿来说，牙齿是个多余的负担，也会对分泌乳汁的乳房带来严重麻烦，因为婴儿在吸吮时会把乳房磨伤。因此，他要等到适当的时候，也就是当婴儿断奶的时候，再让他长出牙齿，增补这个器官。在此之前，他一直把它们留在仓库里，只是到了婴儿不再以奶为食物，能够吃更有营养的食物，而需要我所提到这种工具时，才让它登场亮相。

所以，若有人任意妄为，无礼放肆，打掉奴仆的那些，忠诚地服务于他最基本的需要——即营养维生和存活的牙齿，就必须放他邪恶行为的受害者得自由，让他自己蒙受损失，失去受害方的服侍和照料。当然，有人可能会问，牙齿与眼睛同等价值吗？我要回答说，它们对各自受造的目的来说，具有同等的价值，眼睛是为可见的事物造的，牙齿是为可吃的食物造的。若有人有心对此作出比较，就会发现眼睛是身体各器官中最高贵的，因为它沉思宇宙中最高贵的部分，而牙齿作为维持生命的最有益的事

---

① 《出埃及记》二十一章 27 节。

物，即食物的加工者，是有用的。反过来说，人若失去视力，并不因此就不能存活，但牙齿若被打掉了，就只有最可悲的死亡在等着他。所以，有人若故意伤害奴仆身体上的这个部位，他必须认识到，他加在他们身上的这种行为的结果就是在食物丰富、充足的时候人为地制造了一场饥荒。试想，如果他们丧失了有效处理食物所需要的工具，狠心的主人用残忍的行为使他们失去了牙齿，那纵然有大堆食物，对他们还有什么用？因此，立法者在另一处禁止债权人拿债务人的全盘磨石或上磨石当头，还补充说，凡这样做的，就是拿人的命作当头①。没错，剥夺别人生存所必需的工具无异于杀人害命，因为他的敌意扩展到对生命本身的侵犯。

②立法者极其精心地提防有人可能进一步引发别人的死，所以认为就是那些摸了自然死亡者之死尸的，也必七天不洁净，直到通过洒水和沐浴得了洁净。其实，即便完全洁净的人，他也不允许他们在七天内进入圣殿，吩咐他们要在第三天和第七天洁净自己③。还有，那些进过死人家里的人，不可摸任何东西，直到洗净了自己，也洗掉他们当时穿的衣服④。所有器皿，各件家具，其他正好在里面的东西，尤其是死者拥有的一切，都是不洁

---

① 《申命记》二十四章 6 节。

② 《民数记》十九章 11 节以下。这里斐洛开始为本文结尾，不再讨论暴力行为，重新提及专门意义上的谋杀。接下来这段论述与第 10 节最后几行非常相似，即，若说一件自然地、清白地发生的事产生污秽，那若是以罪恶方式发生，那岂不要产生更多的污秽！

③ 斐洛的叙述不同于《民数记》，因为他暗示，除了允许进入圣殿之外，当下洁净就够了，之后人就是"完全洁净的"。在《民数记》里，凡是摸过死尸的，就不洁净七天，必须在第三天和第七天洁净自己。不能进殿只出现在（十九章 13 节和 20 节）这样的话里"凡……不洁净自己的，就玷污了耶和华的帷幕。"

④ 《民数记》十九章，14 节；"洗衣服"，19 节。

净的①。因为人的灵魂是宝贵的，它即离此家去寻找别家，留在身后的一切就都是污秽的，实际上没有了神圣的形象。因为拥有神的样式的乃是人的心灵，它是照着理想的原型，也就是在一切之上的道形成的。

他说，不洁净的人摸过的其他一切物都是不洁净的，因为它们都分有了不洁净，受了玷污②。这一宣告可能被认为包含更为深远的禁令，不只是停留在形体上，还深入探寻关于灵魂的气质和特点问题。因为不公正、不敬的人就是在最真实的意义上的不洁净之人。这样的人从来不会想一想是尊敬人事还是神事；他把一切弄得混乱迷惑，他的欲望总是超过限度，他的恶习巨大深重，从而他所做的每一件事都是该受谴责的，变化不定的，与行为者的卑鄙一脉相承。相反，良善者的所作所为是可赞美的，这是借着行为者的美德，按照什么样的行为者就有什么样的行为结果这条普遍规律，而获得的应有荣耀③。

---

① 《民数记》十九章，15 节。
② 《民数记》十九章 22 节。
③ 这最后一段并非真的与主题密切相关。引入这一论点是因为从中可以引出灵性的教训。

论特殊的律法

第 四 卷

论十诫之三诫，即第八条不可偷盗，第九条不可作假见证及第十条不可贪婪之三条总纲下的特殊的律法，兼论归于各诫的律法及十诫共有的公正，以此总结全文。

1. 针对通奸、杀人和归于两总纲的其他种种罪行之律法，我已经尽我所能作了全面阐述。现在我们必须考察接下来的一诫，就是第二法版上的第三条，总法版上的第八条，禁止偷盗。任何人若是拿走属于别人的、他没有权利获得的财物，只要他是公然地并且利用暴力夺走的，就要记载下来成为公敌[1]，因为他既违抗了律法，又厚颜无耻[2]。但是他这样做时若是偷偷地、想方设法避免被人发现，像小偷似的，那么他的羞耻心可以减轻他的恶行，他要按自己的能力受罚，只对他所造成的损失负责，要加倍赔付所偷之财物[3]，从而，以他理应遭受的损失来充分平衡

---

① 这一条款暗示的惩罚见下面 5 节。

② 斐洛几乎不可能根据《出埃及记》二十二章证实这一点。惟一的可能是，他可以据此指出，准许处死侵入家宅者表明律法对暴力采取了更严厉的态度。

③ 《出埃及记》二十二章 4 节。"若他所偷的，或牛，或驴，或羊，还在他手下存活，他就要加倍赔还。"斐洛将它一般化，有第 7 节经文支持，它说，人将财物交付邻舍看守，财物被偷，"若把贼找到了，贼要加倍赔还。"第 9 节也这样说。

他的不公正的获得。

如果他缺乏生计，使赔付的惩罚不可能履行，那就要将他卖掉，因为一个任自己成为非法营利之奴仆的人，就该剥夺其自由，这是完全正当的。这样，受害方也不至于未得一点赔偿就被打发走，或者由于盗贼一无所有，就似乎把受害者的利益忽视了。谁也不可指责这一判决没有人性，因为被卖之人并非终身为奴，而是在第七年或未满七年①就得释放。这是普遍公告，我在专门讨论安息日的文中已经表明②。

他也不可因为要付所偷之物两倍的价格，甚至被卖掉而抱怨。因为他在好几方面有罪：第一，因为他不满足于已经拥有的，想得到更多财物，从而强化极其有害的甚至是致命的贪欲。第二，因为他如此眼红的是别人的财物，并设下陷阱占为己有，剥夺了其主人的所有权。第三，因为他采用了隐蔽手段，一方面常常能保护他独享这营生所得，另一方面有可能使人转向对无辜之人的指控，蒙蔽了对事实真相的查究。他也可能成为自己的指控者，因为当他这样鬼鬼祟祟地偷盗时，他的良知审判他有罪，他必感到羞愧和恐惧。羞愧表明他感到自己的行为是不体面的，因为唯有可耻的行为才会使人产生羞愧感。恐惧表明他认为自己该受惩罚，因为正是想到惩罚才会产生恐惧感。

2. 如果有人迷恋别人的财产，准备窃为己有，但因为用偷偷摸摸的方式无法轻易得逞，就在晚上的时候破门入室，利用黑暗的掩护实施犯罪行为，那么只要户主在日出前把他当场抓住，

---

① 按我的理解，原文的意思是指，他要在安息年得释放，不论他是否服役满了六年。但是这与《出埃及记》二十一章 2 节以及斐洛自己在“特殊的律法二卷”25 节第二段的陈述有出入。根据后两者，不依赖于服役年限的释放只适用于禧年，不适用于安息年。

② 见“特殊的律法二卷”25 节第二段。普遍公告显然是指《利未记》二十五章 10 节提到的公告，但那也只适用于禧年，不适用于普通的安息年。

就可以在他闯入的地方杀死他①。虽然他实际实施主要是轻微的盗窃罪，意图却指向次要但严重的杀人罪，因为他预备好，只要有人阻止，就用随身携带的铁质夜盗工具和其他武器自卫。但是如果太阳已经升起，情形就不同了；不可将他立即处死，而要带他到治安官和审判者面前，按规定的律法判罚。因为晚上时间，管理者和普通人都留在家里，休息安睡，受害人无法找到什么人来救助他，因此他必须自己来施行惩罚，情势指定他成为司法官和审判者。而在白天，法庭、会议室大门敞开，城里有足够的人帮助他，有些人被挑选出来维护律法，有些人虽然未经挑选，但出于对邪恶的憎恨，不需要有人下令，自发地站出来支持受害者。盗贼必须被带到这些人面前，这样，户主就不会受到任性和鲁莽的指控，表明他是本着真正的民主精神保护自己的。如果太阳已经升上地平线，他还擅自把盗贼当场杀死，过早使用司法权，那就被认为有罪。他选择了愤怒这种激情，而舍弃了理性，将律法置于他个人的报复欲望之下。"我的朋友，"我要对他说，"不要因为你在夜里受到盗贼的侵犯，就在白天犯下更严重的盗窃罪，你所损坏的不是钱财，而是公正原则，这一原则乃是规范这共同体的基础。"

3. 所以，其他被盗之物要赔付两倍价格，但如果小偷偷的是羊或牛，律法判断他们该受更大的刑罚，从而给那些不仅在体形上而且在对人类生活的用途上胜过其他所有家畜的动物以优先性②。正是出于这样的原因，他还在要赔付的罚金总量上对上述两种动物作出区分。他算出它们各自提供给人的用途，然后规定赔付要与此相对应。小偷偷一只羊要赔四只羊，偷一头牛则要赔五头牛，因为羊

① 见《出埃及记》二十二章 2 节。
② 《出埃及记》二十二章 1 节。斐洛，还有约瑟夫《犹太古史》IV，272，没有看到一点，即多加的赔付只适用于动物被杀或被卖的情形。

有四大贡献：羊奶、奶酪、羊毛以及每年生产的羊羔，而牛有五大
贡献，除了三种与羊一样，即牛奶、奶酪、生仔之外，还有两种它
独有的，即耕犁和打谷，前者是在种子播种之前，后者是在庄稼收
割之后，清除谷物里的杂质，使它们预备用作食物。

　　4. 拐带人口的人①也是一种盗贼，他偷的是地上万物中最优
秀者。就无生命之物和对生活不提供很大用途的动物来说，律法
规定盗贼要按财物两倍的价格付给主人，如我上面所说的，就最
有用的家畜即羊和牛来说，要分别赔付四倍和五倍。而人，如我
们所知道的，必定在一切生命物中占据最高、最杰出的位置，因
为他的起源接近于神②，可以说出于神，因为他分有理性，尽管
他看起来是可朽的，理性却赋予他不朽的力量。因此，凡是对美
德怀着热心的人，都对绑匪义愤填膺，绝对不能原谅他们，这些
人为了最不义的利益，竟然胆敢使那些不仅生来自由而且与自己
有同一本性的人沦为奴隶。我们知道，奴仆往往给主人带来很大
好处，但主人出于内心的仁慈释放自养的或买来的奴仆，使其摆
脱奴役之轭，若说这是可称颂之事，那么剥夺那些享有自由——
这是一切财产中最宝贵的，出身高贵有教养的人觉得为自由而死
乃是一大荣耀——的人的权利，该当何罪。

　　我们确实知道一些人，不断加剧天生的败坏，加深秉性中的
恶意，达到无情残忍的地步，最后作出绑架这等事来，不仅绑架
别国别种的人，还绑架自己民族的人，有时是同区或同一支派的
人。他们无视按律法和习俗结成的伙伴关系，那是他们从幼年时
起就浸淫其中的习俗，这习俗在所有并非野蛮成性也不奉行残忍

――――――――

　　① 见《出埃及记》二十一章 16 节，《申命记》二十四章 7 节。就《出埃及记》
来说，按希伯来文本，凡拐卖人口的，都要处死刑，但按七十子希腊文本，惟有被
拐之人是以色列人时，才处死刑。从《申命记》看，两个版本都只限于以色列人。
　　② 见柏拉图《国家篇》III，391E。

行为的人的灵魂里牢牢地打上了仁爱之心的烙印。他们为了某种完全非法的利益，把被绑的人卖给奴隶贩子，或者随意碰到的人，卖到外国为奴，使他们永远无法归回故里，甚至做梦也不能再向他们的故土致敬，或者再也不知道令人安慰的盼望是什么滋味。绑匪若是把俘虏留在自己身边为奴，那他们的罪行倒还小一些。事实上，当他们拿俘虏来作交易赚钱，提出要把他们卖给两个主人，而不是一个，连续奴役，以恐吓他们时，犯了双重的罪。就他们自己来说，因为知道如今受制于他们的这些人先前是如何富足，或许还有可能恢复良知，满心惊恐地想起时运是多么难料、无法预测，从而对这些人的潦倒状况产生迟到的怜悯，而购买者对他们的出身一无所知，以为他们世代为奴，就会鄙视他们，其灵魂里也没有任何动机触动他们倾向于那种天生的温和与仁慈，在对待自由人时才可能指望他们显现这种恻隐之心。

对绑架的惩罚：如果被绑架者是外国人，则由法庭判决当受的刑罚；若是本国人，并且不但绑架，还转卖，就要判处死刑，立即执行。确实应该这样，要知道，这些人乃是亲属，是由基于血缘关系的某种紧密纽带联合在一起的，虽然范围比较广。

5. "乡村也有讼案出现，"一位古人说①。贪婪、渴求别人的财物的例子不仅出现在城里，也发生在城墙之外，因为那种欲望不是基于不同的地理位置，而是基于贪得无厌、喜欢吵闹的人的念头。因此，讲究法治的国家就选出两类管理者、治安官来维护日常安全和良好秩序，一类是在城墙里执法，称为"城管"（town warden），另一类在墙外执法，适当地称为"村管"（country warden）。试想，若不是乡村也住着损害邻人的人，要村管干什么用？所以，若有人经管绵羊、山羊或其他畜群，在别人的地里放牧，任其糟蹋地里的果子或树木，就要赔偿给主人同

① 出处不详。

等价值的财物①。他必须受罚，不得抱怨。律法这样处理他显得合情合理，而且非常宽大仁慈。虽然他的行为类似于相互残杀的战争时期做的行为——这种时期往往把耕地抛荒，把种植的作物毁损——但律法没有把他作为公敌惩罚，判处他死刑或流放，甚至没有把他的全部财产充公，而只是要求他赔偿主人的损失而已。事实上，律法常常为减轻不幸状态寻找理由，它认为自然本性和人的习俗中存在着非常大的温顺和仁慈，于是找到一种很有说服力的理由为放牧者辩护，即牲畜的本性是非理性、难以控制的，尤其是当它们觅食的时候。因此入侵者只需对一开始把牧群赶到不该去的田地里这一点负责，因为很有可能当他认识到它们所做的坏事，想要尽快把它们赶走时，它们正吃着嫩草，饱餐鲜嫩的果子和作物，不服从他的驱赶，使他的努力徒劳无果。

6. 然而，人们不仅在别人的田地里放牧造成损害，还因不经意或没有预见地点火而造成危害②。火一旦抓住可燃物，就向四面八方燃烧，火势自行蔓延。当火势大到一定程度，占据主导，任何灭火措施对它都无济于事；相反，它倒充分利用这些材料，把它们当作燃料增加火势，直到烧尽，无物可烧，才自行熄灭。所以，谁也不可烧火不加看管，不论在家里，还是在户外。要知道就是一点未烧尽的余灰也常常能变成火焰，烧着大城。假如风助火势，那灾情就更大了。因此在激烈对抗的战争中，最先使用、中间使用、最后也用的最有效的主要武器就是火，战斗与其说依赖于他们的步兵连、骑兵连、海军舰队以及大肆提供的武器、机械装置，还不如说依赖于火的这些战斗力。因为我们知

---

① 《出埃及记》二十二章5节。英译本"必拿自己田间上好的，和葡萄园上好的赔还"。七十子希腊文本"要从他田里按它的出产赔还"，意思有点含糊，可能是说（或者斐洛可能理解为），他或者拿一块地或者拿果子赔还。

② 《出埃及记》二十二章6节。

道，只要一个人将带火的箭射到大量船只组成的舰队的适当位置，引起大火，就可烧毁它，连同船上的军队，或者歼灭大量军队连同他们寄得胜之希望的武器装置。所以，一个人若是点火焚烧荆棘，结果荆棘变成一团火焰，烧着了满是小麦、大麦、豌豆的谷场，或者带穗的禾捆，或者长满牧草的肥沃草地，该点火者必须赔偿损失，由此吸取教训，要仔细防止事物的最初端倪，不可煽动某种不可遏制的、天生具有破坏力的事物并付之于行动。不煽动它，它就完全可能保持安静，不产生任何破坏力。

7. 人与人之间的所有行为中最神圣的基于信任的行为是寄存，因为它建立在对接受寄存物的人的良好信誉上。正式贷款有合约和书面文件担保，公开出借没有这些文件的物件有目击者作见证。但寄存不是这样的。那是一个人悄悄地把东西亲手交给另一人，没有第三人在旁。他仔细环顾四周，谨防有人，甚至不带仆人为他搬运东西，不论多么忠诚的仆人都不带，因为他们两人所追求的目的显然都是不能让别人知道所发生的事。一方希望没有人看到他的礼物，另一方希望没有人知道他接受了礼物。这种无人看见的交易无疑有无形体的神做中间人，两人自然都求告他作见证，一方希望需要的时候能拿回财物，另一方希望适当的时候能归还该物。所以，若有人拒不交还寄存物的，就必须明确告诉他，他的行为是完全错误的。他欺骗了把财物交托给他的朋友的信心，用漂亮的话语掩盖丑陋的品质，戴着虚假的诚信面具，内心里窝藏的是背信弃义。信誓旦旦的保证归于无效，誓言没有兑现。由此他既鄙弃了人的信任，也鄙弃了神的信任，也就是委托财物之人的信任和最真实的见证者的信任，这位见证者看见听见一切，不论他们是打算按所说的做，还是不愿按所说的做①。但是如果所存之物——接受者视为圣物接受，知道必须将它保存

----

① 即不论他们的行为和话语是否真实。

完好，因为他尊重真理和良好信誉——被入侵者、小偷、夜盗贼这些专门拿取别人财物的恶人偷偷盗走了，那么抓住罪犯就必须判罚两倍价钱①。盗贼若是没有抓住，接受委托的人必须自动来到神的法庭上②，双手伸向天，指着自己毁灭之痛起誓说，他没有挪用寄存物的任何部分，也没有协助别人这样做，没有编造根本没有发生过的偷盗③。否则④，可能导致无辜方被处以罚金，而鉴于朋友的良好信誉跑去求助的人则因别人加给他的冤枉而导致对那个朋友的伤害，这两者都是荒谬的⑤。

寄存不仅包括无生命的物件，也包括可能在两方面招致危险的活物：一方面可能被盗，这与无生命之物相同；另一方面可能死亡，这是无生命物件所没有而活物独有的。前者上面已经讨论，现在我们要对后者制定律法。⑥ 若有交托的牲畜死了，受托人必须打发人找来委托人，指示死尸给他看，使自己免受任何不

---

① 见《出埃及记》二十二章7节。

② 《出埃及记》二十二章8节"就近神"，9节"神面前"。

③ 《出埃及记》二十二章8节："要看看他拿了原主的物件没有"，七十子希腊文本："发誓他没有对整个所存之物（即所存之物的任何部分）使坏。"斐洛对誓言作了非常合理的解释。

④ 即他若不去起誓为自己开脱。

⑤ 所提到的两件事并非非此即彼，如果赔偿因盗窃所造成的损失，会同时导致这两种情形。

⑥ 这一段见《出埃及记》二十二章9—13节。斐洛的解释是对一个令人困惑的段落（尤其是在七十子希腊本中）的简化。第9节说，若有损失，包括牲畜在内，争论双方要来到"神面前"，被判有罪的人要付赔款。这一节经文可能放置不当，似乎并不是专指寄存物，但就其位置来说，斐洛自然认为它肯定专指交托之物，还认为它的意思是指，起誓若不表明是假的，就能澄清受托人的嫌疑。第10—12节说，如果所交托的牲畜受伤、或死、或被赶去，"无人看见"，起誓就能为他开脱，但又说若是被人偷走的，受托人就要赔还。第13节说，牲畜若是被野兽撕碎，就要把主人带到死尸的残骸边，他就可以无罪。斐洛忽视了第12节的难题"牲畜若从看守的那里被偷去，他要赔还本主"，还是诉求于普遍原则，即起誓是可信的。另外，从被撕牲畜的残骸就是充分的证据这话来看，他似乎主张，只要可以找到原主，同样的话对任何死去的牲畜都有效，因此在这里起誓没有必要。

诚实的质疑。如果委托人不在家，看守的人不可召来寄存者可能不愿让其知道此秘密的其他人；一旦寄存人回到家里，他必须向他起誓，证明他没有编造谎言，用死亡借口来掩盖挪用行为。①如果接受的用具或牲畜不是叫他保管的，而是应要求借他使用的，然后被偷了，或者牲畜死了，那么只要出借方当时在场，借用人就不必负责，因为他可以叫出借方来见证此事没有伪装。如果出借人当时不在场，借用人就得赔偿损失。为什么呢？因为主人不在，借用人就有可能或者一直让牲畜干活，致其过劳而死，或者对别人的财物漫不经心，没有对它小心看管，使小偷有机可乘，导致器具被盗，造成损失。

立法者有异乎寻常的洞察力，知道事物之间是如何彼此相继的，所以立下一系列前后有逻辑关联的禁令，使后面的事与前面的事之间和谐统一。他告诉我们说，每一件说过的事与每一件将要说的事之间的这种一致性是神在他亲口说出的神谕里宣告的，这神谕如下："你们不可偷盗，不可说谎，也不可诬告你的邻舍。不可指着我的名起假誓，亵渎我的名。"② 这些教训实在非凡而完备。试想，被良知证明有罪的小偷必否认事实，因害怕惩罚就说谎，否则若是承认了，就要受罚。他既否认自己所做的事，就急切地要指控另一人，提出诬告，想方设法使自己的指控显得合理。凡是这样的指控者必然是起假誓者，对敬虔不屑一顾，因为他缺乏正当的诉讼理由，就拿所谓的非科学的③证明方

---

① 这一段见《出埃及记》二十二章14、15节。七十子希腊文本："若有人向邻舍借用，借用物或受伤、或死或被赶去，而原主人不在现场，他就要赔付。如果原主人与它同在，他可以不必赔还。"斐洛认为这要求（或借用）可适用于除了牲畜之外的其他东西，而"被赶去"包括"被偷走"，"与它同在"大概指事故发生时他在场，如上面所说"可以找到"。最后半句非常含糊，他就没有解释。

② 《利未记》十九章11、12节。

③ 或者非艺术的，非人造的。见亚里士多德《修辞学》I，15，2。五类非艺术的证据是法律、证人、契约和公文、拷打、起誓。

式，即起誓来作挡箭牌，因为他认为通过诉求于神就能使听者相信他。可以肯定这样的人是不敬的，渎神的，他玷污了本性上清洁的美名，神的名。

8. "你不可起假誓。"这是十诫中的第九诫，第二法版中的第四条。只要谨守这一条，就能给人类生活带来无数的恩福；相反，若不遵守，就要导致无穷的祸害。诬告诚然要受谴责，但他的罪比起作假见证倒要小一点。前者是为了维护自己，后者则担当别人的帮凶。如果我们比较两个坏人，为自己的缘故犯罪之人的恶比为别人之故犯罪之人的恶要小些。审判官对待指控者总是带着厌恶之情，把他看作急于赢得官司而对真相几乎毫不关心的人。出于这样的原因，律法要求听者保证注意听说话者介绍性的话。而对证人，审判官一开始就没有潜伏的敌意，因而听他讲话时没有先入之见，能够心平气和地听；同时，证人方戴着良好信誉和真理的面罩，信誉、真理实在是最尊贵之物的名称，但一旦被用作抓捕某种热切渴望之物的诱饵，就是最有诱惑力的名称。

因而，律法书许多地方①都告诫我们，不可认同不公正的人或不公正的行为，因为认同若不是基于真诚的原因，就是诱导人去证实谎言，正如每一个对不公正感到痛苦而敌视的人就是真理的朋友。我们知道，当某个人怂恿我们像他一样作恶时，我们会断然拒绝分有他可恶的愚蠢之举。这没有什么稀奇的。但违背律法的若是广大民众，他们被汹涌浪涛席卷而去，坠下陡峭山坡，那么要保持不与他们同流合污，就需要一个高尚的灵魂和训练得

---

① 因这只适用于认同不公正，无疑可以找到许多例子，比如《出埃及记》二十三章7节"当远离虚假的事"，《利未记》十九章15节，《申命记》十六章19、20节。进一步的观点，即认同不公正就是支持我们知道是假的东西，因而是对第九条诫命的违背，这一点的出处在《出埃及记》二十三章1、2节；"不可与恶人联手妄作见证"，紧接着说"不可随众行恶。"最后一句显然就是下一个句子要阐述的经文。

刚正不阿的精神。有些人以为许多人认为对的就是合法的、公正的，尽管那是完全违法的。他们的判断没有一点道理。我们知道，跟从自然是好的，而大众轻率的做法往往与自然引导我们做的事背道而驰。所以，若有人聚集人群惹麻烦，我们不可认同他们损害长期建立起来的公民生活的本质。

> 一个智慧的思想胜过许多双手，
> 成群的傻瓜使蠢事更糟。①

但是有些人表现出无以复加的极端邪恶，不仅对人指控从未做过的事，还坚持高举邪恶，将谎言延伸到天，指证永远幸福快乐的神②。这些人就是解释征兆、预言、所献内脏的人，以及所有其他精通占卜的人，他们所从事的技艺事实上是一种败坏的技艺，是对神圣的、先知式的入迷的伪造。因为先知的宣告，没有一句是他自己的话，他是解释者，他所说的话全是由另一位提示的，当他还不知道自己在做什么时，就被灵充满，理性退却，将灵魂的要塞让给新的来客和房客，就是圣灵，它利用发声器官，指示要说的话，这些话清晰地表述了它预言的信息。而凡是追求占卜这种伪造的卑鄙交易的人，都把自己的臆想、猜测列为真理，其实与真理相差十万八千里，从而轻易就把品性不稳的人俘虏到自己手下；然后他以一阵强大的逆流——可以这么说——推翻他们没有了压舱物的小船，阻止他们进入港口，停泊在安全可靠的敬虔之港湾；因为他想他必须宣称他猜测的结果不是他自己

---

① 诗句出于欧里庇得斯，许多作家都引用它，并说引自悲剧《安提俄坡》（Antiope）。

② 谴责占卜违背第九条诫命，因为它构成对神的假见证，这一谴责是非常牵强附会的。

发明的，而是神谕，只是秘密地赐予他一人，由此确保他周围的广大民众信以为真，欣然接受这种假物。这样的人，立法者给他取了适当的名字，称为假先知，因为他使真预言掺了假，伪造出虚假的赝品，把真品扔进阴影。但是不久之后，这种伎俩就原形毕露，因为自然的惯例不是永远隐藏，一旦时机来临，它就利用它那不可抵挡的力量显露出它独特的美。正如日食时，阳光暂时变暗，但不久就重新闪耀，放射出毫无阴影的万丈亮光，此时完全没有干扰物使它变暗，它的整个表面一览无余地展现在清丽而辽阔的天空；同样，虽然一些贩卖神谕的人不停地使用其虚假的占卜术，打着表面华丽的预言之名，拿他们迷狂的话来蒙骗神性，但他们将被轻易识破。真理必回来，重新闪光，光芒照到极远的地方，曾遮蔽它的谎言必消失不见。

他又加上另一条杰出命令，禁止他们接受单个人的证言①。首先因为单个人的所见所闻可能不完全或者有误解、受蒙骗，因为错误观点数不胜数，攻击我们的材料也无穷无尽。其次因为接受单一证言，推翻多个证言是完全不公平的，甚至推翻一个证言也不公平：就前者来说，因为它们的数量是多，显然比一具有更大的可信性；就后者来说，因为反证没有在数量上占据优势，相等与占优势是完全不同的。为什么要接受控方证人的话，而不采纳被告自己的辩护呢？很显然，对既不是没有证据，也不是有足够证据的案子，最好的办法就是存而不论。

9. 律法主张，凡是遵守摩西制定的神圣规章的人，必然比那些受其他法律治理的人在更高程度上免受各种盲目激情和各种恶习的侵扰，这尤其适用于那些因抽签或选举担任审判官之职的

---

① 《民数记》三十五章 30 节，《申命记》十七章 6 节（关于死刑），《申命记》十九章 15 节（关于所有罪行）。

人。假如那些自称有权把公正分给别人的人，自己却有需要负责的罪过，这是完全违背理性的。相反，他们必须带着自然运作的印记，是从原形而来的，因而可以效仿它们。请想一想火和雪所发挥的力量。火使靠近它的事物变暖，但它的热主要在自身里面；雪则相反，借自己的冷使他物变冷。同样，审判官若想用正义之水培育那些要来到他面前的人，就必须自身充满纯粹的公正。这样，就如从甜美的泉源里流出一股水流，可以滋润那些渴求真正合法行为的人的双唇。一个人要做到这一点，在他担当起作为审判官的职责时，就务必想到，当他审理案子时，他自己就在受审，拿起他的投票牌时也要拿起良好判断，使自己能抵御欺诈，要按各人的功过公正审断，要始终保持勇气，不为人对罪犯所受惩罚的祈求和哀悼所动。拥有这些美德的人将被恰当地视为公众的恩人。他就像优秀的舵手，驾驭航向，穿越事务的风暴，一帆风顺，保证那些把利益交托给他的人的生命和安全。

10. 律法给审判员的第一条命令是，他不可听取没有根据的意见①。这是什么意思呢？他说："我的朋友，让你的耳朵洁净"，只要高尚思想和话语之流不停地灌进它们里面，只要它们拒不接受喋喋不休的说明②，制造神话、闹剧、虚妄的作品及其卑俗的称颂者毫无根据、陈词滥调的谎言，就得了洁净。"不听取没有根据的意见"还有另一含义，与以上所述一致。人若是把道听途说的意见拿来作为证据，那他们听取的东西是没有价值，不安全的。为什么呢？因为眼睛熟悉真实事件，在某种意

---

① 《出埃及记》二十三章1节。英译本"不可随伙布散谣言"。
② Goodenough认为这些说明或长篇大论的话是指辩护者的诡辩，见"特殊的律法三卷"121节，但后面所说的神话制造者等等并没有证实这一点。斐洛似乎滑入了对"道听途说"的全面谴责之中，尤其是对"mythika plasmata"，他常常猛烈抨击。见11节第二段更长的离题论述。

上它们与事实保持联系，借着显明并检验一切的光的合作，全面把握事实本身。但是耳朵，一位古人说得好，耳朵没有眼睛可靠①；它们并不贴近事实，而是被描述事实但并不必然如实的语言分散对事实本身的注意。因此，某些希腊立法者做得很对，他们似乎仿效摩西的最神圣法版，规定不可把听来的话当作证据接受②，这就是所谓的眼见为实，耳听为虚。

11. 给审判官的第二个命令是不可收礼。律法说，因为礼物能叫人眼睛变瞎③，这眼睛看见并败坏公正，阻止心灵沿着大道追求自己的事业。受贿赂行不公正是完全的堕落行为，受贿赂行公正也显出一半的堕落。有些执法者就处在邪恶的半途之中④，混合了公正和不公正，他们担当了支持受害者、惩罚作恶者的职责，却没有毫不犹豫地将胜利记在必胜方名下，从而使他们的判决成为可付钱购买的商品，还自认为有理由，在随后受到抨击时，就辩解说，他们并没有违背公正，因为那些应当输的人输了，应当赢的人赢了。这是一种恶劣的辩护，好的审判官必须做两件事，一是一丝不苟地根据律法判决，二是拒绝受贿。但是伸张公正的人却为此接受礼物，这就不知不觉地损害了天生美好的事物。除此之外，他还在另外两方面有错：他渐渐养成贪慕钱财的习惯，那种恶可是滋生大罪的源头；他伤害了原本应当受益的人，因为那人得为公正付出一笔钱财。因此，摩西给了我们非常富有教育性的命令，要求我们以公正的方式追求公正⑤，这意味着有可能以不公正的方式求公正。他是指那些为钱财作出公正判

① 引自希罗多德 I, 8。
② 显然指雅典法。
③ 《出埃及记》二十三章 8 节。
④ 出自柏拉图《国家篇》352C。
⑤ 《申命记》十六章 20 节。英译本"你要追求至公、至义"。

决的人，不仅在法庭上、而且在陆上、海上任何地方，完全可以说，在生活的一切事务上。我们听说过有这样的人，对别人寄存的没什么价值的物件尽心保管，然后欣然归还，但他的目的是为了引诱对方，而不是为对方的利益考虑；也就是说，他的目标是，在小事上得到对方的信任，引他上钩，从而保证在大事上也得到同样的信任。这不是别的，就是以不公正的方式行使公正，因为还给别人应还的东西是公正行为，但为追求更大的利益而这样做，那就是不公正的方式。

我们知道，导致这种恶行的主要原因是对谎言太熟悉，从出生、摇篮时起谎言就伴随他们的童年一起成长，保姆、母亲和其他随从，包括奴仆和自主者，家里人全是说谎大王。通过言行举止，他们的灵魂永久地与谎言连接、联合，似乎谎言是它本性固有的必然部分，但是如果自然真的把谎言造为天生的，它就应当随着对杰出之事的习以为常而被根除。生活中最杰出的事物不就是真理吗？所以当具有完全智慧的人想要给大祭司配上表现非凡美丽和宏伟的神圣装饰品时，就在他的袍子的最神圣之处，就是灵魂的主宰部分所在的地方，绣上真理纪念牌。除了真理之外，还放上性质类似的他称为"清晰显现"的东西，两者代表我们所拥有的理性的两个方面，内在方面和外在方面。外在方面要求清晰显现，使我们每个人里面不可见的念头显现出来，叫我们的邻人知道。内在方面要求真理引导生活操行和寻找幸福之路的行为方式趋向完全。

12. 给审判官的第三条命令是要细察事实，而不是挑剔诉讼人，要尽一切可能不让自己去留意当事人的外形①。他必须强迫自己忽视、忘记那些他认识并记得的人，亲戚、朋友、同胞，另

---

① 《申命记》一章17节（十六章19节）："审判的时候，不可看人的外貌。"

一方面的生人、敌人、外人，从而既不让亲情也不让仇恨影响他作出公正的判决。否则，他就会像一个瞎子走路，跌跌撞撞，没有拐杖或扶手引导他，给他安全的依靠；因此好的审判官必须在双方当事人头上拉一块面纱，不管他们是谁，只顾单纯的事实本身怎样。他必须根据真理，而不是人的意见进行审判，必须想到"审判是属乎神的"①，审判官只是审判的管家。作为一个管家，他不可出卖主人交托的财物，因为人类生活中最美好的事物就是他从其自身就是一切中的最佳者的那位所领受的信任。

13. 除了这些之外，他又加上另一条明智的诫律，在审判时不可怜悯穷人②。要知道，说这话的人实际上在整部律法书中写满了要怜悯和仁慈这样的指示，他对傲慢自大的人提出严厉警告，对那些觉得有责任救济身遭不幸的邻人，不是把大量财富看作个人财产，而视为应与穷人分享之物的人，大加奖赏。一位古人所说的话一点没错，人的行为没有哪一样比慈善更使人与神相像，而人，作为受造者，若能效仿神这位永恒者，那还有比之更大的善吗？所以富人不可聚集金银财宝，把它藏在家里，而要把它拿出来公用，以他欣然捐献的慷慨大方安慰、缓解穷乏人的艰难困苦。他若有高位，不可趾高气扬、自高自大，而要以平等为荣，允许那些位卑的人坦率交换意见。他若身强体壮，就要成为软弱者的后盾，不可像竞技场上的运动员那样，想尽办法把劣势的对手打败，而要力图让那些自己没有力量奋起的人分有他力量的优势，以此作为自己的抱负。凡是从智慧之井里汲取了水的，心里都不可有吝惜之灵，无需别人下令，都要自发地准备有益于邻人，通过他们的耳朵把话流浇灌在他们灵魂里，使他们分享自

---

① 《申命记》一章17节。
② 《出埃及记》二十三章3节。英译本："不可在争讼的事上偏护穷人。"

己的知识。倘若看见有天赋的少年人，像苗壮成长的树苗，就要
欣喜地想，终于找到了一些可以承继灵性财富，就是惟一真正财
富的人。要把这些少年带在身边，用原理和教义培育他们的灵
魂，直到他们枝繁叶茂，结出高贵生活的果子。

　　这些华美艳丽的珍宝镶嵌在律法中间，吩咐我们随时都要把
自己的财富贡献出来，分给穷人；惟有在审判席上的时候，我们
不可向他们表示同情。同情是对不幸的同情，而自愿作恶的人不
是不幸，而是不公正。对不公正者要给予惩罚，正如对公正者要
给予尊敬。因而不要因对穷人身无分文的困境产生怜悯，而让他
卑躬屈膝、阿谀奉承的无耻行为逃脱惩罚。他的行为不配得到同
情，完全相反，应当愤怒。因而从事审判之职的人必须是一个好
的钱商，精细辨别、筛选面前的每个事实的本性，分开真假，免
得它们混在一起搞得一团糟。关于伪证和审判，还有很多话可
说，但为避免冗长，我们必须转向十诫中的最后一条。这一条，
就像其他诫命一样，用一句凝练的话来概述，"不可贪婪。"

　　14. 每种情欲都是该指责的。这出于对灵魂里的每个"过分
而无度的冲动"和"非理性、逆性的活动"[1] 的指责，因为这两
者不是别的，就是打开长期存在的情欲的口子。所以，人若不限
制自己的冲动，不像控制桀骜不驯的马匹一样控制它们，就是某
种几乎致命的情欲的牺牲品，违抗管治将导致他在不知不觉中偏
离正道，就像驾驭者，被拉车的牲口带入难以逃脱的沟壑或死
谷。而最令人讨厌的莫过于贪婪，或渴望自己没有的东西，那些
看起来美好，其实却并非真好的事物。这样的欲望产生强烈而无
穷的向往；它怂恿并驱使灵魂无休止地追逐，而所追对象总是傲

---

　　[1]　这两个短语都是斯多亚学派对"pathos"的定义。

慢地飞越在它前面，面朝着追逐者，而不是背对着他①。当追逐
者怀着强烈的欲望追赶这个目标时，目标就停止一会儿，让追逐
者以为有可能抓住它，然后它转身离去、走开，随着两者之间的
距离越来越远，只留下嘲笑和辱骂。同时，被抛在后面、完全失
利的欲望痛苦万分，使可怜的灵魂招致坦塔鲁斯（Tantalus）的
惩罚②，如寓言所说的，坦塔鲁斯眼看着就要喝到水了，水却退
了，使他无法喝到；想要摘果子吃，果子就消失了，树上的累累
果实变得空无一物。正如身体那两个无情而残忍的情妇：饥饿和
干渴，折磨它，使它痛苦万分，就像受五马分尸之刑罚的人，甚
至比他还要痛苦，若不用食物和水减轻它的暴行，还常常可能置
人于死地。灵魂也是这样。欲望使它忘掉现在的东西，变得空
洞，然后使它想起遥远的东西，于是产生猛烈而无法控制的疯
狂，由此有了比刚刚提到的饥渴更残酷无情的情妇，尽管名字是
相同的，但此时，饥渴的不是满足肚腹的东西，而是对钱财、名
誉、权力、美女以及其他数不胜数之物的渴望，一切在人类生活
中被认为令人羡慕、值得为之拼搏的东西。正如逐步发展的疾
病，就是医生称之为慢性病的，不会停留在一个地方，而是四处
移动，到处行进，正应了它的名字，逐步发展，向四面八方蔓
延，掌握并控制身体的每一部分，从头顶到脚底；同样，欲望也
穿透整个灵魂，不放过哪怕最小的地方，使其不受伤害③。在这
点上，它仿效火的力量，火一旦被点燃，借着充足的燃料，熊熊
燃烧，吞噬一切，直到烧成灰烬。

15. 所以，欲望是一种多么巨大而超越一切的恶，或者更准

① 见"论十诫"28 节第五段。
② 见"论十诫"28 节第七段。
③ 见"论十诫"，同上。

确一点毋宁说，是一切恶之源泉。抢劫、盗窃、赖债、诬告、侮辱，还有勾引、通奸、杀人以及一切恶行，不论是个人的，还是公共的，不论是在神圣之事上，还是在世俗之事上，所有这些恶是从哪里流出来的？不就是源于欲望吗？恶之发明者这一名称，给予欲望这种激情是最恰当不过了，纵然是它最小的果子，对爱的激情，在历史上也不是一次两次，而是常常使整个世界灾祸满地，这些祸害数量实在太多，光是地上的区域无法容纳，于是就倾注到海里，似乎被一股急流驱赶，大水的各处都挤满敌意的船只，海战所产生的种种从未有过的恐怖成为现实，然后它们又成群结队地落到岛屿、大陆上，从它们的源头出发，横扫左右，席卷前后，犹如潮汐的涨落①。我们可以下面的方式对情欲获得更清楚的洞见。欲望就像有毒腺的动物或者致命的毒药，无论攻击到谁，必致使其伤口日益恶化。我这样说是什么意思呢？如果欲望指向钱财，就使人成为小偷、扒手、拦路贼、夜盗贼，不履行债务，不归还交托物，接受贿赂，掠夺圣殿，做出诸如此类的行为。

欲望的目标若是名誉，他们就变得骄傲自满、飞扬跋扈，脾气变化无常，反复不定，耳朵被他们所听到的声音阻塞，对其他声音充耳不闻，一会儿跌倒在地，一会儿趾高气扬，因为民众随波逐流，不分青红皂白，一会儿给他们称颂，一会儿给他们谴责，不能保持一致。他们轻率地交友，鲁莽地树敌，所以敌友可以轻易交换，化敌为友，或化友为敌，表现出诸如此类的其他种种品性。

如果欲望指向职位，他们就热衷于拉帮结派，处事不公，专制暴虐，性情残忍，成为国家的敌人，软弱者的无情主人，对势

---

① 斐洛无疑首先想到了海伦和特洛伊战争。另外，我们也完全可以相信，他还想到由安东尼（Antony）迷恋克娄奥帕特拉（Cleopatra）而引发的战争。

均力敌之同辈怒目而视，树为政敌，对权大位重之上级奉承谄媚，为他们背信弃义的反戈一击做好预备。

如果目标是美貌，他们就成为勾引者、通奸者、鸡奸者、荒淫无度的栽培者，似乎这些大恶就是大福。

我们知道欲望一路向前伸到舌头，引起无穷麻烦，因为应当坦白的，有人想闭口不说；应当保密的，有人却脱口而出，却不知复仇的公正有时留意语言，有时注重沉默。

当欲望控制肚腹区域时，就产生美食者，贪得无厌，淫逸放荡，急切地追求放纵、风流的生活，沉溺于醉酒、暴食，卑琐地受制于烈酒、鱼肉、美味佳肴，像贪婪的小狗，偷偷摸摸地围着宴席和饭餐，这一切最终导致比死更痛苦的悲惨而可憎的生活。

正是这一点使那些对哲学并非浅尝辄止，而是饱餐大量正统原理的人提出他们自己的理论。他们研究了灵魂的本性，发现它有三个组成部分：理性、高级的灵和欲望①。理性作为主宰，他们把头部分配给它作据点，这是它非常适合的居所，那里还驻扎着感觉器官，就像卫兵一样保卫它们的王，心灵。他们把胸部分给灵，部分是因为它就像披着胸甲的战士，即便不是完全安然无恙，也几乎不可能最终被击败；部分是因为它靠近心灵，可望得到邻者的帮助，后者可以用智慧吸引它，使它变得温顺柔和。但对欲望，他们给予肚脐周围的空间，就是称为横膈膜的地方。没错，欲望缺乏理性能力，应当尽可能远离理性的高贵所在，几乎到了最边远的边境。最为重要的是，它是一头贪得无厌、荒淫无度的牲畜②，应当放牧在取食、交配的区域。

---

① 柏拉图把灵魂分为 logos, thymos, epithymia，它们的位置分别在头部、胸部和肚脐周围或者横膈膜（《蒂迈欧篇》69E 以下及别的地方），这一点斐洛经常提到。

② 引自柏拉图《蒂迈欧篇》70E，柏拉图把欲望称为"一头野兽"，它的食槽是肚腹。

16. 最圣洁的摩西似乎看到了这一切，因此他拒斥一般的情欲，憎恨它，认为它本身及它的作用都是最可耻的，尤其痛斥欲望是毁灭灵魂的军队，必须摆脱它，或者使它服从理性的管理，然后万物才可能全面渗透平安和良好秩序，善的那些完全样式，使幸福生活得以成全。由于他是个爱简洁的人，习惯于通过引用一个例子作为教训来精简无穷无尽的题目，所以他取了欲望的一种样式，即以肚腹为活动场所的那种样式，第一步就是告诫和训导它，认为只要其他形式的欲望得知它们的长者，或者可以说它们这伙的头，顺服了自制之法，就不会再像以前那样骚动不安，必会有所克制。

那么他作为第一步的教训是什么呢？有两件事是至关重要的，就是吃与喝；这两者他都没有任其放纵，而是用最有益于自制、仁慈以及最重要的敬虔的诫条来约束它们。因为他吩咐他们要从谷、酒、油、牲畜和其他东西中拿出样品作为初熟果子，一部分用来献祭，一部分送给行使职权的祭司作礼物；作献祭的，是为了感谢畜群的发达和田地的丰收；给祭司的，是认可他们在殿里的服侍，叫他们在神圣仪式上的事奉得到一定报赏①。无论如何，在没有留出初熟果子之前，谁也不可品尝或拿自己果子的任何部分，这一诫条也有利于训练人的自制品质，那是对生活最有益的。人若是学会了不再冲出去抓取一年四季所产出的丰富礼物，而是耐心等待，直到初熟果子分别为圣，那他显然已经使激情冷静下来，从而控制了难以控制的食欲。

17. 同时，他也不许神圣共同体里的成员毫无节制地使用并分有其他食物。地上、海里、空中最肥美的所有活物，能挑动、激发起恶毒的仇敌——享乐，所以他严禁他们吃，知道它们为最

---

① 见《申命记》十八章 4 节及其他地方。

盲从的感官味觉设了陷阱，使之产生贪食，一种对灵魂和身体都极其危险的恶。因为贪食导致消化不良，消化不良是一切失调和疾病的源头①。在各不相同的陆地活物中，没有哪种动物的肉比猪肉更鲜美的，凡吃猪肉的人都承认这一点；在水族活物中，同样可以说无鳞类是最好吃的。……他具备特殊的天赋，能激发那些有追求美德天性的人培养自制，于是他以节俭、简单的满足来教导、训练他们，尽力使他们摆脱奢侈铺张。他既不像斯巴达立法者那样主张严格的朴素和苦行，也不像引导伊奥尼亚人和锡巴里斯人奉行奢侈、纵欲的生活方式的人那样追求美味佳肴。他开启的是一条介于两者之间的中庸之道。他使过分紧张的人放松，使过分松弛的人严谨起来，就像在一架乐器上，把两极的最高音与最低音协调起来，引出中间的和音，从而产生一种和谐一致的谁也不会责备的生活方式。所以他没有忽视任何事物，对可以吃与不可以吃的东西立了非常仔细的法规。

有人很可能会认为，食人肉的野兽怎样使人痛苦，人也便怎样使其遭受同样的痛苦，这是公平的。然而，摩西要求我们，即便它们提供极其美味可口、令人愉快的佳肴，也不可吃。他考虑的是什么适合于温文尔雅的灵魂，虽然做了什么事就担当什么罪，这是完全合理的，但是遭灾者报复作恶者是不当的行为，要防止狂怒会把他们不知不觉地变为野兽。所以他非常小心地提防这种危险，希望通过建议使他们克制对刚刚提到的这些活物的食欲，同时严禁他们吃其他食肉动物。他对动物作了区分，把食草的归入温和一族，因为它们确实本性温顺，以地上出产的性和的果子为生，绝不会企图伤害他者的性命。

---

① 在这部分里，禁吃某些兽、鱼、鸟是基于这样的推测，即它们非常美味可口，禁吃它们有助于自制。我们可以看到，从18节第二段开始采纳了一种完全不同的论证思路，即作出区分意在指向哲学和道德教训。

18. 这些食草动物有牛、羊羔、小山羊、雄鹿、羚羊、水牛、野山羊、麋鹿、黄羊、长颈鹿，总共有十类①。因为他始终遵守数学原则，他通过深入观察知道这些原则在一切存在物中都是一个非常重要的因素，所以他所制定的律法，大大小小，没有不求助于他的这位助手的，并且可以说，他的每一项立法都与其适当的数字相对应。在从一开始的所有数字中，十是最完全的，如摩西所说，也是最圣洁而神圣的，所以他把洁净动物的名单定格在十上，希望他国里的人就吃这些动物。

他补充一种普遍方式来验证这十类活物，这种方式基于两个标记，一个是分蹄成两瓣，另一个是倒嚼反刍②。凡没有这两种标记，或者没有其中之一的，就是不洁净的。我们要知道，这两者是比喻，指明了对老师和学生来说最适当的求取知识的方法，这种方法把好的与坏的区分开来，因而避免了混乱。正如反刍倒嚼的动物吃进食物之后，使它在食道里停留一阵，然后再把它翻上来，重新咀嚼，再送到胃肠；同样，学生借着耳朵聆听了老师教导的原理和智慧学识之后，要延长学习的过程，因为他不可能一下子领会，准确无误地掌握它们，总要经过一段时间，通过不断练习，凭借记忆，把听过的教训一点点回想起来，这样的学习过程就像对概念粘上了水泥，在他灵魂里对它们刻下牢固的印象。但是光有对概念的牢固理解显然是没用的，我们还必须区分、分辨它们，使我们能够选择应当选择的，舍弃应当避免的，而分蹄就象征了这种区分。因为生活的道路有两个分支，一支通向邪恶，另一支通向美德，我们必须避开一支，同时永不放弃另一支。

---

① 《申命记》十四章 4 节以下。
② 《利未记》十一章 3 节以下，《申命记》十四章 6 节以下。

19. 因此，所有不分蹄或多蹄的①，都是不洁净的，前者因为它们寓示这样的观念，好的和坏的合而为一，具有同样的本性，这就如同混淆凹面和凸面，或者不分路的上坡和下坡；后者是因为它们在我们生活中呈现出许多道路——那还不如没有道路——欺骗我们，凡是有多种选择的可能性的，要找到最佳、最有益的道路是很不容易的。

20. 对地上动物作了这些限制之后，他接着描述水里洁净可吃的造物。他也用两个标记来区分它们，鳍和鳞；凡无鳍无鳞或缺少其中之一的，都被他排除和否定②。这是非常恰当的，我要解释这里的原因。没有鳍、鳞，或者没有其中之一的，湍流冲来就被冲走，无法抵挡水流的力量；而有鳞有鳍的，能把水流分开，迎着它，抵挡它，以不可战胜的热情和勇气顽强地反击对手。如果受到冲击，就向后反推；如果被追击，就迅速反击；哪里的道路受到阻挠，哪里就开工凿路，建造康庄大道。这两类鱼自然也是比喻，第一类比喻爱享乐的灵魂，第二类比喻珍爱忍耐和自制的灵魂。通向享乐的道路是下坡，非常容易，其结果与其说是行走，不如说是被拖拉下去；另一条通向自制的道路是上坡，无疑很艰苦，但非常有好处。一者带着我们下坡，把我们推下陡峭的山坡，迫使我们越滑越低；另一者领着不朽者朝向天国走，他们不曾在路上昏倒，有足够的力量忍受攀登中的艰难困苦。

21. 他又遵照同样的方式宣称，凡没有脚、靠肚子蜿蜒行走

---

① 《利未记》或《申命记》里都没有关于多蹄的记载，我也不清楚它在动物学上意指什么（"多趾"吗）。

② 《利未记》十一章9节以下，《申命记》十四章9节以下。

的，或者有四条腿和许多足的爬行动物，都不洁净、不可吃①。这里他又提出言外之意：爬行动物他指的是致力于自己肚腹的人，他们像鸬鹚一样贪婪地填塞肚子，不停地给可怜的肠胃灌烈酒、烤肉、肥鱼，以及厨师和面包师以精湛的技艺制作出来的种种美味佳肴，由此煽动、滋生永远贪得无厌的欲望之火焰。四腿且多足的，他指的是不仅受制于一种激情即欲望，而且受制于所有情欲的卑鄙之人。情欲分为四大类，但每一类又分出许多分支，一个暴君的专制已是残忍无比，何况多个暴君的专制，必然是最冷酷无情、无法容忍的。有足有腿因而可以在地上蹦跳的爬行物，他归到洁净的一类，比如蚱蜢与其类、所谓的斗蛇者②；这里他同样通过比喻探索理性灵魂的秉性和作风。因为身体天生就有重力，有下沉倾向，就把那些没有什么理智的灵魂一同往下拉，以大量属肉的东西遏制它们，压倒它们。因而，获得大力能抵御向下拉的重力的人有福了，他们得到正确指示，向上跳离地面和受制于地的事物，进入太空和旋转的诸天，那里的景象是多么令人向往，在那些全心全意而不是半心半意上天的人眼里，是多么值得赞美。

22. 讨论了地上、水里各种不同的动物这个话题，并尽其所能制定律法对它们作出区分之后，他继而还考察了剩余部分的受造动物，就是空中的雀鸟。他规定其中的一大批都不合格，不可吃，事实上包括所有捕食其他飞禽或人的雀鸟，都是食肉的、有

---

① 《利未记》十一章 42 节。英译本"凡用肚子行走和用四足行走的，或是有许多足的……"但按七十子希腊文本，四腿且多足的动物单属一类，斐洛在以下的解释中也是这样看待的。受制于四大情欲的，也必受制于许多具体的情欲，它们都是这四类的分支。

② 《利未记》十一章 21 节。七十子希腊文本的"斗蛇者"在钦定本的修订本中的希伯来词是"蟋蟀"。

毒的，总是用自己的力量攻击一切空中的受造物①。但家鸽、野
鸽、斑鸠、鹤与其类、鹅与其类，他认为属于温驯、高雅之族，
凡想吃的人可以随意把它们当食物。由此，在宇宙的各个部分，
土、水、气中生活的各类活物，地上跑的、水中游的、空中飞
的，每一类他都撤退了许多种，叫我们不可吃，这样就如同从火
中撤走了燃料，设置了熄灭欲望的灭火器。

23. 然后他禁止与自然死亡的或是被野兽撕裂的动物尸体发
生任何关系②，禁止后者是因为人不可与残忍的野兽同吃，并且
完全可以说，与它们同享肉宴；禁止前者可能因为这种吃法有害
健康，是不卫生的，因为尸体里除了血液，还包含凝固的血浆；
也可能出于举止得体的考虑，要求我们看到死尸不可触摸，尊重
自然已经使然的命运。技艺高超的猎人知道如何击中目标，极少
错失靶心，对这种运动乐此不疲，对狩猎成功洋洋得意，尤其是
当他们与别的狩猎者及猎狗一同分享猎物时，更是自命不凡，希
腊人和野蛮人中的大部分立法者都对这类人高度赞扬，不仅称颂
他们有勇气，还赞美他们慷慨大方。但是神圣国度的创立者完全
可能指责他们，因为以上所说的原因，他严禁享用自然死亡或者
被野兽撕裂的动物尸体。若是有潜心致力于严格训练的人，出于
对体育锻炼的热爱，也成了捕猎爱好者——因为他认为这是为战
争提供初级操练，为面对敌人时所招来的危险作预备——那么当

---

① 《利未记》十一章13节以下，《申命记》十四章12节以下，没有提到"洁
净的"。

② 也许是"拿来作食物"。但这个词本身并不包含这个意思，不过斐洛在最后
认为，这样的尸体只会在被作食物用时才去触摸。我想，他用了模棱两可的词，因
为七十子希腊文本的《利未记》五章2节不同于希伯来文本，禁止或者可以理解为
禁止触摸这样的尸体。见《申命记》十四章21节，《出埃及记》二十二章31节，
《利未记》二十二章8节。

他狩猎成功，捕到猎物时，应当把倒下的野兽扔给猎犬吃，作为对它们的勇敢和忠心协助的报酬或奖赏；他本人不可触摸这些尸体。由此，可以从他对待非理性动物的态度中得知应当怎样对待来自于人类的敌人，不可像拦路贼那样为不当得利而争斗，而是为了自卫才去争斗，或者是为他所遭受的伤害报复，或者是抵御那些他预计将来可能遭受的伤害。

然而，有些萨丹纳帕路斯（Sardanapalus）① 贪婪成性，毫无限制地扩张他们的铺张奢侈。他们想出新颖的享乐方式，把活物闷死、扼死，把血——那是灵魂的基质②，应当让它自由流走——埋葬在死尸里面，预备不适合祭坛的肉。吃到肉他们也该心满意足了，不应如此控制类似于灵魂的东西。因而另外地方③ 他就血的这个题目立下条例，谁也不可把血或脂油放入口中。禁止吃血是因为我已经提到的原因，即它是灵魂的基质，当然不是理智、理性的灵魂，而是借五官运作的灵魂，赐予生命的、我们与非理性动物共同拥有的那个灵魂。

24. 另一灵魂的基质或实体是神圣的灵，这是摩西特别作了证实的一个真理。他在创世的故事中说，神向第一人，就是我们人类的祖先，吹了一口生命之气，吹在他身体最高贵的部位：脸上④，五官驻扎在那里，就像伟大的王心灵的卫士。显然，这样吹出来的气就是天上的灵，或者比天上之灵更好的东西，甚至是圣者，三倍圣的神圣性的一点亮光。脂油不可吃是因为它是最油的部分，这里他再次教导我们要践行自制，培养对俭朴生活的渴

① 传说中的亚述末代国王。——中译者注
② 见《利未记》十七章 11、14 节；见《申命记》十二章 23 节。
③ 《利未记》三章 17 节。
④ 《创世记》二章 7 节，英译本"他的鼻孔"。七十子希腊文本"脸"。

望，放弃轻而易举、唾手可得的东西，甘愿为获得美德而忍受焦虑、劳苦。正是出于这样的原因，这两种东西，即血和脂油，都要从每个祭牲中分离出来，作为一种初熟果子献上，并要全部消耗完。血要作为奠酒洒在坛上，脂油因其油性代替燃油作燃料，交给圣洁的、祭祀用的火①。

②摩西指责他那个时代有些人是暴食者，以为自我放纵、随心所欲是最大的快乐，他们不满足于只在城里过奢侈生活——在城里，他们要什么就有什么，任何欲望都能得到满足——还要求在旷野，在人烟茫茫的沙漠里也有同样的生活，有鱼，有肉，有各种营养物品陈列在那里出售。所以当匮乏来临时，他们就联合起来厚颜无耻地指责、非难、吓唬他们的首领，不断制造麻烦，直到他们的欲望准予满足，尽管那意味着他们的毁灭。准予的原因有两个，一是为了表明在神一切都是可能的，他在无路可通的困境里开出路来，二是为了惩罚那些任自己的欲望放肆膨胀并违背圣洁的人。拂晓时分，从海里飞来一群鹌鹑，落在营边和营的周围，方圆几十里都黑压压的一片，矫健的人可能要走一天的距离，而它们飞行的高度③大约离地面两肘，所以很容易将它们捕捉。我们原本以为他们被这大能作为的奇迹所震惊，会满足于这样的奇观，并且充满敬虔，以敬虔为他们的食粮④，不再吃肉。然而事实上，这些活物激发了他们比以前更大的欲望，他们迫不及待地去攫取那看起来如此大的恩赐。他们用双手抓捕，装满了衣襟，就把它们放到自己帐篷里，又出来去抓更多的，过分的贪

---

① 《利未记》四章 7—10 节，及别的地方。

② 这一段见《民数记》十一章，尤其是 31—34 节。

③ 英译本（31 节）：“风将它们落到两肘之处。”七十子希腊文本没有清楚地说出这个意思，斐洛似乎认为它们全都在这个高度飞。

④ 处于极其虔诚的兴奋状态，确实能使人不依赖于食物。比较“论美德一自制”里关于 Therapeutae 的描述，他“饱食教义的丰富大餐”，禁食三天，甚至六天。

婪使他们不知适可而止，然后就胡乱地清理了一下，就贪婪地狼吞虎咽起来，这种愚蠢行为注定他们要饮食过度而死。事实上，他们不久就因流出胆汁而死①，所以这个地方也因这一临到他们头上的灾难而得名，称为"贪欲的墓碑"② ——灵魂中所能存在的恶没有比这个故事所表明的贪欲更大的了。因此，摩西在劝诫中所说的话是多么精彩，"你们各人不可行自己眼中看为高兴的事"③，这就无异于说"各人不可放纵于自己的贪欲。各人要为神悦纳，为宇宙，为自然，为律法，为智慧人所悦纳，放弃自恋。惟有这样，他才能获得真正的美德"。

25. 以上所述，我们已经尽我们所能讨论了关于欲望或贪欲的问题，从而完成了我们对十条神谕以及附属于它们的律法的全面考察。如果我们把神亲自传达的主要纲领描述为一般法是对的，那么摩西作为传言人宣布的所有律法就是附属的个别法，要准确领会，毫无混乱，需要科学研究；在这种研究的帮助下，我把整部律法分条缕析，将属于每一总纲的特殊的律法一一归到各自的名下。

这些就谈到这里。但我们不可不知道，正如十诫分别看，每一诫都有特殊的律法与它同类，而与其他诫命没有共性，同样，也有一些东西④是所有诫命都共同的，不是适用于某个具体数字，比如一条、两条，而是适用于所有十条大律。这就是具有普遍价值的美德。十诫不论分开一条一条看，还是总起来看，都是激发、劝告我们追求智慧、公正、虔诚以及其他美德，好的思想、动机与健康的语言结合，语言与真正高尚的行为结合，这

---

① 见 20 节。英译本："甚至肉从你们鼻孔里喷出来，使你们厌恶了"。
② 英译本为"基博罗哈他瓦"，旁注：就是"贪欲之人的坟墓"。
③ 《申命记》十二章 8 节。
④ 不是一些律法，而是美德，如下面所表明的。

样，灵魂的各个部分都调好了音准，可以成为一架乐器，奏出和谐的乐曲，使生活成为一首悦耳的音乐，没有一个错音的音乐会。关于美德之皇——敬虔或圣洁，我们前面已经说过，同时还论到智慧和自制。现在我们的主题必然落实到它身上，其风度与以上诸位非常相似，那就是公正。

26. 公正的一个部分并且绝不是无足轻重的部分，是关于法庭和审判官的。这一部分我已经提到①，就是我在详尽讨论证据问题时，为了不使有关的内容有一点遗漏而谈到的。重复已经说过的话，那不是我的习惯，除非具体情势迫使我这样做，所以我对这一部分就不再说了，只是在此前提下讨论这个话题的其余部分。律法告诉我们，必须把公正之法记在心上，也要系在手上为记号，使它们始终在眼前晃动②。这些话的第一句是个比喻，指出公正之法不可交给不可靠的耳朵，因为对听觉器官不能信任，这些最好的教训必须印在我们最高贵的部分上，并盖上真实的印章。第二句表明，我们不可只接受关于美善的概念，还要以毫不犹豫的行为来证明我们对它们的赞同，因为手就比喻行动，所以，律法吩咐我们把公正之法系在手上，作为一个记号。它是什么东西的记号，他没有明确说出来，因为我想，它们不只是一个事物，而是许多事物的记号，实际上是人类生活中所有因素的记号。第三句意指，无论何时、无论何地，我们都要想到它们，就如同近在我们眼前一样。它还说，它们必须有摇晃和运动，不是使它们变得不稳定，有疑虑，而是借它们的活动，激发视力对它们获得清晰的认识。因为活动刺激、唤醒眼睛，使视力发挥作

---

① 即本文 9—14 节。

② 《申命记》六章 6、8 节（还有十一章 18 节）。英译本："我今日所吩咐你的话记在心上……也要系在手上为记号，戴在额上为经文。"

用，或者更可能是使眼睛惊醒，避免昏沉。

　　人若能够在心眼里树立它们的像，不是静止的，而是运动的，并且从事着它们的自然活动，那这人必被作为完人记载下来。他不再是门徒和学生，而成了老师和教员，他应当为愿意学习的年轻人提供知识源泉，使他们从中汲取丰富的论述和原理之水。如果有人出于虚心和谨慎，缺乏勇气，迟迟不敢前来学习，那老师就当亲自出马，把源源不断的教导灌入他的耳朵，如同灌入渠道，直到灵魂这水渠满了为止。他确实得站出来向亲戚朋友和所有年轻人教导公正原理，不论他们在家里，在街上，在他们上床睡觉时要教，醒来起床后也要教。这样，不论处于什么姿态，做什么动作，无论是独处，还是在公众场合，不仅在他们醒着时，就是在他们入睡时，也可以因看见义人而喜乐①。灵魂整个充满公正，在它永恒原理和教义上自我训练，不留一点空间让不公正潜入进来，没有比这更美好的喜乐了。他还吩咐他们把教导写在各家房屋的门框上，也写在他们的城门上②。这样，无论是出门的，留在家里的，是市民，是外人，都可以读这些刻在门上的文字，永远记住什么该说，什么该做，同样小心不做不公正之事，也不允许有任何不公正出现，男人、女人、孩子、奴仆，不论回到家里时，还是出门时，全都做应做之事，对别人和自己都适宜之事。

　　27. 另一条非常可敬的命令是，所有律法都不可加添、不可删减③，全都要保持其原来的样子，没有任何改动。因为如我们

---

　　① 《申命记》六章7节（十一章19节）："也要殷勤教训你的儿女，无论你坐在家里，行在路上，躺下，起来，都要谈论。"
　　② 《申命记》六章9节："又要写在你房屋的门框上，并你的城门上。"
　　③ 《申命记》四章2节，十二章32节"我所吩咐你们的话，你们不可加添，也不可删减。"

清楚地看到的，真实情况是，所加添的是不公正的东西，所删减的却是公正的东西，其实，凡是能充分而完全地拥有公正的事物，智慧的立法者并没有一点忽略的。他进而也指出，其他美德每一个都已经达到了完全的最高顶点。因为每一种美德都无所缺乏，在其自我成全的完满中是完备的，所以，若有什么加添或删减，它的整个本性就会改变，变为相反的状态。我举一个例子说明我的意思。勇敢是以产生恐惧的事物为活动对象的美德，是关于应当忍受什么的知识①，凡是并不完全缺乏知识和文化的人，即使没有接受过多少教育的人，全都知道这种美德。但若有人放纵因傲慢而产生的无知，自以为是个杰出之人，能够纠正根本不需要纠正的事物，放胆为勇敢添加什么或删减什么，那么他必然完全改变它的样式，在它上面打上另一种样式，以丑陋取代美，因为他给勇敢添加一点，就造成鲁莽，删减一点就导致懦弱，至于勇敢这种对生活如此大有益处的美德，连它的名称也无影无踪了。同样，若有人在美德之皇后敬虔上加添什么，或小的，或大，或者相反，从它拿掉一点什么，无论哪一种做法，都会改变甚至完全转换它的本性。添加会产生迷信，删减会导致不敬。这样，敬虔也消失不见了，而这个太阳的升起和放光，乃是我们应当祈求的恩福，因为它是最大的恩福之源，它赐给我们侍奉神的知识，而这种知识，我们务必把它看作比任何统治权更尊贵，比任何君权更高贵的事物。对于其他美德，也完全可以这样说，只是按我的习惯，要避免冗长的讨论，最好言简意赅，所以，以上所举例子已经足够，完全能够说明未阐述的内容。

28. 另一具有普遍意义的诫命是"不可挪移你邻舍的地界，

---

① 斯多亚学派的定义。

那是先人所定的"①。我们可以思考，这法不只是为了消除贪婪
而适用于土地的分配和设界，而且也为了捍卫古代的习俗。因为
习俗乃是不成文的律法，是古人赞同的决定，但没有刻在碑上，
也没有写在容易被虫啃噬的纸上，而是留在那些同为公民的伙伴
们的灵魂里。儿女从父母继承的，除了财产，还应当有祖先的传
统习俗。他们生长在这里面，甚至从婴儿时起就与其一同生活，
并不因为它们不是靠文字记载传递而鄙视它们。遵守成文法的人
没有什么可称颂的，因为他是在禁令的警告下，出于对惩罚的害
怕才这样做的。而忠心地遵守不成文法的人是值得赞颂的，因为
他展现的美德完全是出于自愿的。

29. 有些立法者引入抽签填补长官职位的制度，这是危害百
姓利益的，因为抽到签只是说明运气好，并不表明有功德。事实
上，签往往落到许多卑鄙之徒头上。若有贤人掌权，会认为他们
甚至不配做他的臣民。那些"小的统治者"——如有人说的，
我们则称之为"主人"——不是留住有能耐的人作工，不论本
家的，还是买来的，而只是留住那些顺服听话的人；至于难以管
理的，他们常常成群结队地卖掉，认为这样的人不配做功勋卓越
者的奴仆。这样说来，用抽签选这种我们可以称之为时运之大
错②，不确定、不稳固的方式来定人选，作整个城邑、整个国家
的主子、统治者，能行吗？在治病救人问题上，根本没有抽签的
立足之地，因为医生不是靠抽签获得自己的位置的，而是通过经
验的考核得到批准。要保证航行顺利，旅客安全，我们不会抽

①　《申命记》十九章 14 节。很难明白为何这一段要加到这里。引用这一经文
用意显然不在其字面意思，而是因为它暗示了作为不成文法的习俗。但是已经讨论
现在还在讨论的律法并非未成文的。

②　或者"运气的随机行为"更为妥当。运气的脚步是不确定的，但并非总是
错误的。"无常"倒满可以对应这个意思。

签选择一个人作舵手，然后派他直接去掌舵，这样的人可能因无知在风和日丽、风平浪静的环境下制造沉船事故，这样的事故没有任何自然成分，全是人工所为；相反，我们会派一个我们了解的人，一个从小就在操舵技能上得到严格训练的人。这样的人必有过很多航海经历，跨越过所有或大部分海区，仔细研究过港口、码头、抛锚地、碇泊处，无论是岛上的，还是大陆的，对海路了然于胸，即使不能说比陆路更清楚，也至少与它一样清楚。这种知识是通过对天体的精密观察获得的。通过观察星辰的路线，根据它们有序的运动，他能够在渺无人烟、毫无线路的地方开辟出宽广大道，不会让人迷失方向，这真是不可思议的成就，使得原本属于陆地的造物能在水里畅通无阻。一个人要掌管人口众多的伟大城邑，建立适用于全城的体制，管理各种事务，包括私人的、公众的、神圣的，这样的任务我们完全可以称之为艺术中的艺术，科学中的科学，能让它作为摇摆不定的抽签游戏吗？这样的人能不经过严格的真理考验，就是惟有基于理性确立的证据才能经受的考验吗？

30. 摩西一如既往地富有智慧，他心里早就思考了这些事，所以甚至没有提到通过抽签任命统治者，而决定制定选举任命法。故此他说："你要从你弟兄中立一人作统治者，不可立外人为主"，由此表明，应由同心同德的全体百姓自主选择统治者，并对之进行无可指责的详尽考查①。选择之后还要进而得到神的投票和核准，他对一切有利于共同福祉的事都予以确认，甚至认为这人可以称为从人类中被拣选的，他与人类的关系就如同眼睛

---

① 《申命记》十七章 15 节："你总要立耶和华你神所拣选的人为王，必从你弟兄中立一人，不可立你弟兄以外的人为王。"

之与身体①。

31. 另外，为何不能立外人为王的原因有两个：其一，防止他聚敛大量金银、牲畜，从臣民榨取大量不义之财②。其二，防止他为了满足自己的贪欲，把本地人从土地上驱逐出去，强迫他们迁来迁去，到处流浪，或者激起他们增加财产的虚妄盼望，顺利地将他们迄今为止安全享有的东西据为己有③。因为他有充分的理由设想，若是立与他们同一支派、同一血缘的人为王，就会有一种纽带把臣民与王联结起来，给他们带来最紧密的亲属关系，就是拥有同一个公民身份，同一种律法，同一位神，把整个民族视为他的分的神，这样的人绝不可能犯以上所说的这种罪。他知道这样的人会做相反的事，不是流放居民，而是提供条件让那些散居在国外的人归回本地；不是夺取别人的财富，而是把自己的私人财产慷慨地分给穷人，作众人共有的财富。

32. 立法者吩咐，所立的王自登上职位之日起，就要亲手写下这一以概述形式囊括整部律法的附录④。他希望借此使法条牢

---

①　这段话意思含糊。文本若是没错，意思可能是说，选出的某个人如同"身上的眼睛"，神接受并确认这一行为。斐洛显然是想把自主选择——他认为"你总要立"这短语里暗示这一点——与"耶和华你神所拣选"的限定统一起来。

②　《申命记》十七章 16、17 节。英译本："只是王不可为自己加添马匹……也不可为自己多积金银。"这不是不能选立外人的理由，而是从本地人中选出的王要遵守的条例。

③　《申命记》十七章 17 节（后半节）："不可使百姓转回埃及去，为要加添他的马匹。"根据注释者的解释，这话的意思是他不可企图联合埃及，谋求强大的骑兵力量。斐洛可能认为埃及是巴勒斯坦流民的自然避难所，所以把它解释为一般的放逐，若是外人作王，是不可能为了没收百姓的财产而作出这样的行为的。

④　《申命记》十七章 18—20 节。英译本："他登了国位，就要将……这律法书，为自己抄录一本。"

记于心。因为单纯地阅读，思想会随着潮流的退落而忘却；抽空把它们写下来，就能在心里生根，牢牢记住。心灵能够轻松地细想每一点，一一琢磨它们，不会一掠而过，转到其他事物，直到把经过它面前的一切都牢牢掌握。他写下来之后，还必须每日诵读，熟悉所写的内容①，好叫他对如此美好，对众人大有裨益的法规有永久不忘的记忆，从而通过不停地训练，使灵魂熟悉于神圣律法的相伴，对它们产生一种坚贞不渝的爱和渴望。长期相处，相濡以沫，不仅对人会产生一种纯洁而真诚的感情，对这种完全值得我们去爱的作品也如此。如果统治者学习的不是别人写的、记的东西，而是他自己亲笔所写，那就更是如此，因为每个人更熟悉自己的书写，更愿意接受自己写的内容。另外，当他诵读时，必会这样自我思考。② 我写下了这些话，我，一个如此杰出的统治者，虽然有一大群仆人，但没有雇用别人，而是亲自抄写。我这样做难道是为了填满书页，像那些为工钱而写的人那样吗？或者像那些为训练自己的眼睛和双手而写的人那样，使视力变得敏锐，使自己成为快手笔吗？不，当然不是。我写这本书是为了马上把它们再写进我的灵魂里，把更神圣稿本的印记刻在心灵里，永不磨灭。别的王都拿杖在手上作为权杖，我的权杖就是这册律法的附录，这是我的骄傲，我的荣耀，无物可与之媲美，无人可以怀疑的主权之徽标，是按着它的原型，就是神的王权而造的。

③我若以谨守这神圣律法为我的杖和支柱，就可赢得两样胜

---

① 《申命记》十七章 19 节，"要平生诵读。"

② 以下这段话是对《申命记》十七章 19、20 节的沉思，第一部分由王或统治者说出。

③ 以下这段话是对《申命记》十七章 19 节的沉思："谨守遵行这律法书上的一切言语和这些律例。"

过一切的事物。① 一样是平等之灵，这是最大的善，没有比它更大的善了，傲慢、自大属于看不见未来的无能灵魂。平等要得到应有的奖赏，回报就是我臣民的善意和安全，而不平等将产生巨大的危险和隐患。我只要恨恶不平等——它带来的是黑暗和战争——就能避免这些危险的隐患；同时，我只要尊崇平等，就能终身抵御仇敌的恶意，因为平等避免骚乱，是光明和固定秩序之母。

②另一样我能赢的事物是我守恒如常，不会偏左偏右，偏离条例，歪曲它们，而是努力带他们沿着中间大道，以坚定的步伐笔直向前，确保终身不会跌倒。③ 摩西习惯把处于两极之间、不偏左右的中间之道称为"王道"，这里也可用这个名称，因为三人组中，最中间者占据领导地位，以牢不可破的关系把它两边的事物与自己结合为一体，它们也如同它的卫兵，保护着王。④ 一个遵行律法的统治者，尊崇平等，不收受贿赂，以公正方式作出公正审判⑤，永远在律法上自我操练。这样的王——他告诉我们——所得的奖赏是，他统治的日子将年长日久，不是说给他很长的寿命管理国家，而是教导无知者说，守法的统治者，即使死

---

① 以上这段话是对《申命记》十七章 20 节的沉思：20 节："免得他向弟兄心高气傲。"

② 同上书，免得他"偏左偏右，离了这诫命"。

③ 这里斐洛离题了，开始与《民数记》二十章 17 节（见二十一章 22 节）"我们只走大道（王道），不偏左右"联系起来。这里他的重点放在"王道"上，推出的结论，按我的理解，是摩西把这个名称给予处于不足与过分之间的中间道路，这表明它是适合于王的道路。

④ 《申命记》十七章 20 节："在国位上年长日久。"对圣经里所应许的长寿之恩惠的灵性解释指出，应许给亚伯拉罕的高龄不是指物理生命之长，而是智慧生命之长。

⑤ 关于"不收受贿赂"及"以公正方式作出公正审判"，见本书 228 页第 11 节（审判官的品质）。

了，也是不朽的，他留在身后的行为永远不死，是永远不可能毁去的杰出丰碑。

33.① 被认定有资格担任最高、最重要职位的人，应当挑选副职分担他在管理、审判、处理其他有关公共福利事务中的职责。单个人，纵然力大无穷，精力充沛，也不可能处理得了堆积如山的事务，他虽然热心如火，也会在日复一日从四面八方涌来的事务之压力下垮掉，所以，他必须有助手。这些助手全是百里挑一的，在判断力、能力、公正、虔诚上都是最佳的人选，因为他们不仅毫无傲慢之气，而且憎恨傲慢，视之为致命的大恶。②肩负国家大事的最杰出之人必在这些人中找到完全胜任的助手和支持者，以减轻他的重压，使他有喘息的机会。再者，产生的问题有时大，有时小，为避免他在鸡毛蒜皮的小事上消磨精力，他应当把小事交给副手去处理，同时也保证他自己能全力以赴地详查重要的大事。所谓大事，不可如有些人认为的，是指争讼双方都是名人、富人、权贵的案件，而是指平民、穷人、无名小卒与其他强势群体争讼，他们逃避致命灾祸的惟一希望在于审判官的案子。'

　　神圣律法书里有明确的例子，能证明这些话是合理的，我们最好抄下这些例子。曾有一段时间，摩西亲自论断公正问题，从早晨忙到深夜，后来他岳父来了，注意到由于有问题需要定夺的人总是成群结队，使他肩上的担子非常沉重，就提出了极好的建议，摩西应当挑选代理人论断小事，自己则专门处理大事，这样

----

① 　以下内容斐洛不是直接引用律法书里的宣告，而是取《出埃及记》十八章里叶忒罗向摩西提建议的故事来描述。

② 　见《出埃及记》十八章 21 节。英译本："有才能的人，就是敬畏神，诚实无妄、恨不义之财的人。"

也让自己有时候休息。摩西听从了这一确实有益的建议，从民众中挑出最有名望的人，任命他们担任副官和审判官，吩咐他们把更为重要的案件递交给他。圣书里记载了这一事件，是为了教训每一代统治者，首先要求他们不可以为自己能够审理一切事，拒不接受策士的帮助，就是最富智慧、神至爱的摩西也不拒绝这种帮助，更何况他们；其次，他们应当挑选官员作第二、第三层次的梯队，当心不可把精力浪费在小事上，而忽视了更为重要的大事。人的本性决定了人不可能事必躬亲。

34. 以上所述是两个例子之一，现在要加上第二个例子作为证据。我说过，大案是指无权无势的小人物起诉的案子。卑微和软弱是寡妇、孤儿和寄居者的特点。正是对这些人的案子，授权管理一切的至高王要亲自审理，因为在摩西看来，神这位宇宙的统治者也没有把他们逐出他的审判范围。当受启示者称颂自有永有者的卓越时，这样歌唱①："至大的神，大有能力，不以相貌取人，也不受贿赂，为人申冤"，接着说到为谁申冤——不是为官吏、暴君、掌管陆地、海洋的权贵，而是为"寄居的，为孤儿寡妇申冤"。之所以为寄居的，是因为他作为朝圣者来到真理面前，敬拜惟一值得敬拜的一位，抛弃了他祖祖辈辈都顶礼膜拜的神话寓言和多神论，抛弃神话寓言和多神论，尽管他的父母、祖父母、祖先和其他血亲多么崇拜它们，来到了一个更好的家，由此把他的亲属，按常规应是他惟一同盟者的人，变成了死敌。为孤儿是因为他失去了父母；父母是他天生的帮助者和保护者，但这惟一必然处理他诉讼的力量把他抛弃了。为寡妇是因为她失去了丈夫；丈夫把她从她父母接管过来，负责保护她、照顾她，因为就给予保护的目的来说，丈夫之与妻子就如同父母之与

---

① 《申命记》十章 17、18 节。

少女。

你可以说，整个犹太民族与其他民族相比，各方面就处在孤儿的位置上。就其他民族来说，当有不幸降临时，只要这不幸不是出于天的直接干涉，而是由于国际交往，他们绝不会没有帮手与他们联盟。而犹太民族没有谁帮它出力，因为它生活在非同寻常的律法之下，这律法必然是庄重而严厉的，因为它们谆谆教导最高标准的美德。庄重就是严厉可怕的，严厉是大多数人所讨厌的，他们喜欢快乐。然而，如摩西告诉我们的，他的像孤儿一样处于孤独状态的百姓，始终是宇宙的统治者怜悯、同情的对象，它就是他的分，因为他已经把它从整个人类中分别出来，作为一种初熟果子献给造物主和父。之所以如此，原因就在于这个民族的创始人所表现出来的公正和美德的宝贵记号。这些记号保存下来，像不朽的树木，为子孙后代结出永不腐烂的果子，各方面都是健康、有益的果子，尽管这些后代本身是罪人，但只要他们的罪是可医治的，不是完全向死的罪，这果子就与他们有益。

但谁也不可以为好的出身就是一种完全的恩福，从而忽视高贵的行为；我们要想到，人有最好的出身，却行事恶劣，给父母蒙羞，这样的人要招致更大的愤怒。人虽有真正优秀的榜样可学，却对有利于引导他的生活，使其行在正道上，保持正当、健康的东西一点不学，这样的人是有罪的。

35. 律法书为每个管理、主持公共事务的人提供了非常适当的禁令，它禁止这样的人"在民中往来行骗"①，这样的行为显示的是偏执狭隘、无比卑鄙的灵魂，以伪善掩盖它的恶毒。统治

---

① 七十子希腊文本《利未记》十九章 16 节。英译本："不可在民中往来搬弄是非。"无论在希伯来文本还是希腊文本中，这无疑是一条普通戒律，但由于前面有"要以公正论断你的邻舍"，斐洛把它应用于某个掌权的人，也有一定道理。

者管理臣民应当如同父母管理孩子，这样他本人也可得到亲生儿子般的尊敬，因而好的统治者可以真实地称为国家、民族共同的父母，因为他们表现出父母般的，有时候胜于父母般的感情。但是那些掌握大权破坏、伤害臣民的人，不应称为统治者，而是敌人，其所作所为无异于你死我活的战争中的敌人，其实那些狡猾地作恶的人比公开的对手更加可恶。后者赤裸裸地表明他们的敌意，所以还容易提防；而前者的恶行却难以发觉，或者无法追踪，因为他们如在舞台上一样披着一件奇怪的外衣，把真正的面貌隐藏起来。我们知道，"法则"或"命令"是个自我延伸，我几乎可以说自我闯入生活的各个领域的范畴，只是在规模、总量上有分别。因为国王与国家的关系就是村长与村庄的关系，家长与家庭的关系，医生与病人，将军与队伍，旗舰与舰队及水兵，船长与商人及货船，舵手与海员之间的关系。所有这些人都有权力，可行善，也可作恶，但他们应当立志向善，善就是有益于而不是有害于尽可能多的对象。因为这是学神的做法，他也同样既能行善，也能作恶，但立志只行善。这既可以从创世，也可以在管理世界中看出来。他召非存在变为存在，从无序产生秩序，使没有性质的事物有性质，相异的事物变得相似，完全不同的事物和谐统一，无关、混乱中产生团契、和谐，不平等中产生平等，黑暗中产生光明。因为他和他行善的权能始终以改变恶者的过失为己任，不论这过失出现在哪里，都要把它变为善。

36. 好的统治者若有志成为与神相像的，就必须效仿这些事。

然而，有大量情况是人的心灵所无法掌握，或注意不到的。事实上，人心囚禁在种种熙熙攘攘的感觉的报告之中——它们很厉害，用虚假的意见诱惑它，欺骗它——或者毋宁说，人心埋葬在必死的身体里，把身体称为坟墓是完全适当的，所以，审判官若有所不知，不必羞耻，应当坦然承认自己的无知。否则，首先虚假的妄求者将使自己变得更糟，因为他已经把真理赶出了灵魂范围；其次，他若是在没有弄明白什么是公正的情况下，就盲目地作出判决，那就会对诉讼者造成巨大的伤害。所以，如果事实使人产生不确定感，造成很大的模糊性，他觉得自己对它们还无法把握，没有完全理解，那么他就当放弃对案件的论断，把它们移交给更有辨别力的审判官①。这些人是谁呢？不就是祭司以及他们的头和领袖吗？因为真正协助神的人，已经尽一切努力使自己的悟性变得敏锐无比。在他们看来，即使微不足道的过失要算为大错，因为他们所侍奉的至大的王显现在一切事上；因而一切行使职权的祭司在献祭时都不得喝烈酒，免得毒性潜入进来，扰乱他们的心灵和舌头，使悟性之眼变得模糊。把这样的案件交给祭司的另一种可能的原因是：真正的祭司必然是位先知，依靠着美德而不是出身前来侍奉真正的存在者，而对于一位先知来说，没有不知道的事，因为他里面有一个灵性的太阳和明朗的光芒，使他对肉眼不能看见、惟悟性才能领会的事有全面而清晰的了解②。

37. 另外，那些跟秤砣、天平、尺子打交道的人，店主、小贩、零售商人以及所有其他出售商品，不论是固体的，是流体的，为生计的人，毫无疑问要服从于市场管理员，但他们若有健全的理智，自己应当就是管理者，行公正之事，不是出于畏惧，而是出于自由意志，因为出于自发的公正行为在任何地方都比出

---

① 《申命记》十七章8、9节："若起了……你难断的案件，你当……去见祭司利未人，并当时的审判官，求问他们。"斐洛认为这里的"审判官"就是大祭司。

② 由于下一段适用于审判员，而不是统治者，所以这里或者可能在第四卷35节末，结束了能归于"统治者的职位"这一标题的论述，本文的余下部分由关于公正的各种问题组成。

于强迫的公正行为更受人尊敬①。因而，他吩咐贸易者、商人以及所有从事这种营生的人，都要使用公道天平、公道砝码、公道尺子，避免用不诚实的阴谋伤害顾客，务必让每句话、每个行为都出于慷慨、无欺的灵，要知道不公正所得是完全有害的，靠公正得来的财富则永远不会被夺走②。

既然工人或做工者得工钱，是作为对他们劳作的报酬，而且这样受雇的人必都是穷人，不可能是那些有大量资源可以花费的人，所以他命令雇主不可拖延，必须就在那日给付薪水③。因为富裕的人有充足的生活资料，他们在接受了穷人的服务之后，若是不马上为穷人的工作给付报酬，那是完全违背理性的。我们这里岂不是清楚地看到了对更大的不公行为的告诫吗？试想，约定了在黄昏时，就是工作回家时可拿到他的报酬，但是过了最后付款的时间仍然不付工钱，这样的事尚且是绝对不允许的，更何况偷盗、抢劫、赖账以及诸如此类的恶行，岂不更要禁止么？禁止所有这些行为，才能把灵魂塑造为被认可的标准，成为真善本身的样式。

38. 另一个杰出的法令是，人不可侮辱或咒骂别人，尤其是聋子，既不能知道自己所遭的恶，也不能以牙还牙报复的人，不是站在同一起点上的人。试想，一方完全主动，另一方完全被动，还有比这更不公平的争斗吗？辱骂那些说不了话的哑巴、听不见声音的聋子这种罪，等同于让瞎子滑倒，或者把别的障碍物挡在他们的道上④的行为。由于瞎子看不见，不可能跨过这些绊

---

① 《利未记》十九章35、36节，《申命记》二十五章13—15节。
② 按我的理解，这话不是指按正当方式获得的财富，这样的财富斐洛几乎不可能认为是绝对安全的，而是指灵性的财富，这是拥有公正的人必然具有的。
③ 《利未记》十九章13节，《申命记》二十四章15节。
④ 《利未记》十九章13节，"不可将绊脚石放在瞎子面前。"

脚石，所以必然被绊倒，这样，他们既迷失了正道，又损伤了自己的脚①。那些实施这种诡计或对此有兴趣的人，律法书以神的愤怒来威胁他们。这是正确、合理的。因为惟有神把手伸向那些不能自我帮助的人，保护他们。他的话无异于明白地向作恶者宣告："你们这些愚蠢的家伙，你们把别人的灾难当作笑料，对那些遭受不幸厄运的部位作恶，对听不见的耳朵辱骂，向看不见的眼睛设置圈套挡他们的路，以为这样伤害他们，他们不知道。但是你们绝不能逃过神的眼睛，他审视一切，掌管一切，当你们践踏残疾者的不幸，似乎自己永远不会陷入同样的灾难的时候，要知道，你们所拥有的身体可以成为任何一种疾病的猎物，你们的感官是可灭的，某种细小、极其平常的因素就可能使它们遭难，不只是聋了、瞎了，还可能遭受不可医治的残疾。"这些人失却了对真正自我的认识，以为显赫的地位使他们超越了人性的软弱，摆脱了变幻不定、反复无常的命运的敌意，不知道命运时常在突然之间降临到那些生活一帆风顺的人头上，就在幸福的港湾里把他们的船只沉没。他们有什么权利自高自大，践踏别人的不幸，不顾万物之统治者的助手公正——他的权利和职责就是以其永不闭上的眼睛的超然洞察力审视每个角落里的隐秘，就如同它们在光天化日之下。这些人既然敢把无耻的怒火发泄到失明的眼睛、失聪的耳朵，这些在某种意义上已经死了，就是死尸的部位上，如此极端残忍，那么在我看来，他们完全可能连死者也不放过②，用一个流行的术语，毫无疑问会再杀死者。因此如果这些部位所属的人离开了人世，他们必会暴露出难以遏制的冷酷，对他绝不会有一点人性和同情的态度；就是在你死我活的战场上，对倒下的敌人也该有这样的同情态度。这个话题的这一部分就谈

---

① 见《申命记》二十七章 18 节："使瞎子走差路的，必受咒诅。"

② 见第二卷 19 节第三、四段。

到这里。

39.① 他又制定了一组同一类型的法令，禁止他们让不同种类的牲畜交配，禁止葡萄园里种两种不同的果子，禁止穿由两种不同的材料掺杂织成的衣服。第一条禁令我们已经在谴责通奸者时提到，提到它是为了更加清楚地表明阴谋破坏别人的婚姻，从而破坏妻子的道德品质，毁灭生育合法子女的真诚盼望，是多么可恶的行为。通过禁止不同种类的牲畜交配，他显然是为了间接禁止通奸行为。不过，这里我们在讨论公正的时候，也应提到这样的律法，因为我们不可忽视任何能用同样的观点引出更多道德准则的机会。我们知道，把可以联合的事物结合起来是正当的，同类生来就是为了联合，而异类则相反，不能混合或联合，凡是打算把它们合成不正常的同伴关系的，就是不公正，因为他颠覆了自然法。本质圣洁的律法对正当之事非常慎重，甚至不允许力量不等的牲畜一同耕地，因此禁止驴和壮牛共轭，免得力气较弱的一方被迫与力气较强的一方并驾齐驱时累垮，倒在路上。其实，一点没错，强壮一方即公牛列在洁净物的名单上，而软弱一方驴则属于不洁净之物。但是律法并不吝惜对看起来弱势者提供恰当帮助，我想，这是为了教导审判官必不可少的一课。他们在审判时，只要发现所审查的焦点与出身无关，只在于善行和恶行本身，就不可把出身卑微作为一个不利因素看待。

这组中的最后一条禁令，即禁止将羊毛和细麻这两种质地不同的材料编织在一起，也与前两条相似，因为在这里，不仅不同

---

① 《利未记》十九章19节，《申命记》二十二章9—11节。这两个段落都有关于葡萄园和混织衣服的法规。但在《利未记》里禁止不同品种的牲畜交配，在《申命记》里禁止不同种类的牲畜共轭耕地。斐洛主要遵循《利未记》的记载，但在这一节后半段把《申命记》里的记载拿来作为一个例子。

类者不可结合，而且如果两者结合，强势的一方也会导致裂缝的产生，而不是彼此统一。

40. 这组三条禁令中的中间一条是不可在葡萄园里种两种不同的果子。第一个原因是不可让不同的事物混合，造成混乱。播种的庄稼与树木没有关联，树木也与庄稼没有干系，因此自然没有指定同一个日子让两者每年生产果子，而是把春季分给一个收割五谷，把夏末分给另一个收获果子。所以，我们看到，播种的庄稼过了扬花期，园里的果树正好发芽。庄稼在冬季开花，果树则在冬季长叶；反过来，到了春季，所有庄稼都枯萎了，果树，包括种植的和野生的，正好抽枝发芽。实际上，庄稼成熟，丰收在望时，正是果子开始生长时。这两者的天性是如此大相径庭，他把它们各自的开花期、结果期恰当地分开，彼此遥遥相间，使无序变为有序。

第二个理由是防止两者因争夺营养而相互伤害和被伤害。如果把这种营养分割，就如在饥荒、匮乏时期，那么所有的植物都必然失去全部力量，或者变成不毛之地，完全没有生产，或者由于缺乏营养，导致软弱无力，只结出干瘪的果子。

第三个理由是，好的土壤不应承受两种非常沉重的担子：一种担子是在同一个地方播种、生长密密麻麻的大量作物，另一种担子是要结出双重果子。主人从一块地每年收获一次贡品就足够了，就像王只能从一个城收一次税。想要征收多于一次的税费，就是极端的贪婪，是违背自然法的一种恶。因而律法会对那些想要在自己的葡萄园里播种来满足其贪欲的人说："你不可显得还不如那些靠武力和远征军征服城乡的王。他们着眼于未来，同时希望宽恕臣民，认为最好每年征贡一次，免得在很短的时间内把他们逼到极端贫困的地步。但是你若在同一块地上春季要取小麦和大麦，夏季要收树木的果子，那就是收双倍的税赋，会榨干它的生命力。它就像一名运动员，你若不让他有喘气的空间，积聚力量准备下一次比赛的时间，就必然会变得精疲力竭。你显然太轻松地忘了我为共同福利所立的禁令①。你务必记住我关于安息年的教训，我规定鉴于圣洁的田地劳作了六年，按自然法每年适时结出果子，到了第七年要休耕不种，不可让任何农夫的耕作把它耗尽。惟有记住这一点，你才不会不顾一切、耀武扬威地放任满足你的贪欲，计划前所未有的耕作样式，在适合种树尤其是葡萄树的地上播下种子，只是为了每年能获得两种不同也是不当的收益，从而以榨取的税赋增加你的财物，这种榨取岂不正是出于无法无天的贪欲。人若能下决心让自己的农场在第七年休息，不向它们要收成，以便让土地劳作后获得新的生命力，就不会让双重的担子压在地上，使其不堪重负。因而我必须就这样的榨取发出宣告，秋季收来的庄稼和果子都是不洁、不圣的②，因为可以说肥沃土壤里创造生命的灵性力量被扼杀了，也因为主人没有把自己的不当欲望控制在适当的范围内，而是任其发作，恣意挥霍神的礼物。"这些法规暗示性地限制、约束困扰人类的疯狂贪欲，我们的激情岂能越它们的雷池呢？人做平民时已经知道不可从自己的作物中获取不义之利，他若成了王，掌管更大的事务，就要遵照已经养成的习惯对待男人和女人。他不可收双重的税赋，也不可拿关税榨取臣民的生命力。长期熟悉的习惯具有莫大的力量，能使脾气残暴的人变得温和，在某种意义上还能教导他们，使他们形成好的样式，而好的样式就是公正印刻在灵魂里的样式。

①　见第二卷 19 节（本书 129 页）。

②　《申命记》二十二章 9 节。修订本："免得你撒种所结的和葡萄园里的果子都要充公。"旁注"充公"即希伯来词"用作祭祀"。钦定本译为"受了玷污"。对这个词的解释似乎是"它被分别出来给耶和华和他的圣所，就像被禁止的东西"，从而表明这是一种宗教上的罪。

41. 这些律法他是给每个个人立的，还有其他更为普遍的命令是对整个民族发布的，告诫他们该如何对待朋友、同盟，还要知道怎样对待那些脱离联盟的人①。他告诉我们，如果这些人背叛联盟，并关起城门，躲在里面，你们就应把武装精良的军队开进来，荷枪实弹地把他们团团包围，然后在城外等候一段时间，不要放任愤怒，失去理性，以便以更坚定、更稳固的心去做必须做的事。也就是说，到了城外，他们必须马上派使者向对手提出和谈条件，同时指明包围力量的军事能力。如果他们的对手后悔背叛行为，作出让步，表明愿意和平解决，那他们必须接受并欢迎谈判②，因为和平，即使要作出很大的牺牲，也比战争更有益处。但如果对手坚持这种轻率行为，到了疯狂的地步，他们就必须士气高昂地开始进攻，因为他们有公正这个不可战争的同盟。他们要把武器装置安放在有利位置，俯临城墙，一旦撕开某些口子，就一齐冲进去，对准目标，万枪齐发，用刀剑杀死靠近身边的人，毫无顾虑地尽情复仇，敌人会怎样对待他们，他们就怎样对待敌人，直到时机到来，把敌军大举歼灭③。等他们拿了金银和其他掳掠物之后，必须向这城放火，把它烧毁，免得一段时间之后同样的城又起来，产生新的骚乱；这火同时也起威胁作用，警告邻邦，因为人们能从别人的遭遇中学会行事明智。

---

①《申命记》二十章 10 节以下，经文描述了征战远方的民族——不同于要被灭绝的异教徒迦南人——时当有的行为方式。斐洛这里将它限于征战那些背叛联盟的人，很可能包括一般的违约行为，我想，斐洛这种奇怪的处理方式只能这样解释，他表达了一种信念，律法永远不可能批准征服或侵略性质的战争。

②《申命记》二十章 11 节，"他们要给你效劳，服侍你"，斐洛对此作了很大的调和，使其变得温和。

③《申命记》二十章 13 节，"你要用刀杀尽这城的男丁"，即全城的，而不只是反对势力的，这里也作了很大的调和。另一方面，经上并没有说要烧城，只是那些背叛耶和华信仰的人可烧，然后所掳掠的物也是可咒诅的，要烧掉（《申命记》十三章 16 节）。

但他们必须放过妇女①，包括出嫁的和未嫁的，因为她们并不希望经历任何战争的冲击，更何况她们天生软弱，有特权免服兵役。所有这些都清楚地表明，犹太民族是乐意与所有同心同德追求和平的人做朋友，和睦相处，然而绝不会懦弱地屈从于非法侵略的可耻之辈。当它拿起武器时，要先区分生活在敌对状态的人和生活在友好状态的人。因为，不分青红皂白地大肆屠杀，甚至不放过那些过失极小甚至根本没有过失的人，那种人，我要说，灵魂是野蛮而残忍的；妇女的生活本性上是和平、居家的，把她们看作发动战争的男人的同谋，这样的人也可以说是野蛮而残忍的。

事实上，律法向那些住在它的体制下的人浇灌了对公正很大的爱，它甚至不允许敌城的肥土遭受毁坏和践踏，或者把树木砍倒，毁坏果子②。它说："你为何嫉妒虽然没有生命本性却是令人愉悦的、还结出美好果子的事物呢？请问，一棵树会对你（敌人）有什么恶意，要将它连根拔起，它对你显示了什么祸害或者会有什么祸害，你要如此惩罚它③？其实恰恰相反，它有益于得胜者，为你提供丰富的食品，既有生存所需的④，也有奢侈生活所需要的享乐之物。不只是人，还有作物也适时地向主子缴纳贡品，并且它们的贡品更为有益，因为没有它们，生活就无以为继。但是从未结果或者失去了结果能力的树木，以及野生植物，应当毫不犹豫地砍下来，可作围攻工程、堑壕用的木桩和栅

---

① 希伯来文本中把妇女包括在战利品之中，但斐洛这种较为仁慈的解释在七十子希腊文本中有典据，那里的经文说"你要杀尽每个男丁，惟妇女和物品除外"，然后再描述战利品。

② 《申命记》二十章 19 节以下。

③ 《申命记》二十章 20 节："田间的树木岂是人，叫你糟蹋吗？"

④ 树木包括葡萄树和橄榄树，它们提供生活必需品。其他果子为人提供舒适的生活。

栏，需要的时候也可作梯子和木塔。这些以及类似的用途正适合它们的本性。"

42. 关于公正之纲的法规就谈到这里。至于公正本身，哪个写诗作词的作家有资格唱它的赞美歌？它实在超越于一切颂词，不是哪种歌功颂德的话所能表达的。其实，且不说其他的，它的荣耀之一，也是最令人敬畏的，就是它的高贵血统，就足够人赞美的了。我们知道，公正的母亲是平等，如自然哲学大师们①告诉我们的，平等是明朗的光，我们可以适当地称之为灵性的太阳，正如它的反面，不平等，即一物超过另一物，或被另一物超过，则是黑暗的起源和源泉一样。天上、地上的万事万物都由平等按不可动摇的法规和律例作了适当的安排，请问，谁不知道白昼与黑夜、黑夜与白昼的关系是太阳按比例相等的间隔规定的？每年春分和秋分的日子——它们的名称是根据所观察到的事实命名的——自然作了如此清晰的标识，就是最没有知识的人也看得出白昼与夜晚的长度是相等的。再者，月亮从会合到满盈，又从满盈到会合，前后经过自己的轨道，其环行不就是根据同等间隔的原则规定的吗？它的相位的总量和它们的大小在它变满的过程中与它变亏的过程中是完全一样的，在数量的两种形式即数和量上也是完全对应的。由于平等在天上，也就是一切存在中最纯洁的部分，受到了特殊的尊荣，所以在天的邻居空气中，它也同样受到尊敬。一年分为四个部分，我们称为一年四季，四季的变化带动空气的变化和转换，这些变化和转换看似无序，四季却表现出惊人的有序。因为它被同等的月份分为春夏秋冬，每个季节三个月，它使年走向完满，而年，如"eniautos"② 这个名称所显

---

① 大概是毕达哥拉斯学派。
② 柏拉图《克拉底鲁篇》410D。

示的，随着它走向完满，把一切事物都囊括在自身之中，它若没有接受四季之法，是不可能做到这一点的。另外，平等还从天上和空中延伸到地上。它本性中纯洁的部分，与以太相近的部分，它把它抬升到高处，而另一部分，像太阳一样的部分，它向地上发送，像一束光，次级亮度的光。我们生活中，凡是混乱的，都是不平等导致的，凡是保持应有秩序的，则出于平等；平等，在整个宇宙中，称为大一统（cosmos）最为恰当①，在城邦、国家里称为民主政治，最遵守律法、最好的体制，在身体上是健康，在灵魂上是高尚状态。相反，不平等则是疾病和邪恶的原因。但是你若是想要把对平等和她的子孙公正的赞美全都一一叙述出来，那么就算你有最长的寿命，时间也是不够的，所以我最好就此搁笔。以上所述若能唤起热爱知识者的回忆，我就心满意足了，其余的就记录在他们的灵魂里吧，灵魂乃是神之珍宝②的最圣洁的居所。

---

① 或"宇宙系统"。见40节第一段末。
② 见13节第二段。

人名地名索引[*]

---

　　* 索引以中文为词条查询页码。括号内所附外文只作对照，不与页码对
应。——编者注

专业术语索引 *

存有（Being） 32，77，90，98，104，107

自制 （Continence） 31，65，70，74，124，138，152，166，
173，180，235，236，238，241，242，244

贪婪 （Covetousness） 10，27，29，31，65，70，90，121，
127，152，203，215，219，231，234，239，241，242，
243，247，260

欲望（Desire） 10，27，28，32，65，74，79，86，88，90，
113，116，140，143，151，182，187，214，217，219，
231，232，233，234，235，239，240，242，243，261

支配的心灵（Dominant mind） 98

神性（Godhead） 9，12，36，107，226

圣言（Holy word） 6，9，112，114，127

仁慈（Humanity） 30，31，54，73，81，89，94，95，98，99，
112，114，118，122，124，126，127，131，132，133，
139，152，157，165，195，202，203，218，219，220，
230，235，262

理智 （Intelligence） 48，71，93，121，161，178，211，239，
241，256
